Jr. 칼비테의 공부의 즐거움

옮긴이 **남은숙**

현재 번역 에이전시에서 출판기획 및 전문 번역가로 활동하고 있다. 옮긴 책으로는 《흉노제국 이야기》, 《아버지의 인생노트》, 《하버드의 지혜》, 《여유, 삶을 풍요롭게 만드는 지혜》, 《달팽이 경영학》, 《위대한 깨달음》, 《경험의 힘》, 《마음을 열어주는 지혜의 한줄》, 《럭키래빗 시리즈》, 《선생님이 창피해》, 《우리 반에 대장이 떴다!》, 《마음을 열어주는 지혜의 한 줄》, 《고마워요 그리고 사랑해요》 등이 있다.

칼 비테의
공부의 즐거움

초판 1쇄 인쇄 2022년 4월 5일
초판 1쇄 발행 2022년 4월 10일

지 은 이 Jr. 칼 비테
옮 긴 이 남은숙
펴 낸 이 고정호
펴 낸 곳 베이직북스

주   소 서울시 금천구 가산디지털1로 16, SK V1 AP타워 1221호
전   화 02) 2678-0455
팩   스 02) 2678-0454
이 메 일 basicbooks1@hanmail.net
홈페이지 www.basicbooks.co.kr

출판등록 제 2021-000087호
I S B N 979-11-6340-057-8   03370

* 가격은 뒤표지에 있습니다.
* 잘못된 책이나 파본은 구입처에서 교환하여 드립니다.

Jr. 칼비테의
공부의 즐거움

Jr. 칼 비테(Karl Witte) 지음 | 남은숙 옮김

베이직북스

Jr. 칼 비테의 생애

Jr. 칼 비테는 약 200년 전, 그러니까 1800년 7월 독일의 시골 로히요라는 조그만 교회의 목사의 아들로 태어났다. 태어났을 때의 칼 비테는 보통 아이보다 오히려 뒤처지는 아이였으며, 이웃사람들이 바보라고 뒤에서 놀렸을 정도로 느리고 미련한 아이였다.

이름이 같은 그의 부친 칼 비테는 조그만 시골 교회의 목사였지만 창의력이 무척 풍부한 사람으로 "갓난아기 때부터 적절한 교육을 실천하기만 하면 대부분의 아이는 반드시 비범한 인물이 된다."는 강한 신념과 확신을 가지고 있었다.

당시 재능에 대한 인식은 유전적으로 타고난다는 것이 일반적인 생각이었기 때문에, 그의 교육론은 엄청난 반대와 냉소라는 벽에 부딪쳤다. 그러나 그는 "내가 할 일은 사람들에게 이론보다는 증거를 보이는 것이다. 하나님이 나에게 아이를 맡겨주셨고, 이 아이가 비록 보통의 수준에도 못 미치는 아이지만 나는 반드시 이 아이를 비범한 인물로 길러내고 말 것이다. 이것은 내가 이전부터 결심하고 있던 일이다."라고 선언하고 그것을 실행하여 그 대단한 칼 비테로 키워냈으니 비테의 부친은 정말 놀랄만한 인물이다.

부친은 자신의 교육이론을 철저히 실천했다. 그리하여 칼 비테는 5, 6

세 무렵에는 정확하고 올바른 발음의 독일어를 구사할 수 있었고 그 어휘 수는 3만 단어나 되었다. 그 후 불어를 1년 만에 마스터하고, 이태리어는 6개월에, 라틴어는 거의 3개월 안에 완성할 정도로 눈부신 발전을 보였다. 나아가서는 영어, 그리스어도 배워 겨우 8세의 소년이 호머, 베르기리우스, 키케로, 실러 등 어른에게도 어려운 고전이나 철학책을 홀로 독파했다.

호머는 『일리아드』 등으로 알려진 고대 그리스의 대시인이고, 베르기리우스는 고대 로마의 가장 위대한 시인이며, 키케로는 고대 로마에서 활약한 웅변가이자 철학자이다. 또 실러는 괴테와 쌍벽을 이루는 독일의 대문호로 세계적으로 유명한 『윌리엄 텔』 등 문학사에 빼놓을 수 없는 수많은 명작을 남겼다. 그러한 문호의 작품을 비테는 동화책을 읽듯이 즐겁게 읽을 수가 있었다.

어학만이 아니라 동물학, 식물학, 물리학, 화학 특히 수학은 대단히 우수하여 Jr. 칼 비테의 이름은 독일 전국에 알려졌다. 그 결과 1809년 그의 재능을 분석하기 위한 테스트가 학자들에 의해 행해지기에까지 이르렀다. Jr. 칼 비테는 학자들이 테스트용으로 제시한 그리스어, 라틴어, 불어의 난해한 문학서를 읽고 그것을 완벽하게 이해함은 물론 충분한 지식을 가지고 있다는 것을 증명해냈다. 마침내 독일의 국왕도 그의 재능을 인정하고 다음해 가을, 괴팅겐 대학에 입학하게 하여 장학금 수여 등 다방면으로 지원하였다. 그 대학에서 4년 동안 물리학, 고등수학, 화학, 논리학, 언어학 등을 수학하였으며, 13세에 기젠 대학으로부터 철학박사 학위를 받았다.

그 후 16세 때, 하이델베르크 대학에서 법학박사 학위를 받고 베를린 대학의 법학부 교수로 임명되었지만 프러시아 왕의 명을 받아 18세에 이탈리아에서 유학하였다. 이탈리아에서는 법률 공부와 함께, 단테에 흥미를 가지고 종래의 단테 관련 학자들의 오류를 지적하는 『단테의 오해』라는 책을 저술했다. 그는 법률이 본업이었지만 단테에 대한 연구는 '일생의 일'로서 그 후에도 계속하여 커다란 업적을 남겼다. 그리고 귀국 후에는 1883년 83세로 그 눈부신 생애를 마감할 때까지 국왕의 뜻에 따라 독일의 각 대학에서 법학 강의를 계속했다.

옮긴이가

차례

Volume 2. Jr. 칼 비테의 공부의 즐거움

Jr. 칼 비테의 생애

Volume 1. 칼 비테의 자녀 교육법

자녀의 인생은
부모로부터 시작된다

엘베시우스(Helvetius, Claude Adrien)는 일찍이 이런 말을 했다. "정확한 교육방법은
평범한 아이도 뛰어난 아이로 성장시킬 수 있다. 나는 누구보다 이 사실을 믿어 많은 사람
들에게 전해주고자 한다. 나는 수천만 명의 평범한 아이보다 인류를 위한 단 한 명의 천재
가 낫다는 아버지의 말씀을 믿는다."

♠ 특별한 우생학 ; 아버지의 소신

내가 태어났을 때 아버지는 52세로, 이미 머리 양쪽이 희끗희끗해진 상태였다. 며칠 후, 아버지와 동갑내기인 농부의 집에서도 아기가 태어났는데, 그의 손자였다.

나와 농부의 손자가 함께 세례를 받던 날, 농부는 자신과 아버지의 인생을 말과 나귀의 인생에 비유하며 어린 나의 우둔함을 비웃었다. 하지만 아버지는 웃으며 말했다. "성장 속도로 보자면 자네 손자가 달리는 말에 비유되겠지만, 훗날의 모습은 오히려 그 반대가 될 것이네."

"엥? 그게 무슨 말입니까?" 그가 의아한 표정으로 물었다.

"자네 손자는 달리는 말처럼 빠른 속도로 성장하고 있네. 그런데 자넨 어떤가? 손자를 어떻게 교육해야 할지 진지하게 생각해본 적이 있는가?

자네 아들이 일자무식이니 자네 손자 역시 분명 글도 못 읽는 무식한 농부나 되고 말겠지. 하지만 난 다르다네. 난 어떻게 하면 내 아들을 똑똑하게 키울 수 있는지를 분명히 알고 있어. 그때는 자네 손자가 나귀처럼 사람들에게 휘둘리고 있을지도 모르지. 이게 바로 자네 손자와 내 아들의 가장 큰 차이일세!"

아버지는 자녀교육에 대한 신념이 확고한 분이었다. 아버지는 자주 이렇게 말씀하셨다.

"자식은 부모의 것이 아니란다. 하나님의 자녀이기에 더욱 최선을 다해야 해."

아버지는 대를 잇기 위한 목적으로 자녀를 낳는 것은 물론, 부모의 만족을 위해 자녀가 희생되는 것 또한 반대했다. 아버지는 아이가 태어나기 전에 미리 세밀한 교육 계획을 세워놓고 아이가 사회와 가정에 필요한 인재가 되도록 전심전력해야 한다고 했다. 이는 아버지가 나를 교육한 방법이다. 아버지는 처음부터 끝까지 늘 그렇게 한결같았다.

다음은 조기교육에 대한 아버지의 교육적 신념을 알 수 있는 중요한 일화이다.

"난 비테를 천재로 키울 겁니다."

자식은 부모의 소유물이 아니라 하나님의 자녀이기에 더욱 최선을 다해야 한다. 부모는 아이가 태어나기 전에 미리 세밀한 교육계획을 세워놓고 아이가 사회와 가정에 필요한 인재가 되도록 전심전력해야 한다.

당시 아버지의 말에 그는 참을 수 없다는 듯 웃으며 말했다.

"목사님, 지금 농담하시는 거죠? 칼이 만약 천재가 되면 해가 서쪽에서 뜨고 수탉이 알을 낳을 겁니다. 허허."

그랬다. 그때 나는 조산 상태였으므로 선천적으로 부족한 아이였고 행동 또한 굼뜨고 느렸다. 그러나 그 농부의 손자는 나와 다르게 건강했고 누구보다 영민했다. 이대로라면 내가 말이 아닌 나귀가 될 가능성이 더 많았다. 그런데 아버지의 굳은 신념과 세심한 교육 아래 나는 한걸음씩 지혜의 전당으로 향했고, 그의 손자는 아버지와 할아버지가 그렇듯 일자무식인 농부가 되었다.

아버지가 말했다.

"무능하고 쓸모없는 사람 수만 명보다 인류를 위한 단 한 명의 천재가 더 나은 법이란다."

아버지는 결혼의 목적이 하나님의 계획에 부합하는 자녀를 기르며 가족의 행복을 위한 것이지, 세속적인 다른 그 무언가가 목적이 될 수 없다고 했다. 이렇듯 결혼을 신중히 고민한 아버지는 오랜 기도 끝에 혈기왕성한 시기가 지난 중년이 되어서야 엄마와 결혼을 했다.

엄마는 농촌에서 목사의 딸로 태어났다. 외모가 뛰어나게 아름답지도 부유한 가정환경을 타고나지도 않았다. 하지만 당시 여자들이 그러했듯 교육의 기회를 누리지 못했는데도 누구보다 교양 있고 정숙한 분이었다. 무엇보다 중요한 것은 엄마의 인자하고 착한 마음씨를 모르는 이가 없었다는 사실이다. 아버지는 비록 가난한 목사였지만, 엄마는 불평 한 마디 없이 늘 우리의 생활을 웃음으로 가득 채워주었다.

나는 유년 시절에 신동으로 불리며 모든 아이들의 본보기가 되었다. 많은 사람들은 이를 두고 아버지의 노력의 결과라고 말했지만, 만약 엄마가 아니었다면 이 모든 일은 불가능했을 것이다.

아버지는 결혼에 대한 자신의 판단이 정확했음을 입증해보였다. 하지만 누구나 아버지처럼 현명한 판단을 내릴 수 있는 것은 아니다. 사람들은 모두 결혼을 앞두고 오래 고민을 하지만, 결혼이 자녀에게 주는 영향에 대해서는 소홀히 하는 경우가 많다. 때때로 이런 실수는 돌이킬 수 없는 비극을 초래하기도 한다. 내 사촌형도 그런 비극을 겪은 사람 중 하나였다.

사촌형의 아내는 한 은행가의 외동딸이었다. 그녀는 부유한 배경에 아름다운 외모를 갖춘 사교계의 여왕이었다.

당시 아버지는 사촌형의 결혼을 극구 반대했다.

"넌 네 약혼녀 행실이 바르지 못하다는 걸 모르는 모양이구나."

"네? 그게 무슨 말씀이세요? 그녀는 제 마음에 드는 가장 완벽한 여자에요."

"넌 그저 화려한 외모에 눈이 멀어 누구나 아는 사실을 너만 모르고 있어. 네 약혼녀는 허영심이 많은 데다 자기밖에 모르는 여자야. 이런 여자가 어떻게 좋은 엄마가 될 수 있겠니?"

"그런 걱정 마세요. 그렇게 예쁘고 부자인 여자가 절 좋아해주는 걸 보면 전 타고난 복이 많은가 봐요. 그녀가 싫을 이유가 뭐가 있겠어요? 전 그녀의 어떤 약점도 다 참고 받아줄 수 있어요."

사촌형은 아버지의 만류를 뿌리친 채 그녀와 결혼식을 올렸다. 결혼

후에도 그녀는 매일같이 화려하게 치장하고 사교장으로 향했다. 그녀는 매일 춤을 추러 다녔고 친구들과 놀러 다니기에 바빴다. 심지어 세 아이를 낳은 후에도 아이들을 보모에게 맡겨둔 채 나 몰라라 했다.

사촌형 역시 바쁜 은행 업무에 시달리다보니 아이들은 자연히 무관심 속에 방치되었다. 결국 보다 못한 아버지가 형수를 설득했지만, 그녀는 들은 척도 하지 않았다. 심지어 아이들이 자신의 사교생활에 방해가 된다며 귀찮아했다. 결국 아이들은 어떻게 되었을까? 한 아이는 병에 걸렸지만 제때 치료를 못 해 요절했고, 한 아이는 실수로 사람을 해쳐 감옥에 들어갔다. 그리고 나머지 한 아이도 정상적인 생활에 실패해 매일 술과 도박에 빠져 지내더니 결국 가산을 탕진하고 말았다.

사촌형과 형수는 뒤늦게 자신들의 잘못을 깨달았지만, 이미 후회해도 소용없었다. 아이들이 모두 자신을 미워하며 만나주지 않자, 얼마 후 그녀 역시 우울증으로 죽고 말았다. 일이 이 지경에 이르자 사촌형은 깊은 후회와 자책에 시달렸다. 사촌형이 고통스러운 얼굴로 아버지에게 말했다.

"전 결혼생활에 실패했어요. 제가 소중하다고 여긴 것들은 이제와 보니 아무것도 아니었어요. 바보같이 진짜로 소중한 게 뭔지도 모르고……"

내가 성인이 된 후, 아버지는 종종 그때의 일을 들려주며 내게 당부했다.

"너 자신은 물론, 네 아이의 행복을 위해서라도 건강하고 착하고 행실이 바른 여자를 아내로 맞아야 한단다. 외모나 돈, 집안을 따지다가는 사촌형처럼 불행해지고 말 거야."

♠ 천재로 키우려면 미리 준비해라

아버지로서의 첫 번째 임무는 자녀를 위해 좋은 엄마를 선택하는 일이다. 그런 뒤에는 자녀가 태어나기 전에 필요한 모든 준비를 완벽하게 마쳐야 한다.

당시 독일의 자녀교육 방식은 여러 가지 병폐와 문제들을 안고 있었다. 그래서 아버지는 더 나은 교육을 위해 신중히 고민한 끝에 다량의 교육서적을 읽기로 하셨다. 고대 그리스 철학가 플라톤의 《국가론》, 스페인 교육가 비베스(Vives, Juan Luis)의 《기독교여자교육론》, 북유럽 교육가 에라스무스(Desiderius Erasmus)의 《유아교육론》, 영국 철학가 로크의 《교육론》, 프랑스 사상가 루소의 《에밀》, 거기에 후에 아버지의 벗이 된 스위스의 유명한 교육가 페스탈로치의 《게르트루트는 어떻게 그의 아이들을 가르치는가(Wie Gertrud ihre Kinder lehrt)》까지, 장장 몇 세기에 걸친 교육이론서를 아버지는 모두 탐독했다.

이렇듯 다양한 교육이론에 관한 폭넓은 연구는 아버지의 교육적 신념과 사고에 밑거름이 되었다. 내가 결혼을 하자 아버지는 도움이 될 만한 책들을 추천해주면서 나 역시 내 아이의 미래를 밝혀줄 수 있는 등대가 되라고 말했다. 나는 아이를 가르치면서 곤란한 문제가 닥칠 때마다 아버지가 주신 책 속에서 그 해답을 찾곤 했다.

다음은 그 시기에 아버지가 일기에 남기신 내용이다.

나는 요즘 독일의 현 교육제도에 대해 깊이 생각하는 중이다. 하지만 생각하면 할수록 일반 권위적인 교육방식이 지닌 폐단만 알게 될 뿐이다. 현재 유행처럼 번지는 이러한 교육에 나는 더욱 강한 반발심이 생겨난다.

현 교육계는 너무 이른 조기교육은 아이의 건강과 사고를 해칠 수 있으니 7, 8세부터 교육을 시작하는 것이 가장 좋다고 한다. 전문가의 견해다 보니 사람들은 모두 이 말이 옳다고 믿는다. 하지만 난 이를 받아들일 수 없다. 고대 그리스 아테네에는 자녀에게 조기교육을 시행한 결과, 뛰어난 천재들이 하늘의 별처럼 많았다고 한다. 이는 분명 조기교육이 아이의 후천적인 재능 계발에 긍정적이라는 뜻이다. 나는 내 아이가 그 어떤 교육적 해를 당하지 않도록 모든 불합리한 것들을 버리고 스스로 최고의 교육방법을 찾을 것이다.

아버지는 다양한 교육적 이론을 접했지만, 유독 조기교육에 대한 의지만큼은 남달랐다. 그는 직접 고대 그리스와 로마의 교육이론에 관한 문헌을 찾고 《아테네인의 교육방법》을 연구하며 조기교육에 대해 더욱 심도 있게 이해해나갔다.

장기간의 노력을 통해 아버지는 점차 아버지만의 독특한 교육이론을 세워나갔다. 그리고 자녀교육은 영아 때부터 시작되어야 한다고 말했다.

"아동의 지력이 활동을 시작하는 그 순간부터 교육도 함께 이루어져야 합니다. 아기가 첫 울음을 터뜨리는 순간이 바로 아이의 지력이 활동을 시작하는 때죠. 부모가 이 점을 기억한다면 분명 평범한 아이도 천재가 될 수 있습니다."

하지만 아버지의 이러한 교육적 관념은 당시 교육계의 주장에 반대되는 것이어서 많은 사람들의 반발을 샀다. 아버지는 자신의 신념이 옳다는 것을 증명하려 했지만, 아무도 아버지를 믿어주지 않았다. 그때 아버지가 엄마에게 말했다.

"우리에게도 자식을 달라고 하나님께 기도해봅시다. 내 신념대로 아이를 훌륭하게 키워낸다면, 저렇듯 완고한 사람들도 내가 옳다는 것을 믿어줄 거요."

아버지는 미래의 아이를 위해 매우 구체적인 교육계획을 세워 놓았다. 그리고 얼마 후, 하나님이 아버지의 기도를 들어주어 형이 태어났다. 하지만 아버지의 계획이 실천되기도 전에 불행이 닥치고 말았다. 형이 태어난 지 며칠 만에 유행성 장티푸스에 걸려 생명을 잃은 것이다. 가슴이 찢어지는 고통 가운데에도 아버지는 새로운 깨달음을 얻었다. 그리고 조기교육에 중요한 한 가지 항목을 더 채워 넣었는데, 그것은 바로 태교였다.

아버지는 태교를 매우 중요하게 생각했다. 내 아내가 임신했을 때 아버지는 편지로 내가 주의해야 할 사항들을 세심하게 일러주었다.

사람들은 천재성이 타고나는 거라고 하지만, 그건 정확히 임신기에 결정되는 거란다. 그래서 이 시기의 중요성은 아무리 강조해도 지나치지 않을 것이다. 엄마가 네 형을 가졌을 때 우린 이 부분을 소홀히 하여 뜻밖의 아픔을 겪었다. 그래서 널 가졌을 때, 우린 지난 실수를 바탕으로 더욱 많은 준비를 했단다. 그것이 맞든 틀리든 네게 도움이 되길 바란다.

엄마가 너를 가진 후에 우린 너의 건강을 위해 세밀한 계획을 세웠단다.

일찍 자고 일찍 일어나는 습관은 물론, 휴식시간도 엄격히 지키고 밤늦게 기도하고 책 읽는 습관도 바꿨단다. 나는 자주 네 엄마와 야외에서 산책을 하며 자연의 신선한 공기를 마셨어. 또한 입고 먹는 것을 아껴 네 엄마에게 영양이 풍부하고 몸에 좋은 것들로만 먹였단다.

너도 알다시피 임신기에 산모가 우울증을 앓으면 아기발육에 좋지 않단다. 임신은 매우 힘겨운 일인데다 신체기능뿐만 아니라 생활리듬에도 큰 변화가 생겨 산모가 정신적으로 초조해지기 쉽지. 난 그런 네 엄마를 최대한 정성스럽게 보살펴주고, 기분이 우울해질 때마다 불안감을 떨칠 수 있도록 많은 노력을 했단다. 네 엄마 역시 긍정적인 사람이라 기분이 안 좋은 일이 있어도 늘 즐거운 마음을 유지하려고 애썼어.

네 엄마는 노래를 참 잘 불렀단다. 목소리도 아름답고 말이야. 너를 가진 후에 네 엄마는 밥을 할 때나 쉴 때, 산책할 때는 물론, 잠자기 전까지도 노래를 흥얼거렸단다. 혼자 8킬로미터나 걸어 음악회에 간 것도 모두 네게 좋은 음악을 들려주기 위해서였어. 난 네 엄마에게 좋은 책도 많이 보여주었단다. 매일 새로운 그림책들을 가져와 보여주고 자기 전에는 조용하게 시 한편을 읊어주기도 했었지. 칼, 우리의 이 모든 노력은 오직 뱃속에 있는 너를 위해서였단다.

네가 편지에 아내가 강아지를 좋아해서 몇 마리 기르고 싶어 한다고 썼더구나. 하지만 그건 고민해볼 필요가 있어. 네 엄마도 임신기간 중에 반려동물을 길렀었는데, 너와 네 형이 태어나자마자 아픈 것을 보고 분명 연관이 있을 거라 생각했단다. 연구에 따르면 강아지와 고양이 같은 동물의 몸에는 기생충이 사는데, 그게 태아에게는 매우 해롭다더구나. 아무쪼록 네가 아내를 잘 설득해보렴.

　자녀교육은 사소한 일도 매우 중요한 문제란다. 너도 곧 아빠가 될 테니 그동안 내가 겪었던 경험들을 바탕으로 네가 아이를 교육하는 데 큰 도움이 되었으면 좋겠구나.

아버지의 편지는 내 가슴속에 오랫동안 감동으로 와 닿았다. 아버지의 도움으로 내 아들은 건강하고 씩씩하게 태어나 많은 사람들의 사랑을 받으며 자랄 수 있었다.

♠ 천재와 바보는 한걸음 차이

　　　　　　　어린 형의 죽음은 부모님에게 더없이 큰 충격이었다. 이런 부모님에게 나는 위로가 되었고, 인생의 무궁한 기쁨이자 희망 그 자체였다. 필요한 준비를 모두 마친 후, 부모님은 초조한 마음으로 내가 태어나기만을 기다렸다.

　마을 의사가 갓 태어난 나를 아버지에게 건네주자 감격한 아버지는 연신 "오, 하나님! 감사합니다."라는 말만 되풀이했다. 아버지는 무한한 사랑과 기대를 담아서 내게 칼 비테라는 이름을 지어주었다.

　하지만 나의 출생은 그리 순탄치 못했다. 당시 임신 9개월째이던 엄마가 실수로 발을 헛디디며 넘어지는 바람에 한 달이나 일찍 조산을 하게 된 것이다. 더욱 위험한 것은 내가 탯줄에 목이 감긴 채 태어났다는 사실이다. 의사가 나를 거꾸로 들고 몇 번이나 때린 뒤에야 나는 어렵사리 울음을 터뜨렸다. 하지만 팔다리에는 이미 심한 경련이 일어났고 호흡 또한 고르지 못했다. 그야말로 소중한 생명이 위급한 순간이었다.

그러자 사람들은 아기가 살지 못할 거라 말했고, 의사 역시 이미 생명의 위험을 예견한 듯 아버지에게 말했다.

"이 아기는 선천적인 장애를 타고났을 가능성이 큽니다. 설사 이 아기가 잘못되더라도 두 분은 아직 젊으니까 아기는 얼마든지 다시 가질 수 있을 거예요."

하지만 엄마는 단호한 목소리로 대답했다.

"아니요! 그럴 수는 없어요. 전 우리 아기를 절대 포기하지 않아요. 전이미 한 아이를 잃었어요. 더 이상은 안 돼요!"

그때 나는 젖도 제대로 빨지 못해서 엄마는 피곤에 지친 몸으로 직접 젖을 짜서 내 입에 넣어주었다. 엄마는 자신의 건강을 돌볼 여유도 없이 하루 종일 나를 품에 안고 지극정성으로 보살폈다. 이런 엄마의 노력으로 나는 조금씩 회복하기 시작했다. 누구도 예상치 못한 기적과도 같은 일이 일어난 것이다!

하지만 시련은 여기서 끝나지 않았다. 태어날 때부터 몸이 약했던 나는 툭하면 설사를 하는 등 병치레를 자주 했다. 이런 나를 보며 사람들은 "칼도 제 형처럼 얼마 못 살고 말 거야."라며 수군거렸다. 하지만 아버지는 끝까지 믿음을 잃지 않은 채 사방으로 약을 구하러 다녔다. 그러던 어느 날 다행스럽게도 한 목사가 소개해준 의사에게 치료를 받은 후 나는 마침내 건강을 회복할 수 있었다.

부모님이 이와 같은 일을 겪은 사실을 알았을 때, 나는 부모님에게 진심으로 감사했다. 우리 부모님은 참으로 위대한 일을 해낸 분이다. 특히 내가 처음 아빠가 되었을 때, 두 분의 위대함을 더욱 절실히 깨달았다. 부모님의 노력이 없었다면 현재의 나는 존재하지도 않았을 것이고, 부모님의 교육이 없었다면 나는 무한한 지혜의 세계를 체험하지도 못했을 것이다.

하지만 부모님에게 또 한 번 시련이 찾아오고 말았다. 치료를 받고 얼마 지나지 않아 부모님은 내가 다른 또래아이들보다 반응이 굼뜨고 느리다는 사실을 알게 되었다. 몇 번이고 검사를 반복한 끝에 청천벽력과도 같은 결과가 나왔다. 내가 저능아였던 것이다. 나의 선천적 결함과 후천적 질병이 대뇌의 발육에 심각한 영향을 미친 것이 분명했다. 일이 이렇게 되자, 그동안 준비해온 아버지의 모든 교육계획이 물거품이 되는 듯했다.

결국 참다못한 엄마는 아픈 가슴을 부여잡으며 소리쳤다.

"하나님! 제가 무슨 죄를 지었나요? 왜 제게 이런 벌을 내리시나요? 첫째는 죽고 둘째는 저능아라니요!"

아버지 역시 깊은 절망감에 사로잡혔지만, 엄마를 위해 다시금 마음을 다잡으려 애썼다.

"설사 하나님이 벌을 내리는 거라고 해도 우리로서는 어쩔 수 없는 일이오. 하지만 하나님은 공평한 분이니 우리에게 이런 아들을 주신 데는 분명 이유가 있을 것이오. 이제 우리가 할 일은 칼을 포기하지 않고 훌륭하게 교육하는 일이오."

아버지는 타인의 생각에 휘둘려 자신의 신념을 꺾은 적이 한 번도 없었다. 저능아로 태어난 아들을 위해 더욱 강한 의지를 갖고 조기교육으로 현실의 문제를 극복하려 했다.

"네? 뭐라고요?" 엄마는 놀라움을 감추지 못했다.

"됐어요, 쓸데없는 노력은 안 할래요. 저런 애한테 무슨 교육을 한단 말이에요? 어찌 됐든 저 애는 저능아예요."

"나는 우리 아들이 저능아라고 생각지 않소."

"여보, 받아들이기 힘들다는 건 알지만, 그래도 현실을 똑바로 봐야 해요. 우리가 칼에게 해줄 수 있는 건 겨우 먹고 입히는 일 뿐이라고요."

"아니, 그렇지 않아요. 요 며칠 나도 많은 생각을 했소. 우린 칼을 위해서 최선을 다해 태교를 했고, 칼의 영양과 지력 향상을 위해서도 이미 할 만큼 했소. 칼이 이렇게 된 게 선천적 결함 때문만은 아니요. 조산된 데다 잦은 병치레를 하면서 뭔가 문제가 생긴 게 분명하오. 하지만 우리가 잘만 키우면 칼은 분명 똑똑한 아이로 자라줄 거요."

아버지는 불안해하는 엄마를 위로했다.

"날 믿어요. 난 우리 아이를 반드시 훌륭하게 키워낼 거요. 사람 일은 아무도 모르지 않소?"

내가 자란 뒤 우리 집에서 일하던 아줌마는 자주 이런 말을 했다.

"칼, 넌 네 아버지를 자랑스럽게 여겨야 해. 얼마나 위대한 분이니? 사람들은 모두 불가능하다고 말했지만, 목사님은 보란 듯이 자신이 옳다는 걸 증명해 보이셨단다."

확실히 그랬다. 아버지는 단 한 번도 사람들 말에 휩쓸려 자신의 의지를 굽힌 적이 없었다. 아들이 저능아인 불행 속에서도 더욱 강한 신념으로 현실 속 문제의 해답을 찾으려고 노력했다.

당시 마을 사람들은 어떻게 저능아가 천재가 될 수 있냐며, 아버지가 헛된 망상을 한다고 쑥덕거렸다. 엄마 또한 이를 견디지 못해 눈물짓는 날이 많았다. 하지만 아버지는 끝까지 엄마를 위로하고 설득하며 자신의 의지를 확고히 했다. 하이델베르그에서 주교를 만날 때조차 엄마에게 편지 쓰는 일을 잊지 않았다.

여보, 난 당신보다 더 가슴이 아프고 불안하다오. 52살에 어렵사리 얻은 아들이 이렇게 되고 말다니……

하지만 우리가 운명을 어찌할 수 있겠소? 우린 칼을 다른 아이들처럼 건강하고 똑똑하게 키워낼 수 있소. 당신 역시 칼을 낳으면서 무슨 일이 있어도 이 아이를 포기하지 않겠다고 말하지 않았소? 난 우리 아들을 내 신념대로 키울 거요. 그러기 위해서는 우리가 자신감과 용기를 가져야 해요. 특히 당신은 더더욱 포기해선 안 돼요. 당신은 칼의 인생에 누구보다 막중한 역할을 할 사람이잖소.

지난번에도 말했듯이 우리 아들은 선천적인 저능아가 아니오. 그러니 우리가 교육만 잘 시킨다면 분명 그 아이의 미래는 달라질 수 있을 거요.

사람은 저마다 잠재된 능력이 있소. 다만 천재는 보통 아이들보다 내재된 잠재력이 조금 더 많을 뿐이오.

하지만 100의 능력을 타고난 아이라 하더라도 교육이 이루어지지 않으면 결국 그 아이는 20 혹은 30의 능력밖엔 발휘하지 못하오. 다시 말해 타고난 재능이 얼마든 똑같은 교육을 받은 이상, 그 재능이 미래의 운명에 큰 영향을 미치지 못한다는 것이오. 문제는 현 교육제도가 품은 문제들로 인해 많은 아이들이 자신의 능력을 절반도 채 발휘하지 못한다는 데 있소.

저기 재봉사 베커의 아들을 봐요. 한 살도 안 돼서 말을 하고 무엇이든 한 번만 들어도 기억해내는 재주가 있어 사람들은 신동이 났다고 입을 모아 말했소. 그래서 빨리 학교에 보내 공부를 시키라고 말했지만 베커는 들은 척도 안 했소. 결국 그 아들은 어찌 됐소? 그렇게 똑똑하던 아이가 자기 아빠처럼 평범한 재봉사나 되고 말았지.

중요한 것은 교육이오. 교육만 잘 한다면 재능이 50밖에 안 되는 아이도 잠재력을 8, 90% 이끌어낼 수 있고, 다른 80의 재능을 가진 아이보다 뒤처지진 않을 거요.

이왕 일이 이렇게 된 이상 후회나 원망은 아무런 의미가 없소. 어차피 100의 재능을 타고나는 아이는 극소수에 불과한 데다 난 그런 요행은 바라지도 않소. 우리가 할 수 있는 건 칼의 잠재력을 키워서 90% 발휘하도록 도와주는 일이요.

날 믿어요. 칼이 천재가 될지 바보가 될지는 날 때부터 결정된 게 아니라 우리가 교육하기에 달렸소. 그중에서도 가장 중요한 건 태어난 순간부터 5세까지의 교육이오.

엄마는 아버지의 격려에 힘입어 절망을 딛고 일어섰다. 그리고 기대 반 의심 반으로 나를 위한 교육을 하나씩 준비해나갔다.

요람에서부터
운동을 시작해라

아버지는 건강한 신체야말로 인생의 첫 번째 행복이라고 말했다. 다만 그것을 지키고 유지하기 위해서는 반드시 노력이 필요한 법이다.

♠ 천재를 만드는 최고의 식단

나는 태어날 때부터 허약한 체질을 타고났다. 그래서 아버지는 나의 건강을 조기교육을 위한 첫 번째 목표로 삼았다. 아버지의 계획은 참으로 현명했다. 건강한 신체 없이는 그 어떤 일도 해낼 수 없고 행복한 생활을 영위하기도 어렵기 때문이다.

하지만 건강을 지키기란 말처럼 쉬운 일이 아니다. 자식을 향한 사랑 때문에 부모들은 독한 마음을 먹지 못한다. 그래서 원래 건강하게 태어난 아이도 쉽게 그 건강을 잃을 수 있다.

나는 원래 기초체력이 약했다. 이를 안 아버지는 나를 건강하게 만들기 위해 하나에서 열까지 세심한 관심을 기울였다.

특히 음식방면에서 아버지는 매우 심혈을 기울였다. 규칙적인 식습관을 위해 아버지는 내 병이 호전되자마자 구체적인 식단을 짜기 시작했다. 아버지는 내가 배고프다고 울어대도 정해진 시간이 아니면 절대 우유를 먹이지 않았다. 또 내가 우유를 먹었을 때는 다음 끼니 전까지 물만 마시게 했다. 만약 혈액이 위장으로 집중되어 대뇌에 혈액공급이 안 될 경우 대뇌발육에 영향을 미치기 때문이었다.

아기가 밥 먹는 시간과 양이 일정하지 않으면 쉽게 위에 탈이 나고 만다. 아기가 울 때마다 엄마가 먹을 것을 주다보면 오히려 아기의 건강을 해칠 수 있다. 특히 이 점에 주의를 기울인 엄마 덕분에 나는 허약한 체질을 딛고 조금씩 살이 찌기 시작했다.

태어난 지 4개월이 지나자 엄마는 내게 우유를 먹이기 전에 간단하게 신선한 과일즙을 먹였다. 그리고 조금씩 바나나, 사과, 당근주스나 야채를 갈아 넣은 죽을 첨가해 먹였다. 또 얼마 후 영양이 풍부하고 소화가 잘 되는 탕이나 잘 익은 감자와 달걀 등을 먹게 했다.

아들의 성장에 도움이 되는 최고의 음식들로만 먹이려고 부모님은 마치 영양사라도 된 듯 각 재료에 함유되어 있는 영양성분까지 세밀하게 연구하며 최상의 식단을 만들었다. 어린 시절 나의 각 성장 과정에 따른 식단은 두 분의 이러한 노력으로 만들어진 것이다.

당시 아버지의 일기를 보면 나의 영아기 때의 기록들이 많은데, 그중에서도 음식에 관한 내용이 가장 많았다.

곡류는 골고루 먹을수록 좋은데 칼은 유난히 곡류를 싫어해서 걱정이다. 아이를 키운 경험이 많은 한 부인에게 들었는데, 아이가 좋아하는 음식이 몸에 가장 좋은 음식이라고 한다. 그래서 칼이 싫어하는 것을 굳이 먹으라고 강요하지 않기로 했다. 자기가 좋아하는 음식을 먹는 동시에 영양을 섭취하는 일이야말로 일석이조가 아닐까? 오늘 칼에게 야채 죽을 먹였더니 맛이 좋은지 한 그릇을 뚝딱 해치우고도 연신 접시를 핥아댔다.

균형 잡힌 식습관은 아이의 건강에 지대한 영향을 미친다. 이런 점에서 아버지는 매우 훌륭한 판단을 내렸다. 나처럼 체력이 약한 아이는 물론이고 부유한 집 아이들에게도 이러한 식습관은 산해진미보다 더 큰 역할을 한다.

나는 어렸을 때, 한 백작에게서 천문을 배운 적이 있다. 한번은 내가 편하게 책을 읽을 수 있도록 그가 나를 자신의 별장으로 초대해 잠시 머무르게 되었다.

백작의 식탁에 차려진 음식은 아주 간소하고 소박했다. 아침은 언제나 빵이었는데 오전에 맑은 정신을 유지하기 위해 우리는 아침을 배불리 먹지 않았다. 가끔 치즈를 곁들일 때도 있었지만 그것마저 없을 때가 더 많았다. 저녁에는 주로 조미료가 첨가되지 않은 죽이나 우유처럼 가벼운 음식을 먹었다. 소금이나 설탕이 첨가된 음식은 찾아볼 수 없었다.

백작은 아이가 세살이 되기 전까지는 고기를 먹지 않는 것이 좋다고 했다. 이는 아버지도 마찬가지였다. 아버지는 내가 두 살이 되기 전까지 고기를 먹지 않았다. 그러다가 내가 다섯 살이 되어서야 아버지는 여느 아이들처럼 고기를 먹을 수 있게 했다. 하지만 백작은 담백하고 부드러운 소고기나 양고기만 조금씩 먹게 할 뿐이었다. 밥을 먹는 동안에도 백작은 우리에게 여러 가지를 당부했다.

백작은 과일이라도 함부로 먹어서는 안 된다고 말했다. 우리는 아침에 주로 잘 익은 딸기와 앵두, 구스베리, 복분자, 사과와 배를 곁들어 먹었다. 수박이나 복숭아, 포도즙은 위생적이지 않아 한 번도 먹지 않았다. 또한 설탕과 소금이 첨가되지 않은 견과류는 먹어도 되지만, 사탕은 일절 먹지 않도록 했다.

백작은 소식과 절제를 생활화했다. 수많은 독일인은 과음이 몸에 해롭다는 사실을 알면서도 술을 달고 살았는데, 백작은 반주로 약간의 도수가 낮은 맥주를 즐길 뿐이었다.

백작은 80세라는 고령의 나이가 무색할 만큼 정정하고 건강했다. 그의 자녀들 또한 건강했는데 이는 분명 그들의 식습관과 깊은 관련이 있었다.

나 역시 식습관을 굉장히 중요하게 생각하는 사람 중 하나로, 이와 관련된 방면으로 다양한 연구를 한 적이 있다. 역사 기록에 따르면 고대인들이 현대인들보다 더 건강한 삶을 산 이유가 바로 균형 잡힌 식습관 때문이라고 한다. 세계에서 가장 위대한 왕인 아우구스투스(Augustus)가 매일 먹는 거라고는 약간의 마른 빵뿐이었다.

세네카의 83번째 편지를 보면 그의 점심 메뉴 역시 마른 빵임을 알 수 있다. 소식과 절제를 바탕으로 한 식습관이 그가 나이를 먹어서도 건강한 삶을 유지하는 원동력이 되었다.

이는 보통 사람들도 마찬가지다. 고대 로마 사람들은 매일 한 끼만 먹으면서도 정신적으로 충만한 삶을 살았다. 부유한 귀족들도 예외는 아니었다. 이 한 끼 외에 배불리 먹는 것은 있을 수도 없는 일이었다. 심지어 온갖 사치가 만연했던 카이사르 시대 때조차 해가 지기 전에 술 파티나 연회를 벌이면 질책의 대상이 되었다.

옛말에 '모든 병은 입으로 들어간다' 고 했다. 엄격한 식습관은 나처럼 허약한 아이도 밝고 건강하게 만들어주는 힘이 있다. 그래서 부모님께 다시금 감사할 따름이다.

♠ 요람에서부터 운동을 시작해라

건강한 식습관 외에도 자연의 신선한 공기와 깨끗한 물, 적절한 운동이 필요하다. 내가 태어난 지 4개월 됐을 때 마치 태어난 지 10개월이 된 아이만큼 튼튼해 보여 보는 사람마다 믿을 수 없다며 깜짝 놀랐다고 한다.

물론 믿기 어려운 일이지만, 내가 태어난 순간부터 부모님이 꾸준히 운동을 시켰기 때문이다.

간혹 이렇게 묻는 사람들도 있다. "갓난아기가 어떻게 운동을 해요? 달리기나 멀리뛰기를 할 수 있는 것도 아니잖아요."

물론 그렇다. 하지만 아기들의 운동은 사실 매우 간단한 동작이다. 보통 엄마들은 옷을 꽉 끼게 입혀서 아기가 몸을 쉽게 움직일 수 없게 하지만, 아기의 팔다리를 자유롭게 움직이도록 해주면 신체발달과 건강에 매우 효과적이다.

내가 어렸을 때 부모님은 한 번도 옷을 두껍게 입히거나 포대기로 싸맨 적이 없었다. 또 날씨가 화창한 날에는 날 데리고 교외로 나가 푸른 잔디 위에서 맑은 공기를 마시며 바람을 쐬도록 했다. 햇볕이 따뜻하고 바람이 가볍게 부는 날에는 신선한 공기를 마음껏 마시도록 일부러 나를 마당에서 재우기도 했다.

나는 커디 아줌마에게서 나의 어린 시절 이야기를 종종 전해 듣고는 했다. 그런데 그녀가 갓 태어난 나를 돌보다가 아버지의 노여움을 산 일이 있었다.

어느 추운 겨울날이었단다. 그날 네 부모님은 모두 예배를 드리러 갔었고 태어난 지 한 달쯤 된 너를 나 혼자 돌보고 있었단다. 그때 넌 참 자그맣고 사랑스러웠어. 난 네가 추울까봐 집안이 훈훈하도록 불을 지피고 두꺼운 옷을 가져와 널 꽁꽁 싸매주었단다. 그런데 이상하게도 네가 갑자기 울음을 터뜨리더니 얼굴까지 벌겋게 달아오르기 시작하는 거야.

집에 돌아온 목사님이 그 광경을 보고는 매우 화를 냈단다.

"세상에! 대체 지금 뭐하는 거요?"

난 너무 놀라 그 자리에서 얼어붙어버렸지.

"전 그저 아기가 추울까봐 두껍게 입혔을 뿐이에요."

하지만 목사님은 여전히 화를 내셨단다.

"어리석은 사람 같으니, 다시는 그러지 마시오. 칼이 답답해하질 않소."

목사님은 너를 받아 안고 얼른 두꺼운 옷을 벗겨버렸어. 난 잔뜩 긴장한 채로 말했지.

"목사님, 아기가 감기라도 걸릴까봐 그랬어요. 날이 워낙 추워서요."

하지만 목사님은 내 말을 들은 체도 안 하고 난로에 장작을 몇 개 더 지피고는 푹신푹신한 이불 위에 널 눕혔단다. 그랬더니 신기하게도 네가 아주 좋아하는 거야. 더 이상 울지도 않고 혼자서 잘 놀더구나. 그때 목사님이 그러셨어.

"이거 보시오. 혼자 잘 놀지 않소? 원래 몸이 약한 아이라 싸매지 말고 이렇게 혼자 알아서 놀도록 내버려두는 게 더 건강에 좋소."

그제야 난 목사님의 깊은 뜻을 알고 두 번 다시는 널 두껍게 싸매지 않았단다. 이제는 추운 겨울날 꽁꽁 싸매진 아기들을 볼 때마다 "아이고, 가엾어라. 손발이 묶여 답답하겠구나." 이런 생각이 든단다.

이뿐만이 아니었다. 아줌마 말에 따르면, 아버지는 매일 나를 목욕시켜주면서 안마도 해주고 간단한 체조도 시켰다고 한다.

물론 간단한 체조에도 연습과 훈련이 필요했다. 내가 태어난 지 2주쯤 됐을 때 아버지는 손가락 잡는 놀이를 시켰다. 내가 눈앞에 보이는 손가락을 잡으려고 팔을 앞으로 뻗는 순간 '반사적인 힘'을 이용하여 상체를 일으키는 훈련을 한 것이다. 그리고 만 한 달이 지난 후에는 내 작은 다리를 움직여 기어 다니는 연습을 시켰다.

이런 훈련 덕분에 나는 튼튼하고 건강한 팔다리를 가졌다. 어렸을 적에 길에서 넘어지기도 많이 했지만, 워낙에 잘 훈련된 탓에 한 번도 크게 다친 적이 없었다.

이 외에도 내가 혼자 걸을 수 있게 되자 아버지는 자주 나를 교외로 데리고 나가 함께 놀이와 산책을 즐겼다. 추운 한겨울이나 무더운 여름에도 아버지의 이런 체험 훈련은 멈추지 않았다.

내가 네 살이 되던 그해 여름에는 그야말로 살인적인 더위가 기승을 부렸다. 어찌나 더운지 반려동물조차 따가운 햇볕을 피해 제 집에 틀어박혀 지낼 정도였다. 하루는 아버지와 함께 아버지의 친구네 집을 방문하려고 길을 걷고 있었다. 그런데 마침 그때가 오후 중 가장 더울 때라 나는 목이 말랐고 서서히 몸도 지쳐갔다. 나는 길가에 세워진 마차를 바라보며 아버지에게 물었다.

"아빠, 우리 차비 없어요? 왜 마차를 안 타고 걸어가요?"

아버지가 웃으며 말했다.

"없긴, 아빠한테 돈이 있단다."

"그럼 우리 마차 타고 가면 안 돼요?"

"왜, 걷는 게 힘드니?"

"네, 아빠." 나는 고개를 끄덕이며 대답했다.

"도저히 못 걷겠어요. 마차를 타면 빨리 갈 수도 있고, 햇빛도 피할 수 있잖아요."

빠른 걸음으로 나를 앞서가던 아버지가 뒤를 돌아보며 물었다.

"네 마음은 알겠다만, 사실 아빠는 마차를 타고 싶지 않구나. 그럼 하나만 물어보마. 우리 가족 중에서 누가 제일 자주 아프지?"

"음, 그건 아마도 제가……" 내가 잠시 망설이다 대답했다.

"그렇지, 아빠와 엄마는 별로 아픈 적이 없었으니까. 그런데 그 이유가 뭔지 알고 있니?

"아뇨, 잘 모르겠어요."

"내가 알려주마. 그건 우리가 어딜 가든지 걸어다니는 게 습관이 돼서 그래. 햇볕이 뜨겁거나 비가 와도 상관없단다. 아름다운 대자연은 하나님이 우리 인간에게 내려주신 선물이란다. 우린 그 선물을 마음껏 누릴 자격이 있어. 우리 옆집에 사는 아주머니를 보렴. 매일 집안에만 틀어박혀 꼼짝도 하질 않잖니? 햇볕도 안 쬐고 맑은 공기를 마시지 않으니까 병이 낫지 않는 거란다. 대자연과 함께 어울려 살아야 몸도 건강해지고 병이 생기지 않지."

아버지의 말씀은 매우 가치 있는 교훈이었다. 나는 이 교훈을 토대로 내 아들을 건강하고 씩씩하게 키울 수 있었다.

아버지 말에 한 가지 덧붙이자면, 아이가 어느 정도 성장하면 반드시 수영을 가르쳐야 한다. 수영은 위험에 처한 누군가를 구해줄 수도 있지만, 무엇보다 내 자신의 건강에 매우 유익한 운동이다. 고대 로마 사람들은 수영을 매우 중요시했는데, 이를 문학과 함께 동일하게 다룰 정도였다. 수영에 대한 그들의 관념은 '사람은 영양분이 없으면 쓸모가 없고, 수영을 할 줄 모르면 지식을 얻을 수 없다.' 라는 그들의 속담만 봐도 알 수 있다.

♠ 냉수요법

　　　　　　　　여느 엄마들이 그러하듯 내 아내도 아들을 지극정성으로 보살폈는데, 어느 날은 신경성 중세에 시달릴 정도였다. 아내는 행여 아들이 병이라도 날까 노심초사했는데 그녀가 가장 신경 쓰는 곳은 아기 방이었다. 그녀가 아기 침대에 푹신푹신한 이불을 깔아주는 모습은 마치 작고 여린 식물을 키우는 듯했다. 외출할 때도 그녀는 아기를 두껍게 싸매고 모자에 수건까지 챙겨나갔다. 게다가 바람이라도 부는 날에는 유아용 망토까지 준비했다.

　이는 모든 부모들이 안고 있는 문제점으로, 지나친 관심과 걱정은 과잉보호로 이어지기 쉽고 과잉보호는 건강하게 태어난 아이도 오히려 약해지게 할 수 있기 때문이다.

　하지만 내 아버지는 그렇지 않았다. 선천적으로 허약하고 저항력이 약한 내가 강한 추위를 견딜 수 있도록 특별한 방법을 선택했다. 그것은 바로 냉수 목욕이었다.

　아내가 아들을 과잉보호하는 것 같아 아버지의 냉수 목욕법을 일러주었더니 아내가 소스라치게 놀랐다.

　"이제 겨우 차가운 아이 몸을 녹여났는데 찬물로 목욕을 시킨다니요? 감기라도 들면 어쩌려고요?"

　"날 보시오. 이렇게 건강하질 않소. 분명히 아이의 건강에 효과가 있을 거요."

　"세상에! 당신이 이렇게 강심장인 줄 몰랐군요. 애를 잡으려고 작정했어요? 이제 태어난 지 얼마나 됐다고요." 아내가 여전히 놀라며 말했다.

아마 이 같은 상황에서는 어느 엄마나 다 똑같은 반응을 보일 것이다. 이러한 반응은 어쩌면 당연하지만, 완전히 이해되는 것은 아니었다. 어렸을 적 나는 유난히 팔다리가 약했다. 하지만 시간이 지날수록 강인한 체력을 지니게 되었다. 무엇 때문일까? 이는 한겨울에도 두꺼운 옷을 입지 않고 오히려 몸을 노출시켜 찬바람에 적응시켰기 때문이다.

철학자 세네카(Lucius Annaeus Seneca)는 얼음이 어는 한겨울에도 나체로 생활했다. 그러자 이를 의아하게 여긴 아테네 사람들이 그에게 그 비결을 물었다. 그런데 그가 웃으며 되물었다.

"당신들의 얼굴은 어떻게 이 차가운 겨울바람을 견디고 있는 거요?"

사람들이 대답했다.

"얼굴이야 태어날 때부터 드러내놓은 것이니 습관이 돼서 그런 거 아니오?"

"그럼, 내가 나체로 다닐 수 있는 것도 그와 같은 이치가 아니겠소?"

다음은 내가 최근에 어느 여행기에서 읽은 내용이다.

몰타(Republic of Malta)의 무더위는 유럽에서도 손꼽힌다. 심지어 로마보다 더하다. 정말 견디기 힘든 것은 바람이 거의 불지 않는다는 사실이며 그래서 가장 더울 때는 그야말로 화염에 휩싸인 듯하다. 하지만 그곳 농부들은 매일 뜨거운 태양 아래서 농사를 짓는다. 그들의 아이들 역시 태어날 때부터 열 살까지 몸에 아무것도 걸치지 않은 채 햇볕에 그대로 노출되어 있다. 그래서 그곳 사람들은 하나같이 피부가 새까맣다. 나는 여기서 깨달은 바가 있다. 많은 사람들이 불가능하다고 여긴 일들도 막상 겪고 부딪혀 보면 우리 몸은 본능적으로 그것에 적응하게 되어 있다.

어릴 때부터 적절한 적응훈련을 받은 아이에게 견디지 못할 세상의 어려움이란 없다.

세네카의 53번째, 그리고 83번째 편지를 보면 아무리 추운 겨울날에도 냉수 목욕을 즐겼다고 한다. 이는 결국 같은 이치이다. 우리가 어릴 때부터 적응한 것은 극한상황이라도 다 견디게 되어 있다. 여기서 중요한 것은 그가 벌써 환갑의 나이를 맞았다는 사실이다.

만약 당신도 아기가 건강하기를 원한다면 아일랜드인의 교육방식을 한번 살펴보라. 그들은 영아기 때부터 아기에게 냉수로 목욕을 시키는데 그 효과가 매우 뛰어나다고 한다. 스코틀랜드 엄마들은 얼음이 어는 한겨울에도 아이에게 냉수 목욕을 시키는데 그 습관이 현재까지 이어져오고 있다.

나는 아버지가 내게 그러했듯 아내에게 찬물로 아기발이라도 한번 씻

겨보라고 말했다. 그런데 아내는 여전히 이해하지 못하는 표정이었다. 게다가 어린 아기에게 그럴 수 없다며 갑자기 울음을 터뜨리는 것이 아닌가! 일하는 하인조차 "세상에, 정말 제정신이 아니에요!"라고 중얼거렸다. 그래도 난 내 의지를 쉽게 포기하지 않았다.

아내는 끝까지 내 말을 듣지 않았다. 결국 나는 방법을 달리하기로 마음먹었다. 봄이 되어 날이 풀리자마자 미지근한 물로 아들을 목욕시키다가 날이 완전히 풀림과 동시에 찬물로 목욕을 시켰다.

아들이 이제 막 한 살이 되었을 때 일이다. 그날따라 아이는 발을 씻지 않겠다며 칭얼거렸다. 하지만 내가 들은 척도 않고 찬물로 발을 씻기자 아이는 울상이 된 얼굴로 제 엄마를 바라봤다. 그러자 아내가 말했다.

"제발 그만 좀 해요. 이러다 정말 병이라도 나겠어요."

"저기 길거리에 뛰어노는 가난한 집 아이들을 좀 봐요. 매일 추운 날씨에 신발도 없이 맨발로 다녀도 누구 하나 감기에 걸린 아이가 있는지. 당신도 우리 아들이 건강하길 바라지 않소? 이게 다 병에 걸리지 말라고 하는 거요."

나는 일 년 내내, 추운 겨울에도 찬물로 아들의 발을 씻겼다. 그러자 아들은 조금씩 적응이 됐는지 그 뒤로는 한 번도 울지 않았다. 심지어 고드름이 어는 한겨울에도 아무렇지 않게 차가운 물에 뛰어들었다.

노력한 만큼 결과를 얻는 법, 냉수 목욕의 효과를 톡톡히 본 아들은 일 년 동안 잔병치레를 거의 하지 않았다. 그 흔한 감기 한번 걸리지 않았다.

♠ 규칙적인 생활을 가르쳐라

앞서 말했듯이 아버지는 '건강한 신체야말로 인생의 가장 귀한 행복'이라고 말했다. 하지만 그 행복을 지키기 위해서는 눈물 나는 노력이 필요하다. 앞서 언급한 건강한 식습관과 적절한 운동 외에도 중요한 것이 하나 있는데, 바로 규칙적인 생활이다. 역사적으로 장수한 사람들의 공통된 비결은 다름 아닌 규칙적인 생활습관을 유지했다는 점이다.

그 예로 괴테(Johann Wolfgang von Goethe)와 그의 절친한 친구인 실러(Johann Christoph Friedrich von Schiller)의 경우를 보자. 괴테는 식사시간과 취침시간을 엄격히 지킨 사람으로 유명하다. 그 결과 그는 역사에 길이 남을 업적을 남기고 장수했다. 하지만 그와 반대되는 삶을 살았던 실러는 단명했다.

내가 아주 어렸을 때, 아버지는 내게 규칙적인 습관을 길러주고자 애쓰셨다. 특히 정해진 시간에 우유를 먹인 것은 좋은 습관을 기르는 데 큰 역할을 했다. 내가 아주 아기였을 때는 잠을 자고 싶은 만큼 마음껏 잘 수 있었다. 하지만 어느 정도 자란 후에는 아버지가 취침시간을 엄격하게 정해두었다. 또한 아버지는 일찍 자고 일찍 일어나는 습관이 건강에 좋다며 이를 꼭 엄수하도록 했다. 그래서 늦잠 한번 마음대로 잘 수가 없었다.

당시 아버지는 구체적인 휴식시간표를 만들어 간식을 먹는 시간은 물론, 친구들과 노는 시간조차 따로 정해두었다. 매일 아침 6시에 기상한 후에는 간단한 체조를 했다. 그런 후에 공부를 하고 밥을 먹고 쉬는 등 본격적인 하루 일과를 시작했다. 물론 늦어도 밤 9시에는 잠자리에 들어야 했다.

초기에는 시간표대로 움직이는 것이 싫어 종종 이를 어기고는 했다. 어린 나에게 딱딱한 시간표는 굴레와도 같았다. 그런데 그때마다 아버지는 나를 엄히 꾸짖기보다는 내 행동에 스스로 책임지도록 했다.

하루는 삼촌이 네 명의 조카들을 데리고 우리 집을 방문했다. 오랜만에 사촌형과 누나를 만난 나는 무척이나 들떠 있었다. 저녁을 먹은 후에는 함께 술래잡기를 하느라 시간 가는 줄도 몰랐다. 어느덧 잠을 잘 시간이 되었지만, 시간표 따위는 이미 안중에도 없었다.

"칼, 이제 그만 잘 시간이구나!"

9시가 되자 아버지가 나를 불러 세웠다. 하지만 한창 놀이에 빠진 나는 쉽게 잠이 올 리 없었다.

"아빠, 조금만 더 놀면 안 돼요? 진짜 조금만 더요."

"안 돼, 얼른 가서 자렴."

아버지는 단호하게 내 부탁을 거절했다.

"아빠, 진짜 조금만 더 놀다 잘게요."

나는 거의 애원하다시피 했다. 그러자 이를 지켜보던 삼촌이 내 편을 들어주었다.

"이렇게 다 함께 모이기도 힘든데 더 놀게 내버려둬, 다들 저렇게 신이 났는데 어디 잠이 오겠어?"

"안 돼, 어떤 상황에서도 약속을 어기는 건 나쁜 행동이야."

내가 풀이 죽은 채 머뭇거리자 삼촌이 다시 아버지를 설득했다.

"우리가 자주 오는 것도 아닌데 이번 한 번만 봐줘. 뭣 하러 애한테 그렇게 엄격하게 대해?"

"그럼, 칼 네가 직접 결정하렴. 네가 몇 시에 잠을 자든 내일 아침엔 반드시 6시에 일어나야 해. 사람은 자신의 행동을 책임져야 하는 거야. 알겠니?"

아버지는 사뭇 진지한 표정으로 말했다. 하지만 난 형들과 놀고 싶은 마음이 더 컸기에 밤 11시가 되어서야 겨우 잠자리에 들었다.

다음날 아침, 아버지는 어김없이 나를 불러 깨웠다.

"칼, 지금 6시란다. 어서 일어나야지."

나는 피곤한 나머지 눈 뜰 힘도 없었지만, 아버지는 계속해서 나를 흔들어 깨웠다.

"아빠, 피곤해 죽겠어요. 조금만 더 잘게요."

나는 아직 잠이 덜 깬 눈으로 아버지에게 말했다.

"내가 어제도 말했잖니, 네 행동에 책임을 지라고 말이야. 평소보다 잠을 세 시간이나 적게 잔 건 분명 네 스스로 선택한 일이란다."

아버지는 단호했다.

"하지만… 아빠…"

"다시 말하지만 이건 네 선택이었어. 어떤 이유에서든 기상시간은 지켜야 해."

나는 아버지 앞에서 일어나는 시늉을 했지만, 눈이 쉽게 떠지지 않았다. 나는 그렇게 피곤한 몸으로 정신없는 하루를 보냈다. 무엇을 하든 잠을 자고 싶다는 생각뿐이었다. 물론 공부를 해도 전혀 집중할 수가 없었다. 저녁이 되어 형들이 함께 놀자고 말했지만, 나는 들은 척도 하지 않은 채 방에 들어가 일찍 잠을 청했다

나는 나의 잘못된 판단으로 인해 하루라는 시간을 힘겹게 보냈다. 그날 이후로 나는 두 번 다시 아버지와의 약속을 어기지 않았다.

규칙적인 생활습관은 대다수의 사람들이 지키기 어려워하지만, 나는 이로 인해 매우 많은 것들을 얻었다. 말 그대로 습관처럼 지켜오다 보니 이제는 힘든지조차 느끼지 못한다. 아침에 일찍 일어나려면 그 전날 반드시 일찍 잠자리에 들어야 한다. 그렇다 보니 자연히 방탕한 밤문화에 빠지지 않았고 인생의 소중한 시간을 엉뚱한 데 낭비하지 않을 수 있었다.

아버지는 수면이란 하나님이 인간에게 주신 은혜라며 충분한 수면을 매우 중요하게 여겼다. 밖에 나가 노는 일은 물론, 밤늦게까지 연구와 공부에 몰두하는 일도 반대했다.

영국의 물리학자 패러데이(Michael Faraday)는 젊었을 때, 연구와 실험에 몰두한 나머지 밥을 먹는 일조차 잊을 때가 많았다고 한다. 그는 새벽 1, 2시가 되어도 잠을 자지 않았다. 그의 아버지는 이런 그가 걱정되어 몇 번이고 습관을 바꿔 보라며 권유했다.

"제발 좀 쉬어가면서 일하렴. 적당히 운동도 해야 건강에 무리가 안 가지. 건강을 잃으면 네가 좋아하는 일을 영영 할 수 없게 될 수도 있단다."

아버지는 이 이야기를 자주 들려주며 내게 경각심을 심어주었다.

한번은 모임에 나갔는데 한 친구가 자신의 대학동기인 어느 수학천재

에 관한 이야기를 꺼냈다. 간단히 요약하면, 그 천재는 하루 종일 수학공식을 푸는 데 빠져 밥을 먹고 잠을 자는 시간조차 아까워했다. 그러다 병을 얻었는데도 일분일초가 아까워서 치료를 받지 않았다. 결국 그는 33세라는 한창 나이에 세상을 떠났다.

이 얘기를 들은 한 친구가 말했다.

"와, 정말 집념이 대단한걸."

하지만 아버지는 이렇게 말했다.

"너희들은 그 천재가 어리석다고 생각하지 않니?"

그 자리에서 아버지는 우리에게 패러데이의 이야기를 또다시 들려주었다. 시간이 한참 흐른 뒤에도 아버지는 그 수학천재의 일을 잊지 않으신 듯했다.

"칼, 세상의 그 무엇도 건강을 대신할 수는 없는 거란다. 네가 천재가 아니라도 건강하다는 이유만으로 넌 천재들보다 더 훌륭한 삶을 살 수 있어. 그는 수학천재였지만 건강을 지켜야 한다는 간단한 진리조차 알지 못했잖니? 겨우 눈앞의 일에 빠져 33세까지밖에 살지 못한 그가 너무 안타깝구나. 정말 현명하지 못했어."

나는 현재 대학에서 법학교수로 일하며 학생들을 가르치고 틈틈이 내가 좋아하는 단테 연구와 논문에 빠져 지내고 있다. 하지만 아버지의 가르침 덕분에 시간에 쫓기는 생활을 하면서도 건강을 잃지 않은 채 인생을 마음껏 누리고 있다.

아버지의 자녀교육의 토대는 바로 건강이었다. 아버지가 내게 행하신 위대한 조기교육은 신선한 공기, 적당한 운동, 영양을 고려한 식습관, 냉

수 목욕, 충분한 수면과 규칙적인 생활 등 이미 우리가 알고 있는 간단한 몇 가지 습관에서 비롯된 것이다.

영아기 때부터
지능계발을 시작해라

어렸을 적부터 시작된 아버지의 조기교육은 훗날 내가 원하는 일을 하고 성공을 거두는 밑거름이 되었다. 내가 열 몇 살 때 스무 살, 서른 살의 사람들이 하지 못한 일을 해낼 수 있었던 것은 결코 내가 천재여서가 아니다. 이는 모두 아버지의 조기교육 덕분이다.

♠ 출생 15일 후부터 시작된 지능훈련

아버지는 내가 태어난 지 15일 만에 지능훈련을 시작했다고 한다. 물론 처음에는 나 역시 믿기 어려웠지만, 시간이 흐르면서 그 말이 진짜라는 것을 알게 되었다.

이탈리아에서 단테를 연구하던 시절, 나는 르네상스 시대와 관련된 서적을 많이 읽었다. 그러던 중 그 시대의 유명한 인사들이 모두 유아기 때부터 지능계발을 시작했단 사실을 알았다. 그들의 찬란한 업적 뒤에는 무엇보다 그들 부모님의 보이지 않는 사랑과 조기교육이 있었다.

단테를 예로 들어보자. 그는 귀족 자제로 부유한 환경에서 태어나고 자랐다. 이러한 가정환경 덕분에 그는 일찍부터 남다른 교육을 받을 수 있었다. 자료에 따르면, 그가 세 살쯤 되었을 때 그의 아버지는 아들을 유명한 학자 라티니에게 보내 라틴어, 수사학, 고전 문학, 문법과 철학 등 다양한 학문을 배우게 했다. 9살 때 그는 이미 유명한 학자들의 작품을 모두 읽었다고 한다. 일반 사람들이 불가능하다고 여긴 일들을 어린 그가 해낸 것이다.

아버지의 위대한 교육열이 오늘날 위대한 그를 탄생시켰다. 단테는 《신곡(Divina Commedia)》에서 스승인 라티니에게 깊은 고마움을 드러냈다. 그는 라티니를 '위대한 스승', '아버지와 같은 사람'이라고 표현했다. 라티니는 단테의 인생에서 없어서는 안 되는 사람이었다.

훗날 단테는 파리, 파도바(Padova) 등의 대학에서 수많은 연구를 했다. 그는 음악, 회화, 미술, 조각, 시, 문학, 철학, 신학, 논리학, 천문, 지리, 역사, 정치 등 셀 수 없이 많은 방면에서 빛나는 업적을 세웠다. 이는 그가 유년 시절에 받은 우수한 교육과 밀접한 관련이 있으며 훌륭한 스승의 영향이 크다.

앞서 말했듯이 르네상스 시대의 위인들은 대다수가 어린 시절부터 남다른 조기교육을 받아온 사람들이다. 단테뿐만 아니라 다빈치, 미켈란젤로, 라파엘로도 마찬가지였다.

모두 알다시피 다빈치는 그림 신동이었다. 그는 14살 때 베로키오(Andrea del Verrocchio)에게 도제 교육(전문적인 공부를 위하여 문하생으로 특별 교육을 받음)을 받기 시작했다. 베로키오는 유명한 예술가이자 건축가로 천문과 지리, 역사 방면에도 조예가 깊었다. 다빈치는 훗날 위대한 화가, 수학자, 과학자, 천문학자, 발명가가 된 후에 그의 스승에게 깊은 감사를 표했다.

미켈란젤로도 마찬가지다. 그는 어릴 적부터 부모님이 아닌 유모의 손에 자랐다. 다행히 그 유모의 남편은 조각가였는데 그의 영향을 받아 조금씩 예술의 세계로 빠져들기 시작했다. 그리고 조각예술을 자신의 생업으로 삼았다.

라파엘로는 다빈치, 미켈란젤로와 함께 '르네상스 시대의 3대 화가'로 손꼽힌다. 라파엘로는 조상 대대로 위대한 화가를 배출한 예술가 집안에서 태어났다. 이러한 환경 덕분에 그는 어린 시절부터 예술적 감각이 남달랐다. 게다가 아버지의 세심한 교육이 보태져 어린 화가 라파엘로는 금세 유명해졌다.

물론 이들의 생애는 역사 속에 묻혀 그들이 어떠한 교육을 받았는지 자세히 알 수는 없다. 하지만 최소한 그들이 어린 시절부터 남다른 교육을 받았다는 것은 분명한 사실이다.

아버지는 내가 태어난 지 얼마 안 되어 감각기관을 이용한 훈련을 먼저 시작했다. 아버지는 이렇게 말했다.

"사람이 타고나는 모든 능력과 감각은 어릴 때 훈련되지 않으면 평생 그 기능을 발휘하지 못할 수도 있단다."

태어난 지 15일째 되었을 때, 아버지는 나의 청각을 발달시키기 위해 옆에서 자상한 목소리로 시를 읽어주기도 했다. 게다가 매번 다른 말투와 목소리를 흉내 내 소리를 식별하는 능력도 키워주었다. 또한 각양각색의 장난감으로 시각과 관찰력을 길러주었다.

내가 두 살 때, 아버지는 베르길리우스의 《아이네이스(Aeneis)》를 자주 읽어주었다고 한다. 물론 나는 그때의 일을 전혀 기억하지 못한다. 그런데 이상한 것은 내 자신이 언제부터 그것을 기억하게 됐는지도 모른 채 그 시들을 유창하게 외울 수 있다는 점이다.

아버지는 모두가 저능아라고 말한 나를 교육시키기 위해 피나는 노력을 기울였다. 그때 아버지의 심적 부담은 이루 말할 수 없었을 것이다. 당시 사람들은 조기교육이 오히려 아이의 지능발달을 해칠 수 있다고 믿었다. 하지만 놀랍게도 아버지는 자신만의 방법과 신념이 옳다는 것을 증명해 냈고 마침내 사람들의 찬사와 인정을 받았다.

♠ 조기에 관찰력을 길러라

어느덧 시간이 흘러 나도 가정을 꾸리고 아버지가 되었다. 하지만 아버지는 아직까지도 내가 어린 시절 썼던 방을 그 모습 그대로 간직하고 계신다. 아버지가 말했다.

"네 방에 들어가면 어린 시절의 너를 만날 수 있단다. 매 순간의 네 모습을 영원히 기억하고 싶구나."

물론 어린 시절의 내 모습이 전부 기억나지는 않지만, 그 추억들은 내게 소중한 재산이다. 아버지는 내게 시각을 길러주기 위해 화려하고 아름다운 문양의 벽지를 바르고 그 위에 다양한 그림을 붙여놓았다. 그래서 방에 들어올 때마다 딴 세상에 있는 것 같은 느낌이 들었다. 비록 커튼의 색은 바래버렸지만, 나는 그때의 눈부신 색깔을 잊을 수가 없다.

방에 들어가자 내가 보던 그림책들이 책꽂이에 가지런히 꽂혀 있었다.

천천히 책장을 넘길 때마다 마음속에서 말할 수 없는 감동이 밀려왔다.

한번은 책장 위에 큰 색종이가 여러 장 놓여 있는 것이 보였다. 종이 뒷면에는 화려한 색깔의 직선이 그려져 있었다. 아버지는 그것이 어린 나의 관찰력을 길러주던 '도구' 라고 했다.

내가 어렸을 때, 아버지는 관찰력을 길러주기 위해 여러 가지 색깔의 색연필과 큰 종이를 준비했다. 그리고 종이 앞면에 아버지가 먼저 다양한 색깔과 선을 색연필로 그려 넣었다. 만약 내가 앞면과 같은 색깔의 색연필로 똑같은 길이의 선을 그리면 내가 이기고, 그렇지 않으면 지는 거였다. 아버지는 이 놀이를 '컬러 게임' 이라고 불렀다. 아버지는 아들과 함께 이 게임을 해보라며 내게도 추천해주었다.

아버지는 이 게임이 다른 색깔의 물체와 모양, 속성을 식별하는 데 큰 효과가 있다고 했다. 이 모든 것이 관찰력의 바탕이 되기 때문이다. 이런 방법으로 아이를 교육한 사람은 내 아버지뿐만이 아니었다.

네덜란드의 위대한 화가 렘브란트(Rembrandt Harmenszoon van Rijn) 역시 이와 비슷한 교육을 받았다. 하지만 그가 받은 관찰력 훈련은 내가 한 컬러 게임보

색채를 인식하는 능력은 다른 능력에 비해 일상생활에 큰 영향을 미치지는 않는다. 하지만 관찰력과 통찰력을 높여주어 사물을 식별하는 데에 큰 효과가 있다.

다 훨씬 더 복잡하고 어려운 것이었다.

　그의 아버지는 남다른 색채감과 인지능력을 지닌 사람이었다. 렘브란트가 한 살이 되기 전, 그의 아버지는 다양한 색깔의 물체를 가져와 그의 시각을 자극했다. 빨강, 노랑, 파랑, 흰색에 그치지 않고, 더욱 다양한 색깔을 사용했다. 그래서 렘브란트는 두 살이 되기 전에 이미 회색의 개념과 회색의 다양한 종류를 이해했다고 한다.

　하루는 그가 자신의 방에서 아버지가 직접 만들어준 가지각색의 장난감을 가지고 놀고 있었다. 그런데 아버지가 한 번도 본 적이 없는 새로운 장난감을 손에 들고는 그의 방으로 들어왔다.

　그는 순간 호기심이 발동했다.

　"아빠, 손에 든 게 뭐예요?"

　그런데 아버지는 아무 말 없이 그를 바라보기만 했다.

　"아빠, 그게 뭔지 빨리 가르쳐주세요."

　"방금 보지 않았니? 그런데 왜 물어?"

　아버지는 그를 시험해보려고 했다.

　"제대로 못 봤어요. 자세히 보여 주세요!"

　아버지는 손에 든 것을 얼른 그의 눈앞에 내보이고는 재빨리 뒤로 감추었다.

　"자, 이제는 뭔지 알겠니?"

　"아뇨."

　아버지가 그에게 물었다.

　"이미 두 번이나 봤잖니, 이게 뭔지 말해보렴."

"뭔가 본 것 같은데 여전히 모르겠어요."

"괜찮아, 일부분이라도 좋으니 한번 말해보렴."

"어… 빨간색… 아니, 노란색이었나? 동그랗게 생겼는데… 맞다! 타원형이었어요."

그는 방금 자신이 본 것을 자세히 떠올리려고 애썼다.

"네가 자세히 보지 못한 것 같구나. 좋아, 그럼 네가 가지고 놀던 장난감 중에서 이것과 비슷하게 생긴 걸 골라보겠니?"

그는 한참 동안 뒤적인 뒤에 자신이 본 것과 비슷하게 생긴 장난감 하나를 집어 들었다. 그러자 아버지는 손에 든 것을 내보이며 그가 집어든 장난감과 어떤 차이가 있는지 물었다. 렘브란트는 재빨리 두 장난감의 다른 점을 찾아냈다.

아버지가 손에 들고 있던 장난감은 제멋대로인 형태에 붉은색도 노란색도 아닌 색을 띠었다. 그는 생전 처음 보는 색깔에 큰 흥미를 보였다.

"그런데 아빠, 이건 신기하게도 빨간색도 아니고 노란색도 아니에요. 이건 무슨 색깔이에요?"

그가 물었다.

"이 색깔은 다른 색과 혼합된 색이란다. 세상에 있는 다양한 사물 중에서 진짜 순색을 가진 건 몇 가지 안 돼. 이건 주황색이라고 한단다."

아버지가 자세히 설명해주었다.

"주황색? 빨갛지도 노랗지도 않은 색을 주황색이라고 해요?"

그는 주황색이 신기하기만 했다.

"그렇단다. 갈색과 비슷한 듯하면서도 노란빛을 더 많이 띠고 있지. 완전히 갈색이 아닌 이 색깔을 주황색이라고 한단다.”

렘브란트는 그날 처음 주황색이라는 단어를 알았다. 그는 아버지의 상세한 설명 아래 빨간색과 노란색, 그리고 주황색의 차이를 자세히 이해해 색깔에 대한 명확한 개념을 받아들였다.

아버지의 이러한 교육방식으로 색채에 대한 그의 인식능력은 점차 발달했다. 훗날 그는 그의 작품 속에 여러 가지 색채를 다양하게 활용함으로써 수많은 사람들의 감탄을 자아냈다.

비록 나는 렘브란트처럼 위대한 화가는 아니지만, 아버지 덕분에 그와 마찬가지로 뛰어난 관찰력과 인식능력을 지닐 수 있었다.

색채에 대한 인식능력은 다른 능력에 비해 일상생활에 큰 영향을 미치지는 않는다. 하지만 관찰력과 통찰력을 높여주어 사물을 식별하는 분야에서 큰 도움을 준다.

나는 아버지께 너무나 감사하다. 오늘날 내가 통찰력 있는 사람이 될 수 있었던 것은 모두 아버지의 조기교육 덕분이다.

♠ 유년기의 기억력 훈련

‘천재 신동’ 해밀턴은 3살 때 영문으로 된 책을 잃었고, 4, 5살 때 이미 ‘어린 지리학자’ 라고 불렸다. 게다가 수학에 대한 재능도 남달랐다. 그는 5살 때 라틴어, 그리스어, 헤브루어를 익혔고, 후에 이탈리아어, 프랑스어, 스페인어, 아랍어, 페르시아어, 시리아어, 힌디어, 벵골어와 산스크리트어에도 정통했다.

이뿐만이 아니다. 그는 12살 때 유클리드(Euclid)의 《기하학 원론 (Stoikheia)》과 클레로(Alexis Claude Clairaut)의 《대수학》을 독학했다. 뉴턴과 같은 물리학자의 저서를 모두 읽었을 때는 이제 막 16살을 넘긴 나이로, 라플라스(Pierre Simon de Laplace)의 《천체 역학》의 결함을 보충하는 논문을 쓰기까지 했다. 17살이 되던 해, 그는 이미 미적분 분야에서 최고의 경지에 올라 세계적으로 유명한 수학자로 이름을 떨쳤다.

이런 천재들의 이야기를 들으면 마냥 감탄하고 부러워하는 사람도 있지만, 신이 불공평하다고 불만을 토로하는 사람도 있다. 대체 그들의 뛰어난 능력은 어디에서 오는 것일까? 그저 타고났기 때문일까?

사실 이런 천재들의 능력은 부러워할 필요도, 질투할 필요도 없다. 어릴 때 교육만 잘 받는다면 누구나 해낼 수 있는 일이니 말이다.

나는 14살 때 이미 박사학위를 받았다. 그때 사람들은 천재가 났다며 하나님이 내게 특별한 능력을 부여했다고 말했다. 이런 사람들의 부러움과 칭찬 아래 나 역시 내가 천재라고 믿었다.

하지만 나이가 들어 사고방식이 바뀐 후부터는 더 이상 내가 천재라고 믿지 않게 되었다. 오히려 자만했던 나 자신이 부끄럽기까지 했다. 내가 14살 때 박사가 되는 쾌거를 이룬 것은 오로지 부모님의 교육 덕분이다.

여러분도 해밀턴의 전기를 한번쯤은 읽어봤을 것이다. 그는 놀라운 기억력의 소유자였다. 하지만 그 기억력은 어디까지나 교육에 의해 길러진 것이다. 그는 남다른 기억력으로 많은 지식을 습득했고 그로 인해 여러 분야에서 성공을 거두었다.

해밀턴의 전기를 보면 유년 시절의 이야기를 많이 다루지 않아 그가 어떤 교육을 받았는지 알기 어렵다. 단지 몇몇 일화를 통해 그의 어린 시절을 이해할 뿐이다.

그는 불행한 어린 시절을 겪었다. 12살 때 아버지를 잃고 14살 때 엄마를 잃었다. 그 후로 그는 줄곧 삼촌 손에서 컸다. 그의 삼촌은 아이를 좋아하고 성격이 매우 밝은 사람이었다. 자식이 없는 탓에 해밀턴을 마치 친자식처럼 예뻐하며 시간이 날 때마다 그와 함께 놀이를 즐겼다.

삼촌은 길을 걸으면서도 쉽게 할 수 있는 '기억력 놀이'를 좋아했다. 놀이 방법은 매우 간단했다. 한 사람이 일정한 시간 내에 눈앞의 사물의 모양과 위치를 기억한 뒤, 그 기억한 것들을 말하면 다른 한 사람이 그중 틀린 것을 찾아내는 놀이였다. 그 둘은 순서를 번갈아가며 이 놀이를 자주 했다. 이 놀이를 통해 해밀턴은 기억력을 기르는 일 외에도 많은 것들을 배웠다.

한 가지 놀라운 사실은 나 역시도 그와 비슷한 형식의 교육을 받은 적이 있다는 것이다. 아버지가 가르쳐준 놀이는 '사물 관찰하기'였다. 아버지는 시장이나 백화점을 지날 때마다 갑자기 내게 이렇게 묻고는 했다.

"방금 저 진열대에 무엇이 놓여 있었는지 기억나니? 그게 어떤 용도로 쓰이는지도 알고 있니?"

만약 내가 그 질문에 정확하게 답했을 경우 아버지는 작은 선물을 주었고, 그렇지 않을 때는 틀린 부분을 일일이 짚어주었다. 두 놀이의 형식이 완전히 같지는 않지만, 기억력을 기르는 데 큰 효과가 있었다.

내가 세 살이 되던 해, 뛰어난 기억력으로 모두를 놀라게 한 적이 있었다. 물론 나는 그때의 일이 기억나지 않지만, 아버지 말로는 내가 어린 나이에 그런 기억력을 가진 것에 모두들 감탄했다고 한다.

하루는 아버지가 명작을 그대로 옮겨 그린 모사품을 파는 작은 매장에 나를 데리고 갔다. 아버지는 유난히 그 그림들을 좋아했다. 나는 매장을 쭉 둘러본 뒤 그곳에 있는 그림들의 제목과 그것을 그린 화가들의 이름을 모두 말해 주었다.

나는 한 번도 유명한 화가와 그들의 작품을 따로 공부한 적이 없었다. 다만 책에서 우연히 몇 번 봤을 뿐이다. 점원은 순간 자신의 귀를 의심했다. 그는 어떻게 세 살밖에 안 된 아이가 그 많은 그림의 제목과 화가들을 다 기억할 수 있냐며 놀라움을 감추지 못했다. 이 역시도 교육의 효과였다. 사물을 관찰하는 놀이를 하면서 자연히 한 번 본 것은 모두 기억하는 습관을 갖게 된 것이다.

해밀턴과 나, 다른 시대의 두 사람이 비슷한 방식의 기억력 훈련을 받은 것은 결코 우연이 아니다. 선견지명을 지닌 사람이라면 누구나 시대를 막론하고 좋은 교육방법을 채택하게 되어 있다. 이는 지극히 당연한 일이다.

현재 많은 부모들이 어린 자녀를 가르칠 때, 종종 완전한 표준어가 아닌 말이나 지극히 유아적인 표현을 사용한다. 그리고 아이가 자신의 말을 따라하면 즐거워한다. 하지만 이는 아이를 자신의 장난감으로 삼는 부모들의 크나큰 실수이다. 다음은 아버지의 일기에서 발견한 글이다.

난 부모가 아이에게 완전한 표준어가 아닌 말과 사투리를 가르치는 일을 반대한다. 아이에게 '맘마(밥)'나 '멍멍이(개)' 따위의 말을 가르치는 것은 엄연한 부모의 잘못이다. 이는 부모가 이러한 언어가 아이의 두뇌발전에 어떤 영향을 미치는지 알지 못하기 때문이다. 아이가 마냥 어리다는 이유로 분별력 없이 말을 가르치면, 아이는 자연히 잘못된 언어를 사용하는 습관을 들인다. 이는 아이의 지능 향상에 보이지 않는 해를 끼치는 행위이다.

아버지의 주장은 틀리지 않았다. 내 주위의 수많은 사람이 어린 시절 제대로 언어교육을 받지 못했다는 이유로 불이익을 당하거나 후회하는 경우를 보았다.

한 유명한 철학자는 대학에서 강연을 하다 학생들에게 웃음거리가 된 경험이 있다. 당시 나는 이제 갓 대학에 들어온 신입생이었다. 그는 학교 측의 요청으로 단기간 강의를 하게 되었다. 그는 내가 가장 존경하는 근대철학자로, 그의 강의를 듣게 된 것은 나뿐만 아니라 대다수의 젊은 학생들에게 무한한

언어는 처음 배우는 순간부터 발음을 정확히 익혀야 한다. 그렇지 않으면 잘못된 발음이 굳어져 영영 고칠 수 없게 된다.

영광이자 기쁨이었다.

학생들은 조용히 강의실에 앉아 한마디도 놓치지 않으려는 듯 그의 말을 경청했다. 그런데 수업을 시작한 지 얼마 후, 조용하던 강의실이 순간 술렁이기 시작하더니 학생들이 여기저기서 웅성거리기 시작했다. 생각지도 못한 그의 말실수 때문이었다. 세계 각국의 언어에 능통한 학자가 자신도 모르게 어처구니없는 실수를 저지른 것이다. 나는 어릴 때부터 정확한 언어교육을 받았기 때문에, 모국어든 외국어든 한 번도 이 같은 실수를 한 적이 없었다. 그래서 내 언어 실력에 무한한 자부심을 느꼈다.

"언어는 처음 배우는 순간부터 발음을 정확히 해야 한단다. 그렇지 않으면, 잘못된 발음이 굳어져 영영 고칠 수 없게 돼."

비록 오래전 일이지만 나는 아직도 아버지의 말씀을 생생하게 기억하고 있다. 나는 한 번도 아버지가 가르쳐준 발음을 의심해본 적이 없다. 내가 하버드 대학에 다닐 때, 잘못된 발음을 고치기 위해 힘든 노력을 하는 친구를 본 적이 있다.

아버지 말에 의하면 내가 말을 배우기 시작한 때부터 정확한 독일어를 가르쳤다고 한다. 한 번도 '멍멍이'나 '맘마'와 같은 단어를 사용한 적이 없었다.

다음은 엄마가 내게 들려준 이야기다.

우리 집에는 오랫동안 함께 일해 온 안디라는 성실한 하인이 있었다. 그는 아버지의 오랜 친구이기도 했는데, 평소 부정확한 발음에 사투리를 쓰는 버릇이 있었다. 아버지는 그가 나의 언어교육에 좋지 않은 영향을 준다고 판단하여 미안한 마음을 뒤로한 채 그에게 일을 그만두게 했다.

당시 아버지가 얼마나 가슴이 아팠을지 충분히 상상이 된다. 부모님이 오직 나를 위해 베푼 은혜와 희생은 영원히 가슴에 새기며 기억할 것이다.

♠ 끊임없이 상상의 나래를 펼쳐라

아버지의 교육은 내가 자란 뒤에도 변함없이 나를 지키는 원동력이자 힘이 되었다.

16세가 되던 해, 나는 법학박사 학위를 받고 베를린 대학에 법학교수로 임명되었다. 이 시기는 내 인생에서 매우 중요한 시점이었다. 그동안 다양한 분야를 공부해왔지만, 이제 미래의 진로를 결정해야 했기 때문이다. 이 사실을 안 아버지가 편지 한통을 써주었다.

사랑하는 칼,

네가 법학박사 학위를 받은 후 법학에 뜻을 둔 사실을 알고 나는 굉장히 기뻤단다. 하지만 네가 꼭 깊이 생각해보아야 할 것들이 있단다.

법학은 매우 멋진 학문이다. 하지만 법학의 특성상 법조계 종사자들이 이성적이다 못해 다소 기계적인 경향이 있어. 그래서 그것들을 극복하려고 애쓰지 않는다면 너 역시 고지식하고 보수적인 관념에 사로잡히기 쉽단다. 그러니 미래를 결정하는 일만큼은 매우 신중하게 생각해주기를 바란다.

내가 이런 말을 하는 이유는 너처럼 호기심 많고 공부하기 좋아하는 아이가 지나치게 사무적인 일들에 시달려 너만의 개성과 상상력을 잃어갈까 염려되어서야. 나는 법조계 사람과 법률을 연구하는 사람들을 많이 봐 왔단다. 그들은 하나같이 활력이 없고 인정이 부족해.

즐거움과는 등을 지고 살 뿐만 아니라 상상력 같은 것은 아예 발휘하지도 않는단다. 그런 사람은 결코 행복할 수 없어. 나는 네가 그들처럼 생각하고 행동하기를 원하지 않는단다.

칼, 내가 이런 걱정을 하는 건 네 판단력을 의심해서가 아니란다. 다만 다양한 감정과 풍부한 상상력을 지닌 사람만이 진정한 행복을 얻을 수 있다는 사실을 잊지 않길 바라서야.

내 말을 꼭 명심하거라.

이런 아버지의 바람 덕분에 나는 법학을 연구하면서 내 감정과 상상력을 십분 발휘했고, 감각적인 사고방식과 인정을 한순간도 잃지 않았다. 특히 단테를 연구할 때는 나만의 상상력으로 기대 이상의 성과를 얻은 적도 있었다.

한 철학자는 이런 말을 했다.

"상상력은 사람의 살과 같다. 그러므로 상상력이 없는 사람의 인생에는 그저 앙상한 뼈마디만 존재할 뿐이다."

이 말에는 사람들 중 누군가는 행복하고 누군가는 행복할 수 없는 이유가 담겨 있다.

내가 세상에 태어난 이후로 아버지는 나의 상상력을 키워줄 수 있는 기회를 단 한 번도 놓치지 않았다. 그 덕에 나는 짧은 인생에서 무한한 행복의 힘을 얻을 수 있었다.

내가 어렸을 때, 아버지는 재미있는 동화를 많이 들려주었다. 설사 내가 이해하지 못한다 해도 멈추지 않았다. 유명한 그리스 신화는 물론이고, 아시아에 전해 내려오는 모든 신화와 전설들을 몇 번이고 반복해서 들려주었다. 아버지 덕분에 내 유년 시절은 그야말로 풍부한 상상의 세계로 가득했고, 누구보다 아름다운 유년 시절을 보낼 수 있었다.

오랜 시간이 흘러 이제는 그 이야기들이 기억나지 않지만, 그 이야기가 전해준 감동과 깨달음은 지금까지도 내게 긍정적인 힘을 주고 있다.

내가 아들을 낳자 아버지는 아이의 상상력을 길러주는 방법을 편지로 알려주었다. 아버지는 상상력을 기를 수 있는 가장 좋은 방법이 동화나 신화를 들려주는 일이라고 말했다.

오늘날 많은 부모들이 아이를 천재로 키우기 위해 이성적인 사고방식과 판단력을 가르치려 애쓴다. 그들 중에는 신화나 전설 따위의 이야기가 오히려 아이의 사고를 제한하고 공상에 빠지게 한다고 믿는 사람도 있다. 하지만 전혀 그렇지 않다. 과학적 사고와 이성적 판단은 분명 사회발전에 필요하고 중요한 요소이다. 하지만 사회가 아무리 과학적인 지식을 요구한다고 해도 그 흐름에 따르고자 아이의 행복을 방해해서는 안 된다.

한번 생각해보라. 어린 시절에 상상력을 발휘하지 못한 아이가 자라서 어떤 사고를 지니게 되겠는가? 또한 어릴 때 생명의 소중함을 느끼지 못한 아이가 자라서 어떠한 인생관을 가지게 되겠는가? 아버지는 자주 내게 이런 말을 했다.

"네게 행복한 유년 시절을 선물하는 것만큼 내게 중요한 일은 없었단다. 어린 시절에 누려야 할 행복과 즐거움을 잃어버린 사람은 훗날 어른이 되어서도 공허한 삶을 살 뿐이란다. 하물며 자신의 아이가 그리 되길 바라는 부모가 어디 있겠느냐."

내 친구의 경우를 보자. 그는 법관으로 뮌헨에서 평판이 좋은 친구였다. 그는 뛰어난 능력으로 처리하는 일마다 성공을 거두었지만, 직업적인 특성상 누구보다 '공정'해야 하다보니 자연히 인정을 베푸는 일에 인색했다. 사람들은 이런 그를 '냉혈인간'이라 불렀다.

그런데 한번은 그의 평판에 누를 끼치는 사건이 발생했다. 그 일로 그는 의기소침해진 나머지 예전처럼 남 앞에 나서는 일을 꺼리며 아무것도 하지 않으려 했다.

나는 친구로서 가만히 지켜볼 수가 없었다. 그래서 새로운 마음가짐으로 미래를 내다보라고 격려해주었다. 하지만 그는 자신이 씻을 수 없는 실수를 했다며 좌절했다. 이미 명예가 실추되어 더 이상 미래를 위한 계획을 세울 용기조차 내지 못하는 듯했다.

나는 몇 번이고 그를 설득했지만, 그는 '가망 없다'는 말만 되풀이하며 자포자기했다. 사람이라면 아무리 어려운 역경이 닥쳐도 그 시기를 겪으면서 새로운 희망을 품어보게 마련이다. 이것이 인간의 본성이 아니던가! 하지만 그 친구는 아무런 희망조차 없었다.

대체 무엇 때문일까?

나는 한참 후에야 그에게 필요한 것이 자신감뿐만 아니라 상상력이라는 것을 깨달았다. 상상력이 없는 사람은 미래에 대한 아무런 희망도 가질 수 없다. 희망이 없으니 새로운 계획을 세우는 일은 더더욱 어려울 수밖에.

세상에 하루아침에 뚝딱 이루어지는 일은 없다. 그가 현재 그렇게 된 것은 상상력을 발휘하지 못한 어린 시절과 깊은 관련이 있다. 정서적으로 메마른 유년기를 보낸 탓에 사무적이고 기계적인 성격을 가지게 되었고, 현재의 비극을 초래한 것이다.

내 주위에는 그와 같은 사람이 더러 있다. 그들은 종종 자신이 불행하다고 여긴다. 하지만 그와 반대로 자신이 항상 행복하다고 느끼는 사람들도 있다. 그 이유는 내게 했던 아버지의 말 속에 있다.

"어린 시절에 상상력이 주는 기쁨을 느낀 사람은 불행이 닥쳐올 때도 행복하다 여기고, 어려움에 빠져도 즐겁다고 여긴단다. 진정한 불행은 바로 상상력을 발휘할 줄 모르는 것이란다."

♠ 후천적 교육이 만들어낸 천재

몇몇 사람들 중에는 아버지가 나를 천재로 키워낸 것이 우연이라고 생각하는 사람도 있다. 물론 아버지 역시 전문 교육가가 아니며, 나를 교육한 것이 오로지 나에 대한 자신의 사랑이라고 말했다.

하지만 그것이 전부는 아니었다. 아버지는 나를 교육하기 위해 부단한 노력을 했다. 내가 태어나기 전부터 아동교육에 관한 서적을 수집하고 모두 탐독했다. 이는 내가 앞서 언급한 바 있다.

나는 엄마를 통해 아버지가 나를 교육한 상황에 대해 이해하게 되었고, 그 뒤로 더욱 아버지와 아버지의 교육방식을 신뢰하게 되었다. 아버지는 자신의 신념대로 조금씩 계획을 실천해나갔다.

그때만 해도 사람들은 후천적인 교육이 천재를 길러낼 수 있을 거라고는 상상도 하지 못했다. 대부분 천재는 타고날 때 결정되는 것이며, 교육으로는 큰 변화를 줄 수 없다고 여겼다. 하지만 놀랍게도 아버지는 교육이 내게 어떤 영향을 미칠지 이미 다 내다보고 있었다.

아버지가 말했다.

"유년기의 적절한 교육은 충분히 천재를 길러낼 수 있습니다."

하지만 사람들은 아버지가 헛된 믿음을 가지고 있다며 손가락질했다. 심지어 첫째가 요절하고 둘째가 저능아로 태어나더니 정신이 이상해졌다고 말한 사람도 있었다. 엄마는 당시의 일을 떠올리며 이렇게 말했다.

"그때 네 아버지는 사람들의 조롱과 비웃음을 견디며 끝까지 자신의 신념대로 너를 키웠단다."

지금에 와서야 나는 아버지의 마음을 이해하는 동시에, 아버지가 얼마나 강한 의지를 지녔는지 깨닫게 되었다.

플라톤은 세상에 두 종류의 천재가 있다고 말했다. 하나는 타고난 천재이고, 다른 하나는 만들어진 천재이다. 타고난 천재는 하나님이 만든 창조물로 별다른 힘을 들이지 않고도 일반 사람들이 하지 못하는 일을 해낼 수 있다. 하지만 만들어진 천재는 그러한 일을 해내기 위해서 부단

한 노력과 희생을 거쳐야만 한다.

이는 어디까지나 플라톤의 견해일 뿐이다. 어찌됐든 그들이 천재라는 이름 아래 어릴 때부터 남다른 재능을 발휘하는 것만은 분명하다. 아버지는 사람의 인생은 다 똑같다고 말했다. 이는 누구나 다 천재가 될 수 있는 가능성을 지녔다는 뜻이다. 비록 태어날 때는 사람마다 지능의 차이가 있지만, 이는 결코 중요하지 않다. 중요한 것은 그 사람이 어린 시절에 어떠한 교육을 받았느냐다.

나는 아버지 말에 전적으로 동의한다. 아버지는 누구보다 객관적이고 지혜로운 분이었다. 역사상 존재했던 천재들은 물론 약간의 차이는 있지만, 하나같이 다양한 분야에서 남다른 재능을 발휘해왔다. 그리고 그런 재능은 어릴 때부터 드러나기 시작했다.

베를린 대학에 재직하면서 나는 이와 관련된 문헌을 찾아본 적이 있다. 그리고 한 가지 결론을 얻었다. 그 천재들은 결코 평범하지 않은 유년기를 보냈으며, 위대한 업적을 이룩한 사람일수록 그만큼 일찍 조기교육을 받았다는 사실이다.

어떤 의미에서 아버지는 선견지명이 있으신 분이었다. 지금도 나는 아버지의 신념과 판단이 옳았음을 증명할 수 있는 예를 얼마든지 찾아낼 수 있다.

천재가 두각을 나타내는 분야로는 단연 음악을 꼽을 수 있다. 나는 일찍이 음악 신동들의 성장과정을 조사하면서 한 가지 그들만의 공통점을 발견했다. 그것은 그들이 정식 음악 교육을 받기 전인 유년기에 이미 악기를 접한 적이 있거나 그들의 부모, 혹은 부모의 친구나 친척의 영향을 많이 받았다는 점이다. 또한 그들 주위에는 음악가나 음악에 취미를 둔 사람이 늘 있었다. 모든 음악가가 어린 시절 부모를 통해 음악을 접했다는 사실로 보아, 우리는 부모의 교육이 그들의 삶에 지대한 영향을 미쳤음을 알 수 있다.

나는 감히 내가 천재라고는 말할 수 없다. 내가 열 몇 살 때 스무 살, 서른 살의 사람들이 하지 못한 일을 해낼 수 있었던 것은 결코 내가 천재여서가 아니다. 어렸을 적부터 시작된 아버지의 조기교육이 훗날 내가 원하는 일을 하고 성공을 거두는 밑거름이 되었기 때문이다.

내가 태어난 지 15일째부터 아버지는 감각, 지능훈련을 시작했다. 아버지는 내가 할 수 있는 모든 놀이와 훈련을 통해 관찰력과 상상력, 감각과 기억력을 길러주었다. 이는 훗날 내가 언어와 수학, 역사와 지리 등의 학문을 터득하는 데 크나큰 힘이 되었다.

♠ 교육의 결과는 그 동기로부터 결정된다

아버지 때만 해도 사람들은 지나치게 이른 조기교육이 오히려 아이의 교육이나 성장에 방해가 된다고 믿었다. 하지만 이는 지극히 주관적인 견해이다. 아버지가 내게 행한 교육만 보더라도 아이의 성장을 해치는 것은 조기교육이 아니라 불합리한 주입식 교육임을 알 수 있다.

내가 아들을 낳자 아버지는 자녀교육에 관한 수많은 지식을 내게 전수해주었다. 아버지가 말했다.

"자녀교육에 있어서 가장 중요한 것은 자녀를 교육하는 목적과 동기란다. 그 시기가 이르고 이르지 않고는 중요하지 않아. 얼마나 합리적인 교육을 하느냐에 따라서 아이의 미래가 달라진단다."

한번은 노년기에 이른 아버지가 편지를 보내왔다.

사랑하는 아들아, 네 어린 시절은 참으로 놀라움 그 자체였단다. 내가 네게 한 교육이 결코 신기한 것이 아니었는데도 그것이 수많은 기적을 낳은 걸 보면 네 어린 시절이 마냥 신기하고 놀랍기만 하단다. 하지만 내가 더 많은 기적을 체험하지 못한 것이 참으로 아쉽구나!

모두 알다시피 파가니니(Niccol Paganini)는 위대한 음악가이다. 그 역시 다른 천재들처럼 어렸을 때부터 아버지의 엄격한 훈련을 받았다. 하지만 그의 아버지가 그를 교육한 목적은 우리 아버지와 많은 차이가 있었다.

파가니니의 아버지는 적은 수입으로 힘들게 가게를 꾸리면서도 도박에 빠져 가정을 돌보지 않았다. 그래서 파가니니는 다소 불우한 환경에서 자랄 수밖에 없었다.

한번은 우연한 기회에 파가니니가 음악을 좋아하는 것을 안 그의 아버지는 한 가지 결심을 한다. 그를 훈련시켜 음악 천재로 키우면 자신을 대신해 많은 돈을 벌 수 있을 거라고 판단한 것이다. 그는 그렇게 나쁜 마음으로 아들에게 음악을 가르치기 시작했다.

파가니니는 매우 불우한 어린 시절을 보냈다. 음악이 주는 기쁨과 환희를 느끼기도 전에 아버지를 위해 돈을 버는 기계가 되어야 했기 때문이다.

그의 아버지는 아들을 이용해 돈을 벌 목적으로 아예 모든 일을 뒤로한 채 그를 훈련시키는 일에만 전념했다. 어린 파가니니는 아버지의 강요 아래 밤낮없이 연습에만 매달렸다. 아버지는 그에게 기타뿐만 아니라 파이프 오르간과 바이올린까지 강제로 배우게 했다. 어린 나이에 겪기에는 너무나도 무거운 짐이 그의 어깨를 짓눌렀지만, 그의 아버지는 만족할 줄을 몰랐다. 그는 아들이 연습을 게을리한다고 여겨 연습시간을 늘리고 체벌을 가하기까지 했다.

파가니니는 아버지의 강요 아래 마침내 위대한 음악가가 되었다. 하지만 그게 다 무슨 소용이 있겠는가? 그는 평생 동안 신경계 질환과 근육경련에 시달려야 했다.

이에 비하면 나는 너무나도 행복한 어린 시절을 보냈다. 나는 누구보다 훌륭한 교육을 받았고, 그 안에서 무한한 즐거움을 누렸다.

아버지는 내가 다양한 분야에서 재능을 발휘하기를 바랐다. 그래서 내 관심사와 취미를 적극 지지해주었다. 어렸을 때, 나 역시 파가니니처럼 음악을 좋아했다. 이를 안 아버지는 내 나이에 적합한 악기를 사주었고 더 많이 배울 수 있도록 선생님까지 붙여주었다.

하버드에 다닐 때 유난히 아끼는 기타가 있어 어딜 가든 들고 다녔다. 당시 나는 무수한 밤들을 기타에 빠져 지냈다. 그래서인지 지금도 기타와 피아노 실력은 어디에 내놔도 빠지지 않는다.

음악이든 다른 공부든 아버지는 내가 즐기면서 배우는 것을 가장 중요하게 생각했다. 그래서 한 번도 억지로 시킨 적이 없었다. 그 덕에 나는 나날이 실력을 쌓으며 그로 인한 기쁨도 배가 되었다.

아버지의 교육은 내가 무엇이든지 자연스럽게 터득하는 데 그 의미가 있었다. 쉽게 지식을 터득하는 일도 중요하지만, 배움이 주는 즐거움을 느끼는 일도 매우 중요했다.

아버지의 책장에는 어린 시절 내가 단어를 익힐 때 사용하던 카드가 그대로 보관되어 있다. 비록 가지각색 화려하던 색깔은 이미 그 빛이 바래버렸지만, 나는 한눈에 그것의 용도를 알 수 있었다. 그것은 아버지가 나를 교육할 때 사용하던 다양한 교재들 중 하나였다.

그 카드는 내가 놀이를 통해 쉽게 단어를 익히는 동시에, 카드 색깔에 숨은 의미를 이해할 수 있도록 아버지가 직접 만들어준 것이었다.

빨간색 카드에는 '열정', 노란색 카드에는 '태양', 녹색 카드에는 '봄', 파란색 카드에는 '바다', 오렌지색 카드에는 '햇살' …… 이 얼마나 상상력을 자극하는 놀이인가!

아버지가 만들어준 카드는 내가 단어를 익히고 상상력을 발휘하는 데 큰 역할을 했

음악이든 다른 공부든 아버지는 내가 즐기면서 배우는 것을 가장 중요하게 생각했다. 그래서 한 번도 배움을 강요한 적이 없었다. 그 덕에 나는 나날이 실력을 쌓으며 그로 인한 기쁨도 배가 되었다.

다. 아버지는 이제 그 카드를 내게 주며 나 역시 교육이 주는 놀라운 감동을 체험하길 원하신다.

배움이 주는 즐거움은
지혜의 원천이다

아버지는 한 친구와의 대화 중 이런 말을 했다. "능력과 지혜를 갖춘 사람은 학자보다 더 귀하다네. 그렇게 생각하지 않는 이는 분명 어리석은 사람이야. 그보다 더 어리석은 이는 지식과 학문을 통해 지혜를 얻을 줄 모르는 사람이지. 이런 사람에게 과도한 지식은 오히려 독이 될 뿐이니, 아예 그것들을 배우지 않는 편이 더 낫다네."

♠ 흥미를 먼저 이끌어내라

　　　　　　나 역시 배움에 있어서 경험이 풍부하고 나만의 신념이 있지만, 막상 아이를 낳고 보니 현실은 달랐다. 아이가 울어댈 때마다 어찌해야 좋을지 몰랐던 적이 한두 번이 아니었다. 그래서 나와 아내도 아이의 교육을 위한 계획을 세우기 시작했다. 아버지의 교육방식을 바탕으로 그 장점을 살려 우리 아이에게 전수하기로 한 것이다.

　한 번은 아버지에게 어떤 교육이 가장 좋은 교육인지를 물어본 적이 있다. 그런데 아버지의 대답은 의외로 간단했다.

　"뭐가 좋은 교육이냐고? 아이의 흥미를 이끌어낼 수 있는 게 가장 좋은 교육 아니겠니?"

이렇듯 간단한 아버지의 대답 속에는 자녀교육의 본질은 물론 부모로서의 무궁한 지혜가 담겨있었다.

대부분의 사람들은 인생이 짧은 만큼 인간의 능력에도 한계가 있다고 여긴다. 그러한 이유로 그들은 다방면에 걸친 지식을 배울 필요가 없다고 말한다. 심지어 하나만 잘하면 되지, 굳이 이것저것 다 배울 필요가 있냐며 자신의 부족함을 합리화하려 든다.

물론 시간도, 인간의 능력도, 생명도 유한한 것이지만, 이는 그리 중요한 문제가 아니다. 무릇 세상에 가치 있고 쓸모 있는 것들은 많이 배울수록 좋다는 것이 내 생각이다. 그것은 우리 사회를 발전시키는 동시에 인간의 생활을 더욱 풍요롭게 만들어주기 때문이다.

어렸을 때 아버지는 내가 다방면에 걸쳐 많은 지식을 쌓길 바랐다. 아버지는 언어를 위주로 공부를 시켰지만, 생물, 동물학, 물리학이나 화학 등 광범위한 분야의 지식들을 가르치는 일도 게을리하지 않았다. 이는 내가 얼마나 똑똑했는지를 자랑하는 것이 아니다. 그만큼 다방면에 흥미와 관심을 지니려 노력했다는 뜻이다.

내가 서너 살 때, 아버지는 매일 아침마다 나를 데리고 공원에 산책을 다녔다. 이는 아버지와 함께한 꽤 오랜 습관 중 하나였다.

엄밀히 말하면 한가로이 걷기만 하는 산책은 아니었다. 산책을 하는 동안 아버지는 내게 다양한 이야기를 들려주었는데 아버지의 이야기는 늘 신선하고 재미있었다. 어떤 날은 독일의 역사에 관한 이야기였고, 어떤 날은 인도와 중국에 관한 이야기도 있었다. 또 어떤 날은 아주 생동감 넘치는 목소리로 스파르타인들이 어떻게 트로이 성을 함락했는지, 칭기

즈칸이 어떻게 제국을 이룩했는지 들려주기도 했다. 아버지가 들려주는 이야기 속에서 나는 역사, 지리에 관한 책으로 접하기 어려운 많은 지식을 얻을 수 있었다.

아버지는 주위 사물을 자세히 관찰하고 또 그것에 대해서 자세하게 설명해주는 것을 좋아했다. 그래서 종종 내게 길가에 핀 꽃을 가리키며 꽃의 이름이 무엇인지 묻곤 했다. 만약 내가 대답하지 못할 때는 그 꽃의 이름과 쓰임새, 기능은 물론 그 이름의 유래까지 알려주었다. 그리고 직접 꽃술과 꽃잎을 보여주기도 했다.

산책을 하다가 우연히 작은 곤충을 발견하기라도 하면 아버지는 그 곤충의 이름과 특징, 습성 등을 재미있게 설명해주었다. 나는 이러한 아버지의 교육이 매우 훌륭하다고 생각한다. 내가 식물과 동물에 관심을 가지고 과학적 지식을 쌓은 것은 다 그때 시작된 일이다.

다음은 아버지의 일기에서 발견한 글귀이다.

대자연은 인류의 가장 훌륭한 선생님이다. 자연은 우리에게 무궁무진한 지식을 가져다준다. 하지만 수많은 부모가 그것을 충분히 활용하지 못하는 것이 참으로 안타까울 뿐이다.

매일 시간에 쫓겨 바쁘다, 능력이 부족하다고 투덜대는 사람은 정신적으로 게으른 사람이다. 그들은 자신의 지혜를 더욱 계발하여 올바른 교육을 행하는 방법을 생각조차 하지 않을뿐더러, 자기 자신을 위한 공부조차 게을리하고 있다.

♠ 공부보다 더 중요한 것은 무엇일까?

아버지는 책을 읽는 데만 열중해 죽은 지식만 공부하는 사람을 가리켜 '책벌레'라고 했다. 아버지가 가장 싫어하는 사람이 바로 이런 책벌레였다. 아버지는 지혜를 얻을 수 없는 공부는 아예 하지 않는 편이 더 낫다고 말했다.

아버지의 말이 옳다. 내가 행복한 어린 시절을 보낼 수 있었던 것은 아버지가 한 번도 내게 무엇을 배우라고 간섭하거나 책만 읽기를 강요하지 않았기 때문이다. 아버지는 늘 내가 지식을 쉽게 터득할 수 있는 방법을 연구했다. 이런 아버지를 둔 나는 참으로 행운아가 아닌가! 아버지는 내가 책 속의 죽은 지식만 배우는 것이 아니라 그보다 더 중요한 '지혜'를 얻길 원했다.

현대사회의 부모들은 교육하면 일단 '학문'과 연관을 짓는다. 그래서 아이들은 부모들이 원하는 '학문'을 닦느라 소중한 인생을 낭비하며 살아간다. 수많은 부모가 아이의 교육에 매달려 동분서주하고 아이가 남들보다 더 많이 배우는 데 부모가 필사적이다.

하지만 이러한 교육환경은 아이를 그저 공부하는 기계로 만들 뿐이다. 자신이 원하는 것이 무엇인지도 모른 채 맹목적으로 지식을 받아들이게 되는 것이다. 어렸을 때 다양한 학문을 연마한 사람이라도 그로 얻은 지식을 삶에 활용하지 못하면 결국 아무짝에도 쓸모없는 사람이 되고 만다. 그럼 왜 이런 현상이 일어나는 것일까? 이해 없이 보고 외우기만 해서 그렇다. 학문을 통해 자신에게 유용한 지식을 얻지 못하면 결코 지혜도 얻을 수 없다.

이런 사람들의 삶은 겉으로는 그럴듯해 보이지만, 막상 그 안을 들여다보면 능력, 지혜와는 전혀 무관하다.

무엇을 배우든지 많은 시간과 노력이 필요하다. 하지만 오로지 학문을 닦는 데만 공을 들인다면 어떤 의미에서 하나님이 인류에게 준 소중한 인생을 낭비하고 있는 것과 같다.

세상에 자기 자식이 잘 되길 바라지 않는 부모는 없다. 조금이라도 더 똑똑하게 키우고자 대부분의 시간과 노력을 자녀의 외국어 공부에 쏟아붓는다. 하지만 시간이 지날수록 부모는 애가 타고 아이는 고통스러워한다. 이런 광경을 볼 때마다 나는 참으로 안타깝다. 다른 방면에서 얼마든지 두각을 나타낼 수 있는 아이가 한두 가지 외국어를 배우느라 8년에서 10년 가까이 시간을 소비하고, 아까운 청춘을 의미 없이 흘려보내고 있지 않은가! 누구도 이것이 옳은 일인지에 대해서는 깊이 생각하지 않고 있다.

오히려 이렇게 되묻는 이도 있을 것이다. "설마 내가 내 아이를 망치려고 이러는 거겠어?" "애 교육하는 데 생각해야 할 게 왜 그렇게나 많아?" "당신이 더 실리만 따지고 있는 거 아닌가요?"

사실 우리가 알고 있는 대부분의 지식은 큰 힘을 들이지 않고도 쉽게 얻을 수 있는 것들이다. 내 아이에게 훌륭한 교육을 하고 싶은 것은 인지상정이다. 그러나 이렇듯 아이에게만 매달려 하나라도 더 배우라고 다그치는 교육이 아이에게 무슨 도움이 되겠는가? 부모로서 이에 대해 신중한 고민을 하지 않는 것이 안타깝기만 하다. 대다수의 부모는 여전히 지혜보다는 지식을 추구하는 교육을 강요하고 있다. 하지만 그렇게 소중한 시간을 낭비하다보면 원래 아이가 타고난 재능과 지혜마저 퇴화되고 말 것이다.

나는 누구보다 하나님이 공평하다고 믿는다. 난 비록 저능아로 태어났지만, 하나님은 다른 사람들이 가지지 못한 더 귀한 것들을 내게 주었다. 가장 대표적인 예로 세상에서 가장 훌륭한 아버지를 만나 가장 지혜로운 교육을 받은 것이다.

공부도 중요하고 지식도 중요하지만, 그것이 최고일 수는 없다. 아버지는 인생에서 가장 중요한 것은 사람의 재능과 지혜라고 말했다.

아버지는 한 친구와의 대화 중 이런 말을 했다.

"능력과 지혜를 갖춘 사람은 학자보다 더 귀하다네. 그렇게 생각하지 않는 이는 분명 어리석은 사람이야. 그보다 더 어리석은 이는 지식과 학문을 통해 지혜를 얻을 줄 모르는 사람이지. 이런 사람에게 과도한 지식은 오히려 독이 될 뿐이니, 아예 그것들을 배우지 않는 편이 더 낫다네."

물론 사람들이 지식을 배우지 않길 바라는 뜻은 아니다. 교육에 앞서 무엇보다 정확한 교육방식을 선택해야 한다는 말이다.

아버지는 내가 처음 교육을 받을 때부터 이런 관념을 심어주었다. '공부도 중요하지만, 그보다 더 중요한 것도 있다.' 그래서 나는 글을 쓰고 책을 읽는 일을 배움의 한 과정이자 발전을 위한 수단으로만 생각할 뿐, 큰 의미를 두지 않았다. 그로 인해 서너 살 때 이미 다양한 분야의 지식과 지혜를 얻을 수 있었다.

그 후로 30년이란 시간 동안 나는 아버지의 가르침을 배움의 모토로 삼았다. 나는 다량의 서적을 읽고 다양한 학문을 연구하여 셀 수도 없을 정도로 많은 지식을 쌓았지만, 아버지가 싫어하는 죽은 지식만 쌓는 사람은 되지 않았다. 시간이 흐를수록 아버지의 신념은 더욱 빛을 발했다. 만약 내가 책만 보는 책벌레로만 살았다면, 결코 단테를 연구하는 일에 도전하고 그에 관한 논문을 발표하지도 못했을 것이다.

이렇듯 나의 성장과정을 들여다보면 하나에서 열까지 아버지에게 감사해야할 일뿐이다.

♠ 배움을 즐겁게 여겨라

유소년기 때부터 지금까지 내게 있어 배움이란 놀이를 하는 것처럼 즐거운 일이었다. 또한 공부는 지금껏 나 자신을 기쁘게 만드는 일이자 인생을 향유하는 방식 중 하나였다.

아버지는 이렇게 말했다.

"배움이란 사람들의 생활을 더욱 즐겁고 다채롭게 해주는 취미와도 같단다. 때문에 자녀에게 스트레스를 주고 무거운 압박감을 주는 일은 결코 없어야 해."

아버지의 이러한 교육관은 현재 많은 사람들의 지지를 받고 있다.

내가 어렸을 때, 아버지는 단 한번도 공부를 강요하지 않았다. 마치 그날 처리해야만 하는 임무처럼 "매일 몇 시간씩 책을 읽어라!" 이런 말도 한 적이 없었다. 단지 즐거운 놀이와 오락 속에서 내가 원하는 지식을 얻게 할 뿐이었다. 나는 매일 즐거운 마음으로 아버지와 놀이를 함께했을 뿐인데 어느 순간 많은 양의 책을 읽고 수많은 지식을 얻게 되었다. 대체 그 이유가 무엇일까?

이유는 매우 간단하다. 아버지는 내게 책을 읽는 취미를 길러주어 나 스스로 책을 손에서 놓지 않게끔 했다. 이미 취미가 되어버린 일이니 굳이 누가 이래라 저래라 강요할 필요가 없지 않은가?

우리 부모님은 여느 부모들처럼 공부하라고 잔소리를 한 적도 없을뿐더러 오히려 지나치게 책만 보다가는 건강을 해친다며 걱정을 했다.

한때 나는 책을 읽는 재미에 지나치게 빠져 있었던 적이 있었다. 그때 부모님이 가장 많이 했던 말 중에 하나가 이것이었다.

"칼, 좀 있다가 하면 안 되겠니? 책보는 것도 좋지만 밥도 안 먹었잖니, 제발 좀 쉬어가면서 하렴."

나는 요즘 아이들이 공부하기 싫어하는 이유에 대해 종종 생각해보곤 한다. 사람은 누구나 자신이 좋아하는 일을 할 때는 그 일이 아무리 힘들어도 열정을 가지고 하게 되어 있다. 그러나 그와는 반대로 아무런 흥미를 느끼지 못하는 일에는 쉽게 구속과 압박을 느끼게 마련이다. 아이들이 공부하기 싫어하는 이유도 어쩌면 너무 심한 압박과 스트레스에 시달려 공부에 흥미를 잃었기 때문은 아닐까?

인간의 내면에는 자유를 향한 갈망이 있다. 그래서 하기 싫은 일을 강요당할 때는 마음 저 구석에서부터 자유가 억눌린 듯한 답답함을 느낀다. 그럼 이러한 인간의 본성을 교육에 긍정적으로 활용해보는 것은 어떨까?

공부하기를 강요당하는 아이는 자연히 공부를 더욱 멀리하게 되고 부모가 뭐라고 하든 끝내 말을 듣지 않으려 한다. 이는 당연한 사실이다.

나는 참으로 행운아다. 아버지는 내가 공부할 때마다 어려운 문제를 마치 재미있는 놀이처럼 만들어 나 스스로 먼저 흥미를 가지게끔 도와주었다. 그러니 공부하는 일이 당연히 즐거울 수밖에.

나에게 배움은 언제나 내가 원해서 하는 일이었다. 공부를 하면서 한 번도 하기 싫은 것을 억지로 한다는 느낌을 받은 적도, 아버지가 공부 안 한다고 혼을 낸 적도 없었다. 언제나 가벼운 마음으로 책장 넘기듯 쉽게 할 수 있는 것이 바로 공부였다. 물론 지금까지도 나는 배움을 즐겁고 고상한 놀이로 여기고 있다.

만약 공부가 모든 사람에게 즐거운 놀이가 될 수 있다면, 어느 누가 공부를 마다하겠는가? 세상에 그런 바보는 없을 것이다. 공부가 취미가 되고 놀이가 되어도 하기 싫다고 말하는 사람은 분명 잘못된 교육이념의 희생양일 것이다.

위대한 괴테는 태어날 때부터 위대한 인물로 선택되어졌을까? 물론 아니다.

괴테는 어린 시절 여느 아이들처럼 공부하기를 매우 싫어했다. 심지어 공부를 자신의 적이라고 생각할 정도였다. 하지만 몇 년 후, 그는 웬만한 지식인에 버금가는 학식을 쌓아 영향력 있는 인물이 되었다. 대체 어찌 된 일일까? 아래 이야기를 보면 그 이유가 이해될 것이다.

괴테는 어렸을 때 공부를 게을리한다는 이유로 얼마나 많은 매를 맞았는지 모른다. 그의 아버지는 그에게 하나라도 더 가르치려 애를 썼지만, 그는 그런 마음을 아는지 모르는지 매일 시간만 보내며 지냈다.

그러던 어느 날, 그의 아버지는 우연히 유명한 인류학 박사를 만나게 되었다. 박사는 그에게 조기교육에 관한 많은 이야기를 해주었다.

아버지는 박사의 조언에 따라 조금씩 교육방식을 달리하기 시작했다. 아버지는 자신부터, 행동부터 바꾸었다. 공부하라는 잔소리 대신에 유명한 위인의 전기를 들려주며 그들이 어릴 때부터 배움에 최선을 다했음을 알려주었다. 그렇게 시간이 흐를수록 어린 괴테의 마음에 위인들과 공부가 하나로 연관지어져 마침내 배움에 대한 태도부터 달라지기 시작했다.

한번은 그의 아버지가 친구와 대화를 나누고 있는 중에, 조금 떨어진 곳에 한 부랑자가 서 있는 것을 발견했다. 아버지는 괴테에게 들으라는 듯이 일부러 큰 소리로 말했다.

"공부하기 싫어하는 사람들은 공부를 하지 않아도 잘 먹고 잘 살 수 있다고 생각하지만 그건 큰 오산일세. 매일 한가로이 시간만 보내다가는 수중에 한 푼도 없이 거리로 내쫓기는 신세가 되고 말거야. 매일 남에게 손이나 벌리는 그런 비참한 생활을 하게 될지도 모르지. 그때는 후회해도 소용없다고."

아버지의 말을 들은 어린 괴테는 순간 마음에 동요가 일었다. '나는 커서 어떤 인생을 살게 될까? 위대한 인생? 아니면 저렇게 비참한 인생?'

그날 괴테는 위대한 인생을 선택했다. 그리고 다음날 이른 아침부터 일어나 아버지에게 공부를 시켜달라고 졸라댔다. 그날 이후로 그는 배움의 재미에 푹 빠져들게 되었다.

그는 훗날 자신의 꿈을 이룬 위대한 인생의 주인공이 되었다. 그가 태어날 때부터 위대한 인물로 선택받은 것이 아니니 다른 아이들도 노력만 한다면 얼마든지 그처럼 될 수 있다.

지금 돌이켜보면 나 역시도 공부를 싫어하는 마음이 전혀 없었던 것은 아니다. 그때 아버지는 분명 괴테의 아버지와 같은 마음으로 내게 공부를 시켰을 것이다.

♠ 공부와 놀이는 다르지 않다

아버지는 나를 교육한 방법과 모든 과정을 세세하게 일기에 기록해놓았다. 다음은 그중 한 페이지에 적힌 글이다.

오늘 옆집 아이가 돌멩이를 던지며 노는 모습을 보았다. 손안에 작은 돌멩이를 가득 쥐고는 하나씩 천천히 길 반대편에 있는 한 나뭇가지를 향해 던지고 있었다. 아이는 자신이 던진 돌멩이가 나뭇가지를 계속 비켜가자 다시 또 몇 개를 집어 들었다. 이렇듯 단순한 동작을 몇 번이나 반복하는 걸 보니 아이는 나뭇가지를 명중시킬 때까지 연습하려는 모양이었다. 나는 그 아이의 모습을 보며 많은 생각을 했다. 아이의 의지와 열정을 긍정적인 방향으로 이끌어 준다면, 그것을 더욱 의미 있는 곳에 쓴다면 아이는 분명 세상이 놀랄 만한 일을 해낼지도 모른다. 오늘 문득 칼의 교육에 관한 새로운 아이디어가 떠올랐다.

그때 아버지는 어떤 아이디어가 떠오른 것일까? 바로 나의 관심과 흥미(아이가 몇 번이고 돌멩이를 던지던 것과 같은)를 공부에 쏟도록 이끌어주는 일이었다.

아버지는 내가 공부를 놀이로 여긴다면 분명 즐거운 마음으로 배울 수 있고, 굳이 누가 이끌어주지 않아도 나 스스로 공부를 찾아서 하게 된다고 믿었다. 그래서 제일 먼저 나의 관심을 돌린 곳은 자음과 모음의 배합이었다.

영아기 때 아이들은 본능적으로 어렵고 이성적인 일을 멀리하는 경향이 있다. 아버지는 이 점을 고려하여 글자를 익히는 어려운 공부를 즐거운 놀이로 탄생시켰다. 그 덕에 나는 글자를 매우 쉽게 익힐 수 있었다.

아버지는 육면체 모양의 커다란 나무토막을 구해와 각 면에 일일이 자모를 써주었다. 그리고 주사위를 던지듯 그것을 높이 던져 제일 윗면에 나오는 글자를 외우게 했다.

나는 그 놀이를 하면서 마치 어른이 된 듯한 생각이 들어 왠지 모르게 기분이 좋아졌다. 아버지는 가끔씩 글자를 모르는 척하며 나와 동등한 입장에서 경쟁하는 분위기를 만들었다. 그럴 때마다 나는 아버지를 이기고 싶어 글자를 재빨리 외워버리고는 했다.

내가 자모를 다 배우자 아버지는 이제 그 육면체 나무에 간단한 단어를 써놓았다. 그리고 자모를 배울 때랑 똑같은 방법으로 단어를 익히게 했다.

당시 그 육면체는 내가 가장 좋아하는 장난감이자 재미있게 공부를 할 수 있는 도구였다.

내가 그토록 그 장난감을 좋아했던 이유는 어른들이 가지고 노는 주사위와 모양이 비슷해서였을 것이다. 어린 아이들은 어른을 모방하며 자란다. 그래서 어른들이 가지고 노는 물건은 아이들도 쉽게 흥미를 붙인다. 그래서 아버지는 일부러 나무를 육면체 주사위 모양으로 만들어 내 시선을 잡아끈 것이다.

놀이는 그 형태와 방법을 떠나서 모든 아이들이 참여하고 싶은 충동을 불러일으킨다. 그래서 한번 해보라고 굳이 등 떠밀지 않아도 된다. 하지만 공부와 결합시킨 놀이는 누군가가 억지로 시킬 경우 아이가 쉽게 그 흥미를 잃고 만다. 심지어 놀이와 게임 자체를 싫어하게 되는 아이도 있다. 공부를 놀이로 여기게 하고 싶다면, 아이 스스로 알아서 하도록 내버려두어라. 그렇지 않으면 아이가 놀이에 더 이상 흥미를 느끼지 못하는 것은 물론, 아예 관심 밖으로 밀어낼 수도 있다.

내 아버지를 포함하여 자녀교육에 성공한 부모들에게는 한 가지 공통점이 있다. 바로 아이를 어른대하듯 자신과 평등한 위치에서 대하며, 성장의 각 단계별

놀이는 그 형태와 방법을 떠나서 모든 아이들이 참여하고 싶은 충동을 불러일으킨다. 그래서 한번 해보라고 굳이 등 떠밀지 않아도 된다. 하지만 공부와 결합시킨 놀이는 억지로 시킬 경우 아이가 쉽게 그 흥미를 잃고 만다. 심지어 놀이와 게임 자체를 싫어하게 되는 경우도 있다.

로 세심한 관심과 주의를 살피는 일이다.

영아기 때 실패한 교육은 전적으로 부모의 책임이다. 자녀를 올바른 방향으로 이끌려면 반드시 평등하게 대우하고 교육이 진행되어지는 과정을 참을성 있게 지켜봐야 한다. 또한 부모가 아이에게 훌륭한 본보기가 되어야 한다. 이것만 명심하면 자녀를 교육하는 일이 마냥 어렵지만은 않을 것이다.

♠ 잠재의식을 통한 교육

사람과 동물의 가장 큰 차이는 바로 언어에 있다. 인류는 복잡하면서도 명석한 두뇌로 완전한 언어를 구사한다. 다시 말하면 언어가 인간의 대뇌를 자극해 지능발달을 촉진시킨다는 것이다.

연구에 따르면, 한 살부터 다섯 살까지가 언어를 배우기 가장 좋은 시기라고 한다. 전체 성장과정의 핵심이 될 만큼 중요한 이 시기를 충분히 활용했다면, 이는 인생의 큰 행복을 얻은 것과 같다. 하지만 이 시기를 놓쳐 언어를 배우지 못했다면 이는 무엇보다 큰 불행이다.

몇 년 새 사람들이 조기교육의 중요성을 깨닫기 시작했다. 중요한 것은 사람들이 여전히 조기교육에 대해 반신반의하는 사이 아버지는 이미 내게 조기교육을 시행했다는 점이다.

아버지 때만 해도 사람들은 자녀가 7~8세가 되어야 비로소 교육이 가능하다고 여겼다. 그 전에는 또 어땠는가! 교육이 무엇인지도 모르고 관심조차 가지지 않았다. 아이가 두세 살 때 이미 교육을 시작한 부모는 그야말로 새벽하늘의 별처럼 드물었다.

아이들의 언어학습을 예로 들어보자. 사람들은 언어를 가르치는 일에 특별한 전문적 교육이 필요하지 않으며, 말은 시간이 흐르면서 알아서 배워지는 것이라고 생각한다. 그들은 하나같이 이런 변명을 한다.

"나 역시 전문적인 언어교육을 받지 않았소. 그래도 할 말은 다 하고 살지 않소?"

물론 대다수의 사람들은 자신도 깨닫지 못하는 사이에 말을 배운다. 하지만 최소한 영아기 때 적절한 교육이 더해진다면 자녀의 언어능력이 더 좋아지지 않겠는가? 게다가 자녀의 지능 또한 일찍 계발될 수 있지 않은가?

연구에 따르면, 말을 일찍 배운 아이의 사고능력과 표현력이 그렇지 않은 아이보다 훨씬 더 뛰어나다고 한다. 전체적인 지능 또한 훨씬 우수하다는 것이다.

앞에서도 말했듯이 나는 여러모로 불리한 환경을 타고났다. 선천적인 결함에 '저능아'라는 말도 들었다. 하지만 난 한 번도 남들에게 뒤처진다는 생각을 한 적이 없었다. 나는 언제나 사람들의 기대를 한 몸에 받는 '신동'이었다. 내가 16살이 되던 해, 대학에 들어간 뒤에야 아버지는 내가 저능아였다는 사실을 알려주었다. 내가 이렇게 성공한 것은 모두 아버지의 조기교육의 결과이다.

만약 아버지의 세심하고 지혜로운 교육이 없었을 경우, 현재 내가 어떤 모습일지는 정말 상상조차 하기 어렵다. 저능아로 태어난 내가 '천재' 소리를 들으며 자랄 수 있었던 것은 순전히 아버지의 노력 덕분이다.

아버지는 나의 성공과 발전이 어린 시절 언어교육의 효과라고 말했다. 내가 유아였을 때부터 아버지는 언제나 정확한 발음과 가장 듣기 편안한 목소리로 내게 말을 건넸다. 비록 나는 아버지가 무슨 말을 하는지 알아들을 수 없었지만, 아버지의 목소리가 주는 느낌은 여전히 잠재의식 속에 남아있어 정확한 언어 개념을 이해하는 데 큰 도움이 되었다.

나는 두 살 때 이미 주위 사람을 놀라게 할만한 뛰어난 언어능력을 지녔었다. 특히 내가 '저능아'가 될지도 모른다며 걱정을 했던 사람들에게는 크나큰 충격이 아닐 수 없었다.

하지만 '기적'과도 같은 일을 직접 눈으로 보고도 내가 신동이라고 믿는 사람은 거의 없었다. 모두들 내가 말은 잘 할지 몰라도 다른 방면에서는 여전히 '저능아'일 뿐이라고 말했다. 결과만 볼뿐 과정을 볼 줄 모르는 그들은 그런 나를 보며 열등의식을 느꼈을 것이다. 그러니 아무도 아버지가 옳다고 인정해주지 않은 것이다.

아버지는 아이가 태어나면 본능적으로 외부세계에 대한 호기심과 학습욕구를 느낀다고 말했다. 그래서 아버지는 내가 태어나자마자 외부환경과 주위 사물을 충분히 활용하는 교육을 했다.

여기서 '주위 사물'이란 내가 쉽게 볼 수 있는 것과 손으로 만질 수 있는 것을 가리킨다. 내가 아직 말을 할 줄 모를 무렵에도 아버지는 집안 곳곳에 놓여있는 사물을 일일이 가리키며 정확한 발음으로 탁자, 의자, 꽃병 등의 이름을 알려줬다.

아직 말도 안 트인 아이에게 사물의 이름을 가르치기란 생각처럼 쉬운 일이 아니었을 것이다. 내가 아무것도 이해할 수 없는 나이니 아버지의 말에 그 어떤 반응도 보이지 않았을 것 아닌가! 나는 아이를 낳은 후에야 말을 가르치는 일이 얼마나 힘든지를 깨달았다. 이는 결코 단기간에 이루어지는 교육이 아니었다. 지루함을 이겨내고 매일 끊임없이 반복해야만 어느 순간 그 노력의 결과가 현실로 이루어졌다.

한번은 내가 아버지에게 이렇게 물었다.

"그때는 제가 아무것도 못 알아들었을 텐데, 효과가 있긴 있었나요?"

"물론 효과가 있었지!" 아버지가 대답했다.

"설마요! 전 그때 아무 말도 못 알아듣는 나이였잖아요."

그러자 아버지가 힘을 주어 말했다.

"물론이지. 하지만 매일 같은 말, 같은 행동을 반복해주면 뇌가 일정한 자극을 받아 잠재의식 속에 그것을 인지하는 능력이 생기게 된단다. 그래서 네가 말을 배우기 시작한 순간부터 네 잠재의식이 반복적으로 들었던 말들을 자연스럽게 쏟아냈던 거란다."

♠ 외국어 교육이 주는 교훈

내가 말을 배워 독일어를 할 수 있게 되자 아버지는 다른 외국어를 가르치기 시작했다.

하지만 수많은 외국어 중에서도 특히 라틴어는 많은 사람들이 시작과 동시에 포기해버릴 만큼 굉장히 어려운 언어다. 일반 대학생들도 마찬가지였다. 학교 다닐 때 힘들게 배워도 졸업과 동시에 깨끗하게 잊어버리는 것이 라틴어였다.

나는 어릴 때부터 외국어에 소질이 있었다. 영어, 프랑스어 등의 외국어를 배우는 일이라면 늘 자신감이 넘쳤고, 어떤 언어를 배우든지 매우 빠른 속도로 습득해나갔다. 하지만 라틴어를 배우는 일만큼은 자신이 없었다. 사실 그 이유는 아주 간단했다. 주위 사람들에게서 부정적인 영향을 받은 탓이었다.

내가 이제 겨우 4살일 때, 사람들의 말투와 행동을 통해 그 속마음을 알아차릴 수 있게 되었다. 그래서 종종 다른 사람의 말과 생각을 마음에 담아둔 적이 많았다. 세상의 모든 아이들이 다 그러하듯 나 역시도 내 행동과 생각에 대한 누군가의 평가를 쉽게 무시할 수 없었다.

매사에 칭찬을 받아온 아이는 무엇을 하든 즐거운 마음으로 도전하며 늘 자신감이 넘친다. 하지만 자주 다른 사람의 비난과 평가에 시달리며 자란 아이는 스스로 자신의 능력을 의심한다. 그리고 무엇을 하든 심리적으로 위축되며 심지어 정체성을 잃기도 한다.

사람은 누구나 자신에게 유용하고 도움이 되는 일에 열정을 쏟고 싶어 한다. 그래서 당장 쓸모가 없는 일에는 쉽게 관심을 가지지 않는다. 이는 언어학습에서도 마찬가지다.

당시 내 친구들은 라틴어를 배워봤자 큰 도움이 되지 않는다고 생각했다. 그래서 하나같이 영어와 프랑스를 배우는 데 많은 시간을 투자했다. 그들 중에는 아무도 라틴어를 배우는 이가 없었다. 내가 라틴어에 흥미를 갖지 못한 이유가 바로 이 때문이다. 나는 일찍이 이런 말을 들은 적이 있다.

"비테 목사님은 머리가 어떻게 됐나봐. 프랑스어나 스페인어만 배워도 충분한데 뭣 하러 라틴어까지 가르치려 하는 거지? 배우기도 어렵고 별 쓸모도 없는데 말이야. 안 그래?"

그때 나는 어렸기에 이런 말을 듣자마자 라틴어를 배우고 싶은 마음이 조금씩 사라져갔다. 그래서 더 이상 라틴어를 배우지 않기로 결심했다. 하루는 여느 때처럼 책상에 앉아 라틴어 공부를 하고 있었다. 그런데 아버지가 다가와 말했다.

"칼, 넌 라틴어 공부가 하기 싫구나. 그렇지?"

"제가 뭘요. 이렇게 열심히 하고 있잖아요."

"그런데 내 눈에는 네가 영어와 프랑스어를 배울 때랑 많이 달라 보이는구나."

"뭘요, 저 원래 이렇잖아요. 뭐가 다르다고 그러세요?"

나는 맘에도 없는 소리를 하며 아버지의 눈치를 보았다.

"내가 보기엔 아닌 거 같구나. 별로 열심히 하는 것 같지 않아 보여."

아버지는 이미 내 마음속을 훤히 들여다보고 있는 듯했다. 결국 나는 그동안의 고민을 아버지에게 털어놓을 수밖에 없었다. 내가 물었다.

"아빠, 왜 저한테 별 도움도 안 되는 라틴어를 배우라고 하신 거예요?"

그러자 아버지는 의아해하는 말투로 대답했다.

"라틴어가 별 도움도 안 된다고 누가 그러니? 대체 왜 그런 생각을 하게 된 거야?"

나는 그동안 사람들에게서 들은 이야기를 모두 털어놓았다. 내 얘기를 들은 아버지는 불쾌한 표정 하나 없이 진지하게 말했다.

"칼, 라틴어는 인류가 꼭 배워야 할 세상에서 가장 재미있고 아름다운 언어란다. 너《이솝우화》좋아하지? 라틴어를 배워두면 그걸 원문으로 읽을 수도 있고 그 의미를 보다 정확하게 알 수 있잖니. 세상에 쓸모 있는 것과 쓸모없는 것은 그렇게 쉽게 구분 지을 수 있는 게 아니란다. 언어는 물론이고, 무슨 일이든지 끝까지 배우지 않고서는 쓸모 있을지 없을지를 알 수 없단다. 그런 잘못된 생각은 오히려 더 소중한 것을 잃게 만들어. 그래도 상관없니, 칼?"

"아뇨."

아버지와 이런저런 이야기를 나누면서 나의 판단이 얼마나 경솔했는지를 깨달았다. 그리고 처음 라틴어를 배울 때처럼 열정을 가지고 더 열심히 공부한 덕분에 더 이상 라틴어가 어렵다는 생각을 하지 않게 되었다.

♠ 음악을 통한 교육

앞서 다양한 분야에 관한 교육 방법을 소개했는데, 그중에는 음악을 통한 교육도 빼놓을 수 없다. 나는 어릴 때부터 음악 교육을 받았는데, 음악에 대한 관심과 애정은 나이를 먹은 지금까지도 변함이 없다.

내가 어릴 때만해도 자녀에게 음악이나 악기를 가르치는 것은 매우 보편화된 일이었다. 가정환경이 좋은 아이들은 대부분 어릴 때부터 피아노나 바이올린을 배우기 시작했다.

음악이란 예술은 사실 일상생활에 크게 도움을 주지는 않는다. 그런데 왜 그렇게 많은 부모들이 자녀에게 음악을 가르쳐왔던 것일까? 그 이유는 매우 다양하다. 어떤 부모는 자녀에게 단순한 취미를 길러주고자 했을 것이고, 어떤 부모는 아이의 재능을 알아보고 '신동'으로 키워보고자 했을 것이다. 물론 파가니니의 아버지처럼 돈을 많이 벌 목적으로 음악을 가르친 부모도 있을 것이다.

하지만 부모의 동기와 목적에 관계없이, 음악 교육이 다른 분야에서는 얻을 수 없는 지혜를 제공하는 것만은 분명하다. 이는 누구도 부인할 수 없는 사실이다.

음악은 눈으로 볼 수도, 만질 수도 없는 추상적인 예술이다. 언어처럼 명확한 의사를 전달할 수도 없다. 그러나 그 안에는 생활 속의 무궁무진한 지혜가 담겨 있다.

흔히 음악 교육을 시키는 부모들이 중점을 두는 것은 음악의 기교이다. 기교는 음악, 특히 악기를 배울 때 매우 중요한 부분이다. 하지만 지나치게 기교만 강조하는 교육은 오히려 음악에 대한 아이의 호기심을 떨어뜨릴 수 있다. 기교와 음악에 대한 흥미는 서로 비례하지 않는다. 음악 교육의 핵심은 가슴으로 느끼고 생각하는 일이다. 기교란 그저 음악을 화려하게 만들어주는 부속품에 불과하다.

사람들은 내가 일하고 남는 여가시간을 때우기 위해 음악을 배운다고 생각한다. 하지만 내가 음악 속에서 찾는 것은 단순한 오락이나 여가가 주는 즐거움에 그치지 않는다.

내가 처음 피아노를 배우기 시작했을 때, 음악 선생님은 내게 단조로운 악보를 매일 수십 번 반복해서 연주하게 했다. 물론 음악을 하는 사람들에게는 반드시 거쳐야 할 과정이었지만, 나는 어린 마음에 반복되는 수업이 지겹고 짜증나기만 했다. 대체 새로운 곡은 언제 가르쳐줄까 내내 그 생각뿐이었다.

그렇게 시간이 흐를수록 피아노에 대한 흥미가 점차 사라져갔다. 그래서 하루는 아버지에게 더 이상 피아노를 배우고 싶지 않다고 말했다. 그러자 아버지가 물었다.

"칼, 넌 정말 음악이 지겹고 재미없다고 생각하니? 지금 네가 배우는 단조로운 악보가 음악의 전부라고 생각해?"

내가 대답했다.

"아뇨, 그렇진 않아요. 베토벤, 모차르트, 바흐, 파가니니 같은 유명한 음악가들의 연주를 듣고 있으면 저절로 존경심이 드는걸요. 어떤 때는 정말 마음이 편안하고 상쾌해지면서 말로 표현할 수 없는 감정이나 힘이 솟아나요."

"봐, 넌 음악을 아주 좋아하고 있어. 그런데 왜 갑자기 배우지 않겠다는 거야?"

"아빠, 음악가들의 연주는 정말 감동적이에요. 하지만 전 매일 똑같은 악보만 반복해서 연주하고 있어요. 그래서 이제는 전혀 감동적으로 들리지 않아요."

아버지가 다시 물었다.

"그럼, 하나만 더 물으마. 아름다운 음악은 어떻게 전달이 되는지 아니?"

"그야 당연히 그 선율을 악보 위에 음표로 그려야죠."

"그래! 아름답고 감동적인 음악도 결국은 단조로운 음표에서 만들어지는 거야. 기초를 충실히 해야 감동적인 연주를 할 수 있지 않을까?"

"그럼, 지금 배우는 건 지겨우니까 다른 새로운 곡을 연습하게 해주세요."

내가 마지못해 말했다.

"유명한 음악가들의 연주는 참으로 훌륭해. 아무리 단순한 선율이라도 그들의 손을 거치면 아름다운 곡이 되잖니. 많은 사람들이 음악을 배우지만 진정 음악가의 길로 접어드는 사람은 그리 많지 않단다. 그 이유가 뭘까? 자신이 할 수 있는 최선의 노력을 다하지 않았기 때문이야. 음계와 음표처럼 음악을 구성하는 기본 요건도 제대로 익히지 못한 채 어려운 곡만 연습하면 무슨 의미가 있겠니? 음표는 그 자체만으로도 아름다운 음악이 될 수 있단다. 네가 단조롭다고 느끼는 건 그 음표들이 지닌 진짜 아름다움을 발견하지 못해서야."

"무슨 말씀인지 잘 알겠어요. 그런데 그 음표란 게 쉬운가 하면, 또 너무 어려워요!"

"세상에 쉬운 일이 어디 있겠니? 새로운 음악을 배워서 내 것으로 만드는 건 어렵고 힘든 일이야. 음악을 오래 하다보면 더 많은 어려움을 겪게 될 텐데, 그럼 그때마다 지금처럼 포기해버릴 거니?"

아버지가 물었다. 내가 아무런 대답이 없자, 아버지가 천천히 다시 입을 열었다.

"내가 늘 이야기했잖니, 지혜로운 사람이 되라고 말이야. 그럼 어떤 사람이 지혜로운 사람일까? 바로 작은 일에서부터 최선을 다하고 의지와 열정으로 역경을 이겨내는 사람이란다."

아버지의 말속에서 나는 무한한 깨달음을 얻었다. 그 후로 나는 음악을 더욱 사랑하게 되었고 불평불만 없이 연습에 충실했다.

음악은 그렇게 내게 많은 지혜와 교훈을 안겨주었다. 나는 그때부터 작은 일에 충실해야 더 큰 일을 해낼 수 있다는 진리를 조금씩 깨우쳐가게 되었다.

올바른 인성을
길러주어라

선행, 지혜, 예절, 학문은 인생에서 가장 소중한 네 가지 재산이다. 세상의 모든 부모들은
자신의 자녀가 이 네 가지 재산을 모두 누릴 수 있기를 바란다. 아버지의 교육목표는 나를
이 네 가지 재산을 모두 갖춘 사람으로 키우는 일이었다. 이 중 어느 하나라도 소홀히 하면
그건 결코 행복한 인생이라 할 수 없다. 특히 선행은 다른 세 가지를 얻기 위한 필수조건이
다. 이는 선의의 마음을 잃으면 두 번 다시 회복하기 어렵기 때문이다.

♠ 무엇이 '선(善)' 인지 알게 해라

선행, 지혜, 예절, 학문은 인생에서 가장 소중한 네 가지 재산이다. 세상의 모든 부모들은 자신의 자녀가 이 네 가지 재산을 모두 누릴 수 있기를 바란다. 아버지의 교육목표는 나를 이 네 가지 재산을 모두 갖춘 사람으로 키우는 일이었다. 이 중 어느 하나라도 소홀히 하면 그건 결코 행복한 인생이라 할 수 없다.

아버지는 이 중에서도 선행을 가장 중요하게 여겼다. 선의의 마음을 가진 사람만이 다른 방면에서도 뛰어난 성취를 얻을 수 있다고 믿었기 때문이다. 하지만 선의의 마음은 쉽게 길러지지 않는 데다 그것을 잃는 순간 두 번 다시 회복하기 어렵다.

내가 태어난 지 8개월쯤 되었을 때, 아버지는 아직 어린 나를 보며 이미 인성 교육의 중요성에 대해 깨달았다고 했다. 다음은 아버지의 일기 내용이다.

이제 칼이 태어난 지 8개월쯤 되었다. 칼은 매우 건강하고 조금씩 많은 것들을 이해하고 있다. 그런데 오늘 일을 보며 나는 많은 생각을 하게 됐다.

커디가 칼에게 점심을 먹일 때였다. 커디는 뜨거운 밥을 떠서 몇 번이나 '후' 하고 불어준 다음에 조심해서 먹였다. 하지만 칼은 먹기가 싫은지 이리저리 뒤적이며 밥을 거부했다. 그래서 커디가 칼을 안아주었는데 칼이 갑자기 커디를 때리며 보채기 시작했다.

그런데 아내가 칼을 안고 다시 밥을 먹이자 녀석은 언제 그랬냐는 듯이 얌전하게 밥을 잘 받아먹었다. 그러자 아내는 커디가 뜨거운 밥을 조심해서 먹이지 않았다며 오히려 그녀를 나무랐다.

칼이 아직은 먹는 일과 잠자는 일밖에 모르는 아기지만, 오늘 일을 보며 조기교육의 필요성을 다시 한번 느꼈다. 비록 칼이 아직은 뭐가 옳고 그른지 판단할 수 없지만, 선과 악을 확실히 가르쳐 잠재된 선을 계발시켜야만 한다.

아버지는 선의에 대한 관념이 부족하여 옳은 행위를 하지 못하는 사람은 좋은 품성을 가질 수 없다고 말했다. 또한 선의가 모든 인성 교육의 바탕이 된다고 믿었다.

그 후로 내가 조금씩 철이 들 무렵, 아버지는 나의 인성 교육을 위해 잠자는 내 곁에서 다양한 이야기를 자주 들려주었다. 그중에서 가장 많이 들려준 것이 바로 '요셉과 그의 형제들', '다윗과 골리앗', '다윗과 요나단', '가난한 과부의 헌금' 등과 같이 성경 속에 나오는 이야기였다.

내가 조금 더 자란 후에는 유명한 독일 시인들의 시를 읽어주기도 했다. 그래서 내가 서너 살이 되었을 쯤에는 독일의 시와 성경구절 등 꽤 많은 내용을 외울 수 있었다. 그 시들은 대부분 사랑과 우정, 친절, 관용, 용기, 희생에 관한 것이었다.

아내는 아버지의 교육방식에 동의하지 않았다. 오히려 아이가 쉽게 이해할 수 있는 동화를 들려주는 편이 더 낫다고 여겼다. 분명 많은 사람들이 아내와 같은 생각을 할 것이다. 하지만 난 아버지의 교육방법을 신뢰했다. 아버지의 교육은 어린 내게 선의의 관념을 정확하게 심어주었고, 직접 그 선의를 내게 실천해보였다.

물론 어렸을 때는 나도 아버지의 말을 전부 이해하지 못했다. 하지만 시간이 흐를수록 하나님의 섭리를 이해하게 되었고, 하나님이 세상의 모든 만물을 창조한 유일한 창조주라는 사실도 알게 되었다. 하나님은 인간을 사랑하여 모든 것을 내어주었다. 그러니 우리는 우리에게 자비를 베푸신 하나님을 경외하며 살아야 한다. 이렇듯 어릴 적 내가 깨달은 선의의 관념은 모두 성경으로부터 배운 것이다.

내가 세 살이 되었을 때, 아버지는 내게 '마가복음' 12장 이야기를 들려주었다. 그 감동적인 내용을 나는 지금까지도 기억하고 있다.

"어느 날 예수님은 성전에 앉아서 사람들이 헌금하는 모습을 지켜보고 계셨단다. 그러자 한 부자가 나아와서 지갑을 열더니 자랑스럽게 돈을 헌금함에 넣었어. 그리고 잠시 후에 아주 초라한 옷을 입은 과부가 와서는 '땡그랑' 하는 소리와 함께 동전 두 개를 헌금했단다. 사람들은 그녀를 비웃었지만 예수님은 가난한 과부가 더 값진 것을 바쳤다고 말씀하셨어. 왜 그런 줄 아니? 부자는 자신이 가진 많은 돈 중에서 일부를 냈지만, 그 가난한 여인은 자신이 가진 모든 재산을 정성껏 바쳤기 때문이란다."

아버지의 이 이야기는 나에게 감동적인 교훈으로 남았다. 한 번은 나의 생일날, 아버지가 웬일로 나를 데리고 나가 평소에 내가 가장 좋아하는 보리빵을 사주었다. 나는 기분이 너무 좋은 나머지 먹기가 아까워 계속 손에 들고만 있었다. 그때 한 아주머니가 두세 살쯤 된 아이와 함께 다가와서는 애원하는 목소리로 아버지를 향해 말했다.

"3일 동안 아무것도 먹질 못했어요. 아이가 배고픔에 지쳤답니다. 제발 먹을 것 좀 주세요. 제발요."

아이는 이미 얼굴이 창백해질 대로 창백해져 생기발랄한 모습이라고는 찾아볼 수가 없었다. 그 아이는 내 손에 들린 빵을 뚫어져라 쳐다보고 있었다.

그런 아이의 모습이 불쌍해 보여 나는 얼른 손에 쥔 빵을 주고 싶었다. 하지만 이것은 오늘이 내 생일이어서 아버지가 특별히 사준 빵이 아닌가! 먹기에도 아까운 것을 주려니 마음이 내키질 않았다. 내가 한참을 고민하자 아버지가 물었다.

"예전에 들려준 성경 속의 과부이야기를 기억하고 있니? 만약 그 과부라면 이 상황에서 어떻게 했을 것 같니?"

아버지의 물음에 나는 주저 없이 아이에게 보리빵을 내밀었다. 그러자 생기를 잃은 아이들의 눈이 순간 반짝거렸다. 나는 아직도 그때의 감동

적인 순간을 잊을 수가 없다.

그때 아버지는 나를 이렇게 칭찬했다.

"칼, 참 착한 일을 했구나. 비록 우리가 아주 큰 도움을 준 건 아니지만, 네가 준 빵은 과부가 바친

아버지가 말했다. "배움은 우리에게 행복을 주지만, 하나님의 축복은 오직 선행을 통해서만 얻을 수 있단다."

헌금만큼이나 정성이 담긴 값진 것이란다."

비록 그날 나는 좋아하는 보리빵을 먹지는 못했지만, 그보다 더 값진 선행의 기쁨을 알았다. 누군가를 도와주면서 얻은 기쁨은 세상 어떠한 것과도 바꿀 수 없는 소중한 경험이었다.

그날 이후로 아버지가 주위의 불우이웃을 도우러 갈 때마다 나는 얼마 안 되는 액수지만 저금통을 털어 그들에게 필요한 선물을 사주고는 했다. 그리고 그때마다 무한한 감동과 기쁨을 느꼈다.

아버지가 말했다.

"배움은 우리에게 행복을 주지만, 하나님의 축복은 오직 선행을 통해서만 얻을 수 있단다."

그 후로 나는 하나님의 축복을 받기 위해 누구보다도 열심히 선행에 동참했다.

♠ '악어의 눈물'을 기억해라

시대와 사회를 막론하고 사람은 누구나 자신만의 독특한 가치관을 지니며 살아간다. 또한 누구나 그 형성된 가치관의 제약을 받으며 살아간다. 하지만 시대가 변해도 변하지 않는 것이 있으니, 바로 진실, 책임, 자율, 선의이다. 이는 인간의 도덕적 품성을 결정짓는 매우 중요한 요소이다. 그중에서도 아버지가 가장 중요하게 생각한 것은 진실이었다. 이런 말이 있다.

"사람으로서 신의가 없으면 그 사람은 신뢰할 수 없다."

이 말속에서 사람 사이의 신의가 전체 사회에서 얼마나 중요한 비중을 차지하는지를 알 수 있다.

아버지는 믿음이야말로 훌륭한 인격의 기본 바탕이라고 했다. 다양한 신뢰 관계를 바탕으로 하는 사회에서 믿음을 저버리는 사람에게는 그 어떤 발전도 기대할 수 없다고 했다.

또한 아버지는 거짓말이 사탄의 유혹이자 모든 죄악의 근원이라고 믿었다. 아버지는 세상에서 거짓말하는 사람을 가장 싫어했다. 그래서 내가 거짓말을 할 때마다 아버지는 크게 화를 냈다.

한번은 내가 친구 한스와 함께 부활절 저녁 모임에 참가하기로 약속했다. 그런데 그날 저녁, 집으로 돌아온 아버지가 매우 들뜬 목소리로 내게 말했다.

"칼, 마을에 유명한 마술사가 왔다는데 오늘 저녁에 마술쇼를 보러 가지 않을래? 내가 특별히 널 데리고 가마."

난 너무나 기뻤다. 어릴 때부터 마술을 보며 동경심을 가져온 내게 드디어 가까이서 마술쇼를 볼 수 있는 기회가 온 것이다. 나는 너무 들뜬 나머지 어느새 한스와의 약속을 까맣게 잊어버리고 말았다.

"와! 정말요? 아빠, 우리 빨리 가요! 빨리요!"

"그런데 너 아까 한스네 집에 간다고 하지 않았어?"

옆에 있던 엄마가 나에게 물었다.

"안 갈래요. 마술쇼 보러 가고 싶어요. 만약 한스가 절 찾아오면 아파서 못 간다고 해주세요."

나는 오로지 마술쇼를 보러가는 일에만 정신이 팔려 있었다. 그런데 순간 아버지가 걸음을 멈추며 물었다.

"뭐라고? 너 한스네 집에 가기로 했었니?"

나는 감히 아버지에게 거짓말을 할 수 없어 사실대로 대답했다.

"네, 아빠."

"그런데 아까는 왜 말하지 않았니?"

"아빠, 저는…… 마술이 더 보고 싶어요."

"그럼 한스와의 약속은 어쩌고?"

"괜찮아요. 부활절 모임에 참가하는 사람들이 많아서 저 하나쯤은 안 가도……"

그러자 아버지는 불같이 화를 냈다.

"왜 상관이 없어? 어떻게 그런 생각을 할 수가 있니? 약속을 어기는 거짓말쟁이가 되어도, 정직하지 못한 사람이 되어도 정말 상관없어? 넌 약속을 잘 지키는 착한 사람이 되기 싫은 모양이구나. 그렇지?"

"아니…… 아빠, 그런 게 아니에요."

"넌 벌써 아빠 말을 잊었구나. 내가 뭐라고 가르쳤니? 거짓말은 어떠한 상황에서도 용납될 수 없는 부끄러운 일이라고 하지 않았니? 넌 약속을 어기는 거짓말쟁이가 되는데도 전혀 부끄럽지 않은 거니?"

그동안 한 번도 화를 낸 적이 없었던 아버지가 이처럼 무섭게 다그치자 나는 결국 울음을 터뜨리고 말았다. 하지만 아버지는 이런 나를 아랑곳하지 않은 채 계속 말을 이었다.

"넌 지금 두 가지 잘못을 저질렀단다. 우선 친구와의 믿음을 쉽게 생각했고, 그런 후에 거짓말로 친구를 속이려고 했어. 마술쇼는 내일도 보러 갈 수 있지만, 네게 벌을 주기 위해서 난 절대 마술을 보러 가지 않을 거란다. 당장 한스에게 가서 사과하고 오거라."

"싫어요, 안 갈래요."

나는 여전히 울먹이며 말했다.

"안 돼, 약속은 지켜야지! 얼른 가거라."

아버지는 무서운 표정으로 한 발짝도 물러서지 않았다. 그날 아버지는 내게 '악어의 눈물'이라는 이야기를 들려주었다.

옛날에 악어 한 마리가 살고 있었다. 그 악어는 자신이 살던 강에 싫증이 나서 강을 멀리 떠나 사막으로 이사를 했다. 모래가 너무 뜨거워서 숨쉬기조차 힘들어진 악어는 예전에 살던 강으로 다시 돌아가고 싶어졌다. 하지만 이제는 그럴만한 힘이 조금도 남아있지 않았다. 그런데 그때 마침 한 청년이 악어 곁으로 다가왔다.

"이봐, 넌 착하게 생겼고, 두 다리도 튼튼하니까 내 부탁을 들어줄 수 있을 거야. 돈은 달라는 대로 줄 테니까, 제발 나 좀 강으로 데려다줘."

악어가 말했다.

'돈만 있으면 쌀이랑 소금을 살 수 있을 거야.' 청년은 악어의 부탁에 흔쾌히 동의했다. 청년은 젖 먹던 힘을 내서 마침내 악어를 등에 업고 강으로 옮겨주었다. 그런데 악어가 돈을 줄 생각을 않자 청년이 물었다.

"자, 이제 약속한 돈을 줘야지?"

그런데 어처구니없게도 악어는 눈물을 흘리며 이렇게 말하는 것이 아닌가!

"약속이라니? 사실 사막에서 널 처음 봤을 때부터 나도 모르게 군침이 흘러 너를 통째로 잡아먹을까 생각했어. 그래도 날 도와준 것에 대한 보답은 해야 하니까 그냥 다리 한쪽만 내놔."

"뭐라고? 불쌍해보여서 도와줬더니 기껏 한다는 소리가 날 잡아먹겠다고? 너 정말……."

청년은 너무나도 화가 났다.

"넌 정말 욕심이 지나치구나. 내가 다리 하나만 내놓으라고 했으면 오히려 나한테 고마워해야 되는 거 아니야?"

악어의 눈에는 여전히 눈물이 그렁그렁했다. 청년은 그제야 자신이 악어에게 속았다고 생각했다. 하지만 이제 와서 후회해도 아무런 소용이 없었다. 그런데 청년과 악어가 큰 소리로 싸우다가 근처에서 달콤한 낮잠을 즐기던 백로의 잠을 깨우고야 말았다. 백로가 다가와 말했다.

"대체 무슨 일로 그렇게 싸우는 거야? 정말 시끄러워죽겠어!"

청년은 방금 겪은 자신의 억울함을 백로에게 모두 털어놓았다. 그러자 백로는 믿을 수 없다는 듯 말했다.

"어떻게 너 혼자서 악어를 등에 업었단 말이야? 내 눈으로 직접 보지 않고서는 믿을 수 없겠는 걸?"

"좋아, 한 번 더 날 업어봐."

악어가 청년에게 말했다. 사실 악어의 본심은 따로 있었다.

'힘이 빠져서 더 이상은 날 업지 못할 거야. 그러면 자연히 백로가 저 친구의 말을 의심하겠지?'

결국 청년은 어쩔 수 없이 있는 힘껏 악어를 업고는 다시 사막으로 돌아왔다. 그러자 백로가 악어를 가리키며 청년에게 물었다.

"이보게, 청년! 이 친구를 다시 강으로 데려다 줄 마음이 있어?"

그러자 화가 난 청년이 대답했다.

"됐어! 저런 의리도 없는 놈이랑은 더 이상 긴 얘기하고 싶지도 않아!"

결국 백로와 청년이 떠나고 악어는 뜨거운 사막에 혼자 남고 말았다.

이야기를 끝내고 아버지가 물었다.

"친구와의 약속을 저버리고 거짓말을 하는 사람은 이야기에 나오는 간사한 악어와 같단다. 설마 악어처럼 주위 사람들의 미움을 사고 싶은 건 아니겠지?"

"아니에요! 저도 악어가 싫어요. 지금 당장 한스한테 가서 사과할게요. 그럼 용서해주실 거죠?"

나는 그 후로도 오랫동안 이 이야기를 잊을 수 없었다. 그리고 인성 교육을 위해 후에 내 아들에게도 이 이야기를 들려주었다.

♠ 선행은 상대방이 원하는 것을 주는 일

선의의 마음은 인류가 지닌 고귀한 품성으로, 다른 사람을 도와주고 그들의 아픔을 덜어주려는 노력은 우리 사회를 더욱 풍요롭게 만들어준다. 이런 마음을 지닌 아이는 모든 사람의 사랑을 받고 자라며, 어른이 되어서도 원만한 인간관계를 형성해 그렇지 못한 사람보다 더 많은 인생의 기회를 누릴 수 있다.

아버지는 시간이 걸리더라도 내게 반드시 사랑이 무엇인지를 가르치고자 했다. 아버지는 사랑이야말로 하나님이 인류에게 준 가장 위대한 힘이라고 말했다. 다른 사람을 존중하고 도와주면 우리는 그분에게서 더 큰 사랑을 받을 수 있다.

하지만 말로만 사랑을 가르치는 것은 아무런 소용이 없다. 아버지는 늘 솔선수범하여 사랑을 실천해보였다. 사람을 사귈 때 상대방의 감정과 생각을 먼저 배려했고 가정에서도 언제나 즐겁고 유쾌한 분위기를 주도했다.

사람들은 보통 자신이 부리는 하인들에게 함부로 하는 경향이 있다. 그들을 비천하게 여기며 그들의 아이가 그런 환경에서 자라는 것에 대해 일말의 동정심도 갖지 않는다. 하지만 아버지는 달랐다. 마치 가족을 대하듯 언제나 예의바르고 자상했다. 한 번도 그들을 자신보다 하등한 사람으로 여기지 않고 내 형제와 친구를 대하듯 했다.

또한 작은 동물에게조차 함부로 대하지 말라고 했다. 만약 내가 재미 삼아 동물을 때리거나 학대하는 모습을 보이면 그와 똑같은 아픔을 느껴 보게 했다.

아버지는 세상의 모든 고통과 괴로움, 불행의 모습들을 다양하게 체험하게 했다. 세상을 제대로 알려면 단면만 봐서는 안 된다며 가난한 이웃을 도울 때마다 나를 데리고 갔다. 아이의 동심과 행복을 위해 "아직 그런 건 몰라도 돼."라고 말하는 부모들과는 달랐다.

다음은 내가 세 살 되던 해에 있었던 일이다. 어느 날 아버지는 집으로 돌아오자마자 다급한 목소리로 엄마에게 말했다.

"여보, 서둘러요. 지금 당장 가야 해!"

아버지 말에 따르면, 교회 뒤쪽 묘원에 한 노인이 있는데, 그가 하루종일 묘원 구석에서 웅크리고 있는 폼이 왠지 불안해보였다는 것이다.

"얼굴에 근심이 가득한 게 지금 당장 가보지 않으면 그에게 무슨 일이 생길지도 몰라. 지금 같이 가봅시다."

아버지를 따라 묘원에 도착한 나는 그 노인이 게르니카 할아버지라는 것을 알았다. 그의 형제들과 아들이 모두 일찍 세상을 떠났는데, 3일 전에는 그의 아내마저 죽고 말았던 것이다. 그 일로 할아버지는 심한 정신적 충격에 휩싸여 삶의 의지마저 잃은 듯 보였다.

아버지는 그를 집까지 모셔다 주었다. 하지만 외로움에 아직 익숙지 않은 그는 빈집에 혼자 있으려고 하질 않았다. 그래서 내가 잠시나마 할 아버지와 함께 있기로 했다. 후에 나는 할아버지가 꽃을 매우 좋아한다는 사실을 알고 아버지에게 말했다.

"할아버지에게 꽃을 선물해드리면 더 이상 외로워하지 않을 거예요."

그래서 우리 가족은 노인의 집 마당에 작은 화원을 만들어주었다. 그리고 가지각색의 예쁜 장미를 심어주었다. 그날 이후로 장미꽃을 보기 위해 여기저기서 손님들이 몰려왔고, 노인은 더 이상 외로워하지 않았다.

"애야, 네가 아니었다면 난 벌써 이 세상 사람이 아니었을지도 몰라. 넌 참 착한 아이구나!"

할아버지는 몇 번이고 내게 고맙다는 말을 되풀이했다.

그날 나는 처음으로 다른 사람에게 사랑을 베푸는 일이 어떤 것인지를 깊이 깨달았다. 그리고 몇 년 뒤에 이때의 일을 회상하며 사랑이 지닌 무한한 힘을 다시 한번 느꼈다.

오늘날 부모들은 자녀의 인성 교육을 중요시하면서도 정작 선행을 가르치는 일에는 무관심하다. 이런 환경에서 자란 아이는 정이 없고 매정하며 심지어 난폭해지기도 한다. 우리 마을의 두 과부 마리아와 크리스틴만 봐도 그 확연한 차이를 알 수 있다.

마리아와 크리스틴은 이웃지간으로 서로 동갑내기인

사랑이야말로 하나님이 인류에게 준 가장 위대한 힘이다. 다른 사람을 존중하고 도와주면 우리는 그 분에게서 더 큰 사랑을 받을 수 있다.

아들을 한 명씩 두었다. 그 둘은 같은 학교에서 공부를 하다가 함께 나폴레옹전쟁에 참가하게 되었다. 전쟁이 끝난 후, 그 둘은 건강하게 다시 마을로 돌아왔다. 그런데 뜻하지 않은 일이 발생했다.

마리아가 중풍으로 쓰러져 버린 것이다. 그러던 중에 아들 피터는 쾰른에 엄마의 병을 치료할 수 있는 명의가 있다는 소식을 들었다. 아직 신혼이지만 그는 아내와 함께 집을 팔아 치료비를 마련하기 시작했다. 마리아는 곧 쾰른에 있는 병원에 입원했다.

집을 판 피터는 경제적으로 심각한 지경에 이르렀다. 하지만 자신의 전리품과 아내의 옷을 팔아 치료비를 대면서도 한마디 불평조차 하지 않았다. 그렇게 2년의 시간이 흘러 마리아는 마침내 퇴원을 했다. 그녀는 만나는 사람마다 이렇게 말하고 다녔다.

"우리 아들의 효성이 아니었으면, 무엇으로 제 병이 나을 수 있었겠어요?"

크리스틴의 아들 역시 전리품을 가득 싣고 돌아왔다. 그는 그것을 팔아 큰 집을 사고 아내를 맞이한 후 걱정 없는 나날들을 보냈다. 크리스틴은 여전히 낡은 집에서 홀로 외롭게 생활했지만, 아들은 엄마를 나 몰라라 했다.

크리스틴은 아들을 찾아가 집수리를 부탁했지만, 아들은 바쁘다는 핑계만 대며 그녀의 말을 들은 척도 안 했다. 결국 크리스틴은 화병으로 앓아눕고 말았다. 그녀의 아들은 단 한 번도 엄마를 병문안 오지 않았다. 그녀는 마을 사람들의 도움을 받으며 힘겨운 나날을 보냈다.

그렇게 반 년이 흐르고, 일 년이 흘렀다. 아들은 여전히 엄마를 보러오지 않았고 그녀의 병세 또한 더욱 위중해졌다. 사람들은 하나같이 짐승보다도 못한 아들의 행동에 분노했다.

왜 이런 일이 일어나게 된 것일까? 문제는 그들이 받은 교육에 있었다.

크리스틴은 아들에게 힘든 일 한번 시키지 않은 채 온실 속의 화초처럼 키웠다. 한번은 아들에게 먹일 버섯을 따러 갔다가 발을 헛디뎌 큰 부상을 당했지만, 아들이 걱정할까봐 아들 앞에서는 아프지 않은 척했다.

이런 그녀로 인해 그녀의 아들은 자신을 키우기 위해 엄마가 얼마나 많은 희생을 했는지 알지 못했다. 그래서 이기적이고 매정한 사람으로 자란 것이다.

하지만 피터는 마리아에게서 착한 마음씨를 지니도록 교육받았다. 마리아는 사과농장을 운영했는데, 매년 잘 익은 사과를 딸 때쯤에는 가난한 이웃이나 불우노인들에게 사과를 나눠주고는 했다. 그리고 겨울이 되면 어린 피터는 할머니 댁에 땔감을 놔주고 할머니를 극진히 보살폈다.

마리아는 피터에게 이렇게 말했다.

"애야, 네 따뜻한 마음으로 다른 사람의 아픈 곳을 잘 살펴주어야 한단다."

나 역시도 피터와 같은 교육을 받으며 자랐고, 내 아이도 피터와 같은 사람이 되도록 가르쳤다. 아들이 조금 자란 뒤에 나는 자주 이런 말을 했다.

"우린 그동안 많은 사람들의 도움을 받았단다. 그러니 그것에 감사하는 마음으로 다른 사람에게 먼저 손을 내밀어야 해. 인생의 가장 큰 행복은 다른 누군가의 아픔과 고통을 함께 나누고 덜어주는 데 있단다."

♠ 근검절약을 실천해라

절약은 인간이 반드시 실천해야 할 미덕이다. 어떠한 이유에서든 우리는 모두 근검절약을 실천해야 할 의무가 있다. 작게 보면 절약은 우리 가족을 위한 일이지만, 크게 보면 그것은 후세를 위해 현재의 자원을 소중히 하는 일이다. 그러니 시대와 사회를 막론하고 절약 정신은 아무리 강조해도 지나치지 않다.

역사상 강대했던 바빌론과 로마 제국은 결국 사치와 낭비로 인해 제국이 붕괴되고 말았다. 프랑스 왕실의 사치와 욕심은 프랑스대혁명을 몰고와 사회적 불안과 혼란을 야기했다. 예전의 일을 잊지 않으면 훗날의 귀감이 된다는 말도 있지 않은가! 우리는 이처럼 큰 교훈을 안겨준 역사적 사건을 결코 잊어서는 안 될 것이다.

아버지는 근검절약이 이미 습관이 된 분이었다. 아버지는 자주 내게 이런 말을 했다. "절약하며 살수록 그 사람의 영혼은 하나님과 더욱 가까워질 수 있단다." 이런 아버지의 가르침 아래 나 역시 절약정신을 생활화하며 살았다.

우리 가족은 모두 근검절약을 실천하며 살아왔다. 내가 입던 옷은 엄마가 어른 옷을 작게 줄여준 것이었고, 어렸을 때 가지고 놀던 장난감은 단 한 개만 제외하면 모두 아버지가 직접 만들어준 것이었다. 당시 나는 유난히 천으로 만든 곰 인형을 좋아했는데, 이것도 엄마가 옷을 만들고 남은 천 조각을 이용해 만든 것이었다. 또한 나는 어릴 때부터 쌀 한 톨도 함부로 버려서는 안 되며, 밥을 먹을 때에는 접시를 깨끗이 비워야 한다는 교육을 받아왔다.

아버지는 시시때때로 내게 절약하는 습관을 일깨워주는 일 외에도, 내가 작은 물건을 함부로 버리지 못하도록 가르쳤다.

하루는 내가 아버지와 함께 산책을 하다가 어느 문구점 앞을 지나게 되었다. 그 문구점에는 다양한 종류의 예쁜 그림붓 세트가 진열되어 있었다. 나는 순간 갖고 싶은 생각에 그 앞에서 꼼짝도 하지 않았다. 나는 그림붓이 너무 갖고 싶어 아버지에게 물었다.

"아빠, 저 그림붓 사주시면 안 돼요?"

"왜 저게 갖고 싶지?" 아버지가 물었다.

"예쁘잖아요! 저것만 있으면 그림을 더 잘 그릴 수 있을 것 같아요."

"하지만 내가 얼마 전에 그림붓을 사주지 않았니?"

"그건 두 달 전에 산 거라서 벌써 낡았잖아요."

순간 아버지는 당황한 표정을 지었다.

"뭐? 겨우 두 달 써놓고선 그게 낡았다는 거니? 물건이란 낡은 것과 새 것으로 구분 짓는 게 아니란다. 어느 유명한 화가는 그림붓을 십 년이나 쓰고도 위대한 그림을 많이 그리지 않았니? 그러니 새 그림붓을 써야 그림을 더 잘 그릴 수 있다는 말은 터무니없는 말이야."

"하지만 아빠, 너무 갖고 싶은 걸 어떡해요? 빨리 사주세요." 나는 마냥 떼를 쓰기 시작했다.

"안 돼! 그 붓을 망가질 때가지 쓰고 나면 그때 새 것을 사주마. 그 전엔 사줄 수 없어."

"아빠는 구두쇠예요!" 내가 화를 냈다.

"이건 인색한 게 아니라 절약하는 거란다. 쓸데없는 곳에 돈을 쓰는 건 낭비고, 낭비는 부끄러운 짓이야!"

난 언제나 아버지 말씀에 순종하는 아이였지만, 그날만큼은 그 그림붓이 사고 싶어 죽을 것만 같았다. 나는 한참 동안 억지를 부리다 결국은 울음을 터뜨리고야 말았다.

이는 어린 자녀를 키우다보면 부모들이 한 번쯤 겪는 일이다. 아이가 이것저것 사달라고 조르며 울음을 터뜨리면 처음엔 완강하게 거절하던 부모도 끝내는 아이의 부탁을 들어주고 말지 않던가!

하지만 아버지에게는 울음도 소용없는 일이었다. 그날 아버지는 억지로 내 손을 이끌고 집으로 돌아왔다. 아버지가 화를 내며 말했다.

"네가 운다고 해서 쉽게 네 요구를 들어줄 거란 생각은 마라. 네가 어떻게 나오든 난 절대로 사줄 수 없어."

나는 그런 아버지 말에 완전히 이성을 잃은 듯 소리쳤다.

"아빠는 절 사랑하지 않아요. 저한테 아무 것도 사주지 않잖아요. 세드릭의 아빠는 뭐든지 다 사준단 말이에요. 아빠 미워요!"

세드릭은 우리 이웃에 살던 아이로, 그의 아빠는 굉장한 부자였다. 그는 돈을 물 쓰듯 하며 아들이 갖고 싶은 것이 생기면 그것이 무엇이든 쉽게 사주었다. 그의 집은 늘 맛있는 음식과 갖가지 장난감들로 가득했고, 그의 아내가 입는 옷과 화장품 역시 그가 파리에서 사들고 온 것이었다.

그날 나는 완전히 이성을 잃었었다. 한참 후, 내가 마음을 가라앉힌 후에야 아버지가 다가와서 말을 건넸다.

"칼, 너 정말 세드릭이 부럽니? 매일 파티를 열고 남은 음식은 그대로 쓰레기통에 버리면서 다음날은 또 다시 새로운 음식을 만들더구나. 다 입어보지 못할 정도로 많은 옷을 가지고 있으면서 불쌍한 사람들을 도와줄 줄 모르는 그의 아빠를 보렴. 이게 바로 부끄러운 낭비가 아니겠니? 너도 그런 생활을 하고 싶은 거니?'

이미 잘못을 깨달은 나는 부끄러운 듯 대답했다.

"아빠, 사실은 그 친구가 부러운 게 아니에요. 단지 세드릭의 아빠였다면, 그날 분명 그림붓을 사주었을 거라는 생각을 했을 뿐이에요."

"그래, 세드릭은 분명 너보다 더 좋은 그림붓을 가지고 있을 거야. 하지만 그게 다 무슨 소용이니? 넌 낡은 붓으로도 그 친구보다 그림을 더 예쁘게 잘 그리잖니! 좋은 그림은 그림붓의 가격과 모양에 의해 결정되는 게 아니야. 아들이 원하는 걸 모두 사주는 게 진정한 사랑은 아니란다."

"네, 알겠어요. 아빠."

아버지는 오히려 세드릭의 아빠를 걱정하는 듯했다.

"난 사실 세드릭의 아빠가 걱정이란다. 재산을 낭비하는 건 인류의 자원을 낭비하는 일과 다를 게 없어. 그렇게 돈을 우습게 보는 사람은 언젠가 벌을 받게 될 거야."

그 후로 얼마의 시간이 흘렀다. 그렇게 떵떵거리며 살던 세드릭의 가족은 결국 불어난 빚 때문에 길거리에 나앉게 되고 말았다. 비싼 것도 주저 없이 사들이던 그들이 아들의 대학등록금조차 마련하지 못할 정도로 파산해버린 것이다.

비록 우리 아버지는 작은 마을의 목사였지만, 우리 가족은 늘 부족함

없는 생활을 누렸다. 과연 이 두 가족 중 누가 더 행복하다고 할 수 있는가?

세상 물정을 모르는 아이가 절약하는 건 쉬운 일이 아니다. 나이가 어려 노동의 힘겨움과 고생을 이해하기 힘든 데다가 한 번도 경제적인 부담감을 느껴보지 못했기 때문이다. 내가 어렸을 때부터 아버지가 절약하는 습관을 길러준 이유는 세상의 그 어떤 것도 노력이나 수고 없이는 얻을 수 없다는 사실을 일깨우기 위해서였다.

한번은 친구의 초대를 받아 그의 집을 방문했다. 그에게는 어린 딸이 하나 있었는데, 저녁이 되자 요리사가 그 집 딸을 위해 향긋한 버섯요리를 만들어주었다. 그런데 그 아이는 버섯요리가 싫다며 입에도 대지 않은 채 요리가 담긴 접시를 엎어버리고 말았다. 친구는 아무 말이 없었지만, 나는 그 모습을 참을 수가 없어 이렇게 말했다.

"이렇게 맛있는 버섯을 먹지도 않고 엎어버리다니! 음식 아까운 줄 모르는구나."

그러자 아이는 아무렇지 않은 듯 대답했다.

"저기 뒷산에 가면 널린 게 버섯인데 뭐가 아까워요? 먹고 싶으면 내일 일하는 아저씨 불러서 따오라고 하면 돼요."

"하지만 버섯을 따는 건 보통 힘든 일이 아니야. 넌 땀 흘려 일한 대가를 모르는구나."

"설마요! 버섯 몇 개 따는 게 뭐가 힘들어요? 버섯을 따는 건 아주 재미있는 일일지도 몰라요."

"그래? 그럼 이번 주 내내 우리가 직접 버섯을 따러 가보는 건 어떻겠니?"

"좋아요! 내일은 뒷산에서 신나게 놀아야지. 아저씨랑 함께 간다고 하면 아빠도 분명 허락해주실 거예요."

버섯을 따는 뒷산은 친구네 집에서 한 5킬로미터 정도 떨어져 있었다. 처음 이틀 동안 아이는 매우 즐거운 표정으로 버섯을 땄다. 하지만 4일째 되던 날, 아이는 조금씩 지쳐가기 시작했다. 그리고 5일째 되던 날, 온 몸이 욱신거려 죽을 지경이라며 더는 산에 가지 않겠다고 말했다. 한편 신기하게도 버섯을 따러 다닌 며칠 동안 아이는 배가 고픈 나머지 버섯요리를 남기지 않고 깨끗이 비웠다. 어쩌다 누가 버섯 한 조각을 바닥에 떨어뜨리기라도 하면, "세상에! 이렇게 아까운 걸, 버섯 따는 게 얼마나 힘든 줄 아세요? 먹기 싫으면 그냥 두세요. 제가 다 먹을게요."라고 말했다.

소녀는 노동을 통해 세상의 그 어떤 것도 노력과 수고 없이 얻어지는 것은 없다는 사실을 깨달았을 것이다. 그날 이후로 소녀는 더 이상 음식을 낭비하지 않았다. 절약은 노동의 수고와 노력에 대한 가장 큰 존중의 표현임을 알았기 때문이다.

♠ 부지런한 사람이 되어라

아버지는 성실함이 행복을 낳고 게으름이 불행을 낳는다고 믿었다. 특히 어리고 혈기가 왕성한 나이에 잘못된 길로 접어들면 다른 사람보다 더 쉽게 위험에 처할 수도 있다고 말했다. 그래서 아버지는 내가 어릴 때부터 부지런한 습관을 길러주려고 애썼다.

다음은 아버지의 일기에 적힌 글이다.

칼은 올해로 두 살이 되었다. 그래서 이제 칼이 혼자 할 수 있는 일은 스스로 하게끔 내버려두려고 한다. 나는 아내와 커디에게도 칼이 직접 할 수 있는 일은 뭐든지 혼자 하게 두라고 말했다. 그러자 커디가 물었다.

"네? 칼이 아직 저렇게나 어린데, 갑자기 왜 그러세요?"

참, 매번 내 생각을 일일이 말해줘야 날 이해할 수 있다니! 난 그렇게 해야 하는 이유를 한참 동안 설명해 주었지만, 정작 내 뜻을 이해했는지는 알 수가 없다. 아이가 혼자서 할 기회도 주지 않고 무슨 일이든 대신 해줘 버릇하면 그릇된 습관을 들이기 쉽다는 걸 왜 모를까!

다른 가족들은 모두 칼이 어려움을 겪지는 않을까 걱정했지만, 그 걱정은 곧 사라졌다. 오늘 오후에 칼은 손에 케이크를 든 채 거실 여기저기를 뛰어다녔다. 그러다 실수로 케이크가 바닥에 떨어져 지저분해졌지만, 칼은 그것을 보지 못했는지 계속 신나게 뛰어다녔다. 나는 이참에 칼을 단단히 교육해야겠다고 마음먹었다. 나는 바닥에 떨어진 케이크를 손으로 가리키는 동시에, 쓰레기통 쪽을 바라보며 눈짓을 보냈다. 하지만 칼은 내 말을 이해하지 못했는지 멀뚱멀뚱 서서 나를 쳐다보기만 했다.

"칼, 바닥에 떨어진 케이크를 주워서 쓰레기통에 버리렴."

하지만 칼은 여전히 묵묵부답이었다. 그러자 이를 지켜보던 아내가 말했다.

"그냥 둬요. 아직 어린 애가 뭘 알겠어요."

"제가 치울게요!"

이번에는 커디가 재빨리 달려오더니 바닥에 떨어진 케이크를 주우려 했다.

"아니, 칼이 스스로 하게 그대로 둬요."

나는 얼른 행동을 멈추라는 손짓을 보냈다. 칼은 내 눈치를 살피며 앞으로 몇 발짝 걸음을 옮겼다. 그 자리를 피하려 하는 것 같았다.

"칼!" 나는 칼을 불러 세웠다.

성실은 행복을 낳고 게으름은 불행을 낳는다. 특히 어리고 혈기가 왕성한 나이에 잘못된 길로 접어들면 다른 사람보다 더 쉽게 위험에 처할 수도 있다.

"네가 어질러놓았으니 청소도 네가 직접 해야지! 어서 치우지 않고 뭐 하니? 자기 할 일을 스스로 알아서 하는 아이가 착한 아이란다."

나의 진지한 표정을 본 칼은 그제야 허리를 숙인 채 떨어진 케이크를 일일이 주워서 쓰레기통에 담았다.

아버지의 이러한 엄격한 교육으로 인해 나는 세 살 때부터 엄마 대신 탁자를 닦거나 접시를 놓는 등의 간단한 집안일을 혼자서도 잘할 수 있게 되었다.

하지만 새로운 일에 대한 아이의 관심은 원래 단기적이지 않은가! 나 역시 집안일을 잘 할 수 있게 된 후에는 그 일들이 귀찮게 여겨지기 시작했다. 어느 때는 하기 싫은 일을 억지로 해야 한다는 부담감도 드러냈다. 그럴 때마다 아버지는 내게 명령조로 일을 시키고는 했다. 그리고 내가 그 일을 해야만 하는 이유를 설명해주며 나 스스로 부지런한 사람이 되는 방법을 터득하게 했다.

내가 서너 살 때는 모든 일에 열심이었지만, 여섯 살이 된 후로는 예전에 재미를 느끼던 일에 하나둘씩 흥미를 잃어갔다. 때때로 아버지의 눈을 피해 게으름을 피우기도 했다.

하루는 내가 방에서 신나게 놀고 있었다. 그런데 외출 준비를 하던 아버지가 지저분한 내 방을 보고는 자신이 집에 돌아오기 전까지 청소를 하라고 말했다. 하지만 나는 대답만 한 채 아버지가 돌아올 때까지 계속 침대에 누워서 책만 읽었다. 물론 청소는 하나도 안 된 상태였다.

"칼, 내가 깨끗하게 청소를 해두라고 하지 않았니?

"알았어요. 조금 있다가 치울게요."

난 여전히 대답만 한 채, 손도 까딱하지 않았다.

"대답은 잘하더니 해가 지도록 하나도 안 치워놓았구나! 대체 얼마나 더 기다려야 하니?"

아버지가 재촉하자 나는 슬슬 짜증이 났다.

"아, 지금은 책 보느라 시간이 없어서 그래요. 그냥 커디 아줌마한테 시키면 되잖아요."

"네가 하겠다고 약속한 일을 왜 남에게 떠맡기려 하는 거니?"

아버지는 이미 화가 났지만, 애써 마음을 가라앉힌 채 태연한 목소리로 말했다.

"칼, 지금 청소하기 싫으면 아빠가 이야기 하나 해줄까?"

"네! 좋아요!" 나는 얼른 아버지 앞에 다가 앉았다.

"옛날에 어느 아버지에게 두 명의 아들이 있었는데, 그 아버지는 두 아들을 너무도 사랑한 나머지 힘든 일이라면 아무것도 시키지 않고 자신이 직접 다 해주었단다."

"원래 아빠들은 다 그래야 하는 거 아니에요? 제 친구 아빠도 얼마나 자상한데요!"

"얘기를 끝까지 들어보렴. 형은 온종일 침대에서 잠만 자고 먹기만 하다 보니 어느새 돼지처럼 뚱뚱해져버리고 말았어. 그런데 동생은 효심이 지극해서 아버지가 시키지 않아도 알아서 자신이 할 일을 해놓았단다. 누가 가르쳐주지 않았는데도 혼자서 밥과 빨래를 할 수 있을 정도였지.

그러던 중 아버지가 갑자기 세상을 뜨고 말았단다. 그리고 두 형제는 어른이 되어서 집을 떠나게 되었어. 동생은 외지에서 부지런히 일하며 돈을 많이 모았고, 또 예쁜 아내를 맞아 행복한 생활을 누렸단다. 그런데 형은 여전히 집안에 누워 잠만 잤어.

하루는 동생이 형을 만나러 갔다가 깜짝 놀라고 말았어. 부서진 문이 현관에 그대로 매달려 있는 데다가 집안에서 이상한 악취가 나는 거야. 칼, 동생이 방안에서 무엇을 보았을 것 같니?"

"음, 형이 죽어있었을 것 같아요."

"그래, 맞아! 어떻게 알았니?"

"게으른 형은 하루 종일 잠만 잤을 거 아니에요? 그럼 굶어 죽은 게 분명하잖아요."

"그럼, 넌 이 형과 동생 중에 누구를 닮고 싶니?"

"당연히 동생이죠. 전 꿀벌처럼 부지런하거든요! 헤헤."

나는 아버지의 이야기를 들은 후 곧장 방을 청소하기 시작했다.

그러자 아버지가 놀리듯 말했다.

"왜, 책을 더 보지 않고?"

"아빠, 놀리지 마세요. 아빠가 무슨 말씀을 하려는지 다 알아요. '부지런해야 잘 산다.' 이거 맞죠?"

♠ 칭찬받을수록 겸손해져라

신동과 천재는 누구나 부러워하고 우러러보는 대상이다. 사람들은 그들이 누구보다 평탄한 인생을 살 거라고 생각한다. 하지만 그렇지 않다. 나는 일찍이 신동이란 소리를 들으며 자랐다. 그때 나는 회의적인 사람들의 비난에 맞서야 했고, 매일 쏟아지는 칭찬에 무거운 돌덩이가 어깨를 짓누르는 느낌을 받았다.

사람들은 신동이라고 하면 갑자기 태도를 달리하면서 과장된 표현으로 칭찬을 퍼붓는다. 하지만 아무리 똑똑한 신동이라도 그들 역시 상처받기 쉬운 어린아이가 아닌가! 아이들은 원래 칭찬과 명예를 분별력 있게 받아들일 수 있는 판단력이 부족하다. 그래서 쉽게 자만에 빠지고 자신이 대단한 존재로 인식되는 순간 노력을 포기하게 된다. 어릴 때 신동이 진정한 천재로 성장하기 어려운 이유가 바로 이 때문이다.

아버지 친구 아들 중에 라이언이라는 아이가 있었다. 그는 태어날 때부터 음악적 재능이 남달랐다. 두 살 때는 아무리 어려운 곡이라도 한번 듣고 이해했고, 다섯 살 때는 피아노와 바이올린 연주는 물론, 직접 곡을 쓰기도 했다. 게다가 일곱 살 때는 독주회까지 열었다.

사람들은 하나같이 제2의 모차르트가 나왔다며 그를 음악의 신동, 음악의 천재라고 추켜세웠다. 주위 평판이 그렇다 보니 라이언의 부모 역시 객관적인 판단을 내리기보다 오히려 나서서 라이언을 칭찬했다. 심지어 라이언의 음악적 실력이 어느 선생님보다 훌륭하다는 사실을 알고는 아들이 바흐와 같은 유명한 음악가가 될 거라고 철석같이 믿었다.

하지만 사람들의 지나친 칭찬이 오히려 어린 라이언에게 독이 되고 말았다. 라이언은 "베토벤이 200년에 한 번 나올만한 천재라면, 난 500년에 한 번 나올만한 천재야!"라며 점점 안하무인이 되어갔다.

라이언을 가르치던 선생님은 갈수록 교만해지는 라이언을 안쓰럽게 생각했다. 그래서 선생님은 라이언에게 유명해질수록 겸손해져야 한다고 충고했다. 하지만 이미 사람들의 칭찬에 익숙해진 라이언은 선생님의 충고를 귀담아듣지 않았다. 그는 오히려 이렇게 대들었다.

"사람들이 연주회를 열어달라고 요청할 정도로 제 실력은 뛰어나요! 어떻게 천재한테 이렇게 함부로 대하실 수 있어요? 선생님이 너무 간섭이 심하신 거 아니에요?"

그러자 선생님은 다시 한번 조심스럽게 충고했다.

"라이언, 넌 아직도 많이 부족해. 때문에 부단히 노력하지 않으면 넌 실패할지도 몰라."

"선생님은 제가 왜 천재인지 아직 잘 모르시나 봐요. 음악에 대한 저만의 독특한 특성도 몰라주시다니, 참 안타깝네요."

선생님은 라이언이 미우면서도 그를 포기할 수 없었다. 그래서 자신의 부족함을 직접 알도록 일부러 틀린 곳을 지적하며 그를 자극하려 했다. 그런데 한번은 선생님의 작은 실수에 라이언이 건방진 말투로 이렇게 말했다.

"악보도 제대로 못 보는 선생님이 어떻게 절 가르칠 수가 있겠어요?"

선생님은 이런 그의 행동을 참아가며 끝까지 그를 지도하려 애썼지만, 결국 그 일을 그만두고 말았다. 한번은 아버지가 그 선생님을 만난 적이 있었는데, 그녀가 이렇게 말했다.

"라이언을 가르치기를 포기하던 그날, 전 그 아이가 절대로 성공할 수 없다고 확신했어요."

그리고 그 확신은 곧 현실로 이루어졌다.

선생님이 일을 그만둔 이후로 라이언은 더욱 교만해져갔다. 그는 어느 누가 '500년에 한 번 나올만한 천재'를 가르칠 수 있겠냐며, 아예 선생님에게 배우기를 거부했다.

후에 들은 말로는 그는 매일 술에 빠져 살다가 결국은 알코올중독자가 되어버렸다고 한다. 예전의 그 예민하던 청각도, 섬세하던 손가락도 모두 제 기능을 잃어버렸다. 이젠 곡을 연주하기는커녕 악보조차 제대로 읽지 못할 정도로 몸이 망가져버렸다. 하지만 그는 여전히 자신의 잘못을 반성하지 않은 채, "세상이 나를 이렇게 만들었어! 사람들이 천재를 몰라봐서 그런 거라고!"라며 자신의 신세를 한탄했다.

수많은 음악가들이 유명해지기 전에 사람들의 무관심을 경험한다. 심지어 평생 외면 받으면서 작품 활동을 하는 경우도 있다. 그런데 라이언은 자신의 교만함으로 인해 실패하고 말았다. 그는 그 후로 별다른 활동 없이 사람들에게서 잊혀갔다.

비극적인 라이언의 삶은 우리에게 지나친 칭찬이 재능 있는 신동을 어떻게 변화시키는지, 그 변화가 신동에게 어떠한 악영향을 미치는지를 여실히 보여준다. 세상에 이보다 더 비극적인 일이 또 있을까?

나는 지혜로운 아버지의 교육 덕분에 어릴 때부터 겸손의 미덕을 배웠다. 과분한 명예와 칭찬 앞에 흔들리지 않고 건강하게 성장할 수 있었던 것은 모두 아버지의 교육 덕분이다. 아버지는 늘 이렇게 말했다.

"세상에 아무리 뛰어나고 잘난 사람도 만물의 주인인 하나님 앞에서는 다 똑같이 나약하고 힘없는 인간일 뿐이란다. 정말 현명한 사람은 칭찬과 더불어 쓴소리도 함께 귀담아들을 줄 알아야 해. 다른 사람이 하는 좋은 말만 들으려는 사람이 세상에서 가장 어리석은 사람이거든."

내가 예닐곱 살쯤 되었을 때, 이미 또래 아이들보다 학습방면에 두각을 나타내어 주위의 부러움을 샀다. 사람들은 나를 향해 '전무후무한 신동'이 났다며 입이 마르도록 칭찬했다. 하지만 아직 완전히 성숙하지 않은 어린 아이다 보니 온갖 칭찬에 나도 모르게 교만해져 갔다.

아버지는 그런 나를 염려하여 조심스레 물었다.

"칼, 사람들이 왜 입이 마르도록 너를 칭찬하는 줄 아니?"

"그럼요! 제가 다른 아이들보다 머리도 더 좋고 똑똑하대요."

"얘야, 세상에 똑똑한 사람은 많지 않아. 그래서 사람들은 자신보다 똑똑하고 지식이 많은 사람을 부러워하고 존경한단다. 하지만 시간이 흐를수록 사람들의 부러움과 존경도 금세 사라지고 말아. 오늘 널 칭찬했던 사람이 내일 네게 상처를 줄 수도 있단다. 오직 하나님의 칭찬만이 영원한 상이야. 하지만 그 상은 선행으로만 얻을 수 있어. 그러니 남보다 조금 더 뛰어난 걸 가지고 쉽게 자만에 빠지는 건 정말 어리석은 짓이란다."

아버지는 내게 겸손을 가르치기 위해 라이언의 이야기를 들려주고, 또 유명한 학자의 집을 방문할 때마다 나를 데리고 다녔다. 그때 나는 그들에게서 진정한 겸손의 미덕을 배웠다. 특히 이 말이 머릿속에서 사라지지 않는다.

"겸손을 배우는 일이야말로 하나님이 주신 지혜란다. 이 점을 꼭 명심하거라."

아버지는 자주 내게 소크라테스, 플라톤, 아리스토텔레스, 뉴턴, 다빈치 등 지혜로운 자들의 이야기를 들려주며 지금 내가 가진 지식은 그들에 비하면 아무것도 아니라고 말했다. 그날 이후로 나는 사람들의 칭찬 속에 나 자신을 지키며 겸손한 사람이 되려고 노력했다.

♠ 사람의 마음은 생각을 담는 상자

어린 아이의 인격은 아직 정형화되지 않아서 그 성장의 결과가 어떨지는 누구도 예측하기 어렵다. 일찍이 올바른 교육을 받았다 하더라도 후천적인 요인으로 인해 노력을 포기하거나 나쁜 습관을 들일 수 있기 때문이다.

나 역시 어렸을 때 마음의 충동을 이기지 못해 나쁜 행동을 한 적이 있었다. 그때마다 아버지는 내 잘못을 바로잡으려 애썼다. 아버지가 말했다.

"사람의 마음은 생각을 담을 수 있는 상자와 같아. 나쁜 생각을 가득 담은 사람의 마음에는 좋은 생각을 넣을 자리가 없어진단다. 상자의 크기가 정해져 있기 때문이야. 그래서 나쁜 생각이 마음속에 들어 왔을 때는 얼른 그걸 쫓아버리고 좋은 생각이 많이 들어오게 해야 돼. 알겠지?"

범죄자들 중 대부분은 어렸을 때 그와 비슷한 범죄를 저지르고도 올바른 교육을 받지 못해 똑같은 범죄를 반복하는 경우가 많다. 그들은 나쁜 생각이 마음속을 가득 채우도록 그대로 방치했기 때문

사람의 마음은 생각을 담을 수 있는 상자와 같다. 상자의 크기는 정해져 있기 때문에 나쁜 생각을 가득 담은 사람의 마음에는 좋은 생각을 넣을 자리가 없어진다. 그래서 나쁜 생각이 마음속에 들어 왔을 때 얼른 그걸 쫓아버리고 좋은 생각이 많이 들어오게 해야 한다.

에 그런 결과를 초래한 것이다.

내가 다섯 살 때, 같은 마을에 사는 레니 아저씨가 과일가게를 열었다. 레니는 유난히 날 예뻐해서 기분이 좋을 때면 공짜로 과일을 한 개씩 쥐어준 적이 많았다. 그래서 나는 매번 레니의 가게 앞을 지날 때마다 일부러 그 앞을 기웃거리기도 했다.

하루는 내가 엄마를 따라서 시장에 갔는데, 공교롭게도 그날 레니는 아내와 심하게 말다툼을 한 뒤라 기분이 몹시 언짢아 있었다. 그래서 그는 마침 가게 앞을 지나던 내게 인사조차 하지 않았다. 나는 순간 레니에게 서운한 생각이 들었다. 그리고 가게 앞에 놓여 있는 탐스러운 과일을 보는 순간 나도 모르게 먹고 싶은 생각이 들었다. 나는 향긋한 사과향기에 이끌려 사과 하나를 몰래 집어 들고 말았다.

집에 돌아온 뒤, 엄마는 내 손에 사과가 있는 것을 보고는 분명 남의 것을 몰래 훔쳤다는 생각에 다급하게 아버지를 불렀다.

"세상에! 이 일을 어쩌면 좋아요? 칼이 어떻게 남의 물건에 함부로 손을 댈 수가 있죠?"

자초지종을 들은 아버지는 침착하게 말했다.

"괜찮아요. 애가 아직 어려서 자신이 무슨 짓을 저질렀는지도 모르잖소. 물건을 훔치는 게 어떤 건지도 모르는 아이니 내가 한번 잘 얘기해보겠소. 이번 일을 교훈삼아 잘 타이르면 두 번 다시 이런 일은 없을 거요."

아버지가 나에게 할 말이 있다며 서재로 불렀다.

"너 그 사과 어디에서 난 거니?"

"레니 아저씨네 가게에서 들고 왔어요."

"남의 걸 왜 몰래 들고 왔지?"

"빨갛고 큰 사과가 맛있게 보였어요. 향기도 너무 좋아요."

아버지는 나를 자신의 무릎에 앉히며 물었다.

"그래, 사과가 참 맛있게 생겼구나. 아빠도 한 입 먹고 싶은걸. 그런데 사과를 들고 오기 전에 아저씨한테 돈은 드렸니?"

"돈이요? 아니오."

"넌 시장에 가서 물건을 살 때마다 엄마가 돈을 내는 모습을 자주 보지 않았니?"

"네, 오늘도 엄마가 과일을 사면서 레니 아저씨한테 돈을 주는 걸 봤어요."

"그랬구나. 그런데 너는 왜 사과를 들고 오면서 돈을 낼 생각을 안 한 거니?"

나는 생각지도 못한 질문에 당황했다. 나는 내 행동이 당연하다고 생각했기 때문이다. 나는 그저 말없이 고개를 좌우로 저었다.

"우리가 쓰는 물건이라고 모두 우리 것이 아니란다. 그게 필요하면 돈을 주고 사와야 해. 장사하는 사람들은 물건을 파는 대신 돈을 받아서 자신의 가족들을 먹여 살려야 한단다. 그런데 만일 사람들이 물건을 가져가면서 돈을 내지 않으면 그 가족들은 어떻게 되겠니? 분명 굶어 죽고 말 거야. 그렇지?"

"네, 무슨 말인지 알겠어요."

"그럼, 오늘 네가 무슨 잘못을 저질렀는지도 알겠구나."

"아뇨."

"내 말 잘 들으렴. 돈을 내고 물건을 들고 오는 것은 사는 거지만, 그렇지 않고 몰래 들고 오면 훔친 게 된단다. 남의 물건을 훔치는 건 아주 나쁜 행동이야. 그래서 하나님의 벌을 받을 수도 있어. 성경에 나와 있는 '십계명' 알지? 거기에도 분명 남의 물건에 손을 대지 말라고 쓰여 있단다."

나는 순간 억울한 생각이 들었다.

"전 안 훔쳤어요. 레니 아저씨는 종종 저한테 공짜로 사과를 준 적이 많았어요. 그 많은 사과 중에 겨우 한 개만 들고 온 건데 뭐 어때요?"

"레니가 주는 사과는 네가 예뻐서 주는 선물이야. 그러니 그건 그냥 받아도 돼. 하지만 그 과일가게 안에 있는 과일은 모두 돈을 주고 사야 하는 것들이야. 레니는 그걸 팔아 돈을 버는 사람이란다. 한번 생각해보렴. 사람들이 너처럼 사과를 마구 집어 들고 오면서 돈을 내지 않으면 레니아저씨는 어떻게 되겠니? 앞으로는 누구 허락 없이 함부로 들고 오면 안 돼. 알겠지?"

나는 그제서야 내가 무슨 짓을 저질렀는지 깨달았다. 그래서 얼른 다시 레니의 과일가게로 가서 내 잘못을 사과하고 왔다. 아버지는 반성하는 날 위해 이야기를 하나 들려주었다.

물건 훔치는 걸 좋아하는 한 남자아이가 있었어. 하루는 옆집의 계란을 하나 훔쳐왔는데, 엄마가 혼을 내기는커녕 오히려 잘했다고 칭찬을 해준 거야. 그 때문에 아이는 점점 대담해져서 조금씩 큰 물건을 훔치게 되었단다. 결국 눈에 보이는 건 뭐든지 훔치기에 이르렀지. 하지만 아이의 엄마는 여전히 아들의 행동을 나무라지 않았단다. 그저 아들이 하는 대로 내버려두었어. 그러다가 아이는 어느새 험악한 강도가 되어 사형을 선고받게 되었단다. 그는 죽기 전에 엄마를 불러달라고 했어. 엄마가 자신의 얼굴 앞으로 가까이 오자 귀를 꽉 깨물어 버렸단다.

화가 난 엄마가 물었어.

"내가 널 얼마나 사랑하는데! 너 이게 뭐하는 짓이니?"

그러자 아들이 이렇게 말했단다.

"제가 처음 물건을 훔쳤을 때, 왜 저를 혼내지 않으셨어요? 제가 이렇게 된 건 다 엄마 때문이에요."

나는 이야기를 다 들은 후, 아버지에게 말했다.

"아빠, 제 잘못을 깨닫게 해주셔서 감사해요. 저는 그런 사람이 되지 않을 거예요. 다시는 남의 물건을 함부로 들고 오지 않을게요."

이처럼 아버지는 나의 잘못된 행동을 가만히 지켜보지 않았다. 나쁜 생각들이 내 마음속을 차지하지 못하도록 늘 곁에서 든든한 힘이 되어주며 선량한 사람이 되도록 도왔다.

자녀에게 가장 좋은
학습동기를 부여해라

남다른 업적을 이룩한 위인들은 대부분 어렸을 때부터 성취감과 자신감을 경험한 적이 있다. 만약 있는 힘을 다해 어려운 일을 해냈는데도 정작 자신은 그에 대한 보람을 못 느낀다면, 우리는 그에게서 성취감과 자신감을 기대하기 어렵다. 보람도 없이 대체 무슨 수로 학습동기를 이끌어 낸단 말인가? 그래서 작은 일이라도 꾸준히 하는 습관을 기르고 조금씩 성취해나가는 경험이 중요하다. 가장 중요한 것은 내가 해냈다는 뿌듯함과 할 수 있다는 자신감을 가지게 하는 일이다.

♠ 성취감을 맛보게 해라

　　　　　역사상 유명한 위인들의 대부분은 남다른 아동기를 보냈다. 그들이 남달랐던 이유는 가정환경이 부유하거나 그들이 불가사의한 일을 해내서가 아니라, 단지 평범한 아이들이 못 하는 일을 해냈기 때문이다.

　위대한 물리학자 뉴턴은 세 살 때 이미 주위 사물에 호기심을 품기 시작했다. 그리고 그 물체들의 운동방식을 연구해냈다. 또한 와트는 어릴 때부터 증기에 대해 관심을 가진 덕분에 증기기관차를 발명했다. 단테는 다섯 살 때 이미 시를 써서 사람들의 관심을 집중시켰고, 플라톤은 네 살 때 이미 학자들조차 쉽게 대답하지 못하는 인생의 문제에 대해 철학적으로 사고하기 시작했다. 또한 바흐는 네 살 때 작곡을 했고, 모차르트는 여섯 살 때 개인연주회를 성공적으로 마쳤다.

내가 이들을 예로 든 것은 이들이 유명해진 것이 결코 우연이 아니라 어릴 때부터 남다른 성취감을 통해 훗날의 성공을 거두었음을 설명하기 위해서다.

성공하기란 매우 어렵다. 성공을 향한 첫걸음을 내딛는 일은 더 어렵다. 수많은 사람의 인생이 평범한 삶에 그치는 것도 어찌 보면 성공을 향한 첫걸음을 아직 내딛지 않아서일 것이다.

성공한 인생이 하나님의 뜻이자 이미 정해진 운명이라고 믿는 사람은 분명 내 말에 동의하지 않을 것이다. 그것이 정말 운명이라면 하나님의 은총을 받은 자는 쉽게 성공하고, 그렇지 않은 자는 아무리 노력해도 결국 성공할 수 없게 될 테니까 말이다.

운명이란 매우 복잡한 문제라서 간단하게 결론짓기 어렵다. 내가 말하고 싶은 것은 어디까지나 자녀의 교육이다. 운명이라는 핑계 하에 소극적으로 아이의 삶을 운명에 내맡겨서는 안 된다. 자신의 실패를 운명 때문이라고 탓하기보다 삶을 대하는 적극적인 태도를 가르쳐야 한다.

어린 아이라고 해서 세상 물정 모른 채 그저 하루하루를 잘 지내기만 하면 되는 것일까? 성취감이나 명예 따위는 어른들의 일이니 아이들은 아직 몰라도 되는 것일까? 결코 그렇지 않다. 대부분의 위인들은 모두 어렸을 때부터 성취감과 자신감이 무엇인지 직접 체험하며 자랐다.

만약 죽을힘을 다해 어려운 일을 해냈는데도 정작 자신은 그에 대한 보람을 못 느낀다면, 우리는 그에게서 성취감과 자신감을 기대하기 어렵다. 보람도 없이 대체 무슨 수로 학습동기를 이끌어 낸단 말인가? 그래서 작은 일이라도 꾸준히 하는 습관을 기르고 조금씩 성취해나가는 경험이 중요하다. 시간이 흐를수록 아이를 조금씩 성숙하게 만드는 힘, 그것이 바로 성취감이다.

모차르트가 연주회를 성공적으로 마친 뒤 사람들에게서 갈채를 받았을 때, 단테가 발표한 시가 대중들의 찬사를 받았을 때, 플라톤의 철학적 생각이 학자들의 말문을 막아버렸을 때, 그들은 분명 해냈다는 성취감을 느꼈을 것이다. 성취감은 자신이 하고 있는 일에 대한 응원(격려)이자 그것을 꾸준히 하게 만드는 추진력이다. 성취감을 아는 자는 아무리 힘든 순간이 와도 쉽게 발걸음을 멈추지 않는다. 그래서 앞서 말한 이들이 조금씩 성공에 근접하여 세계적인 위인이 된 것이다.

만약 모차르트가 처음 연주회 때 사람들의 질타를 받고, 단테가 발표한 시가 대중에게 외면당했다면, 또 플라톤의 생각이 사람들의 비난거리가 되었다면 우리는 아마도 이들의 존재를 알지 못했을 뿐더러, 세상을 놀라게 할 만한 그 어떤 성과도 기대하지 못했을 것이다.

사람들의 무관심과 멸시는 우리를 주눅들게 하고 용기를 잃게 만든다. 어쩌면 우리가 모르는 사이 이미 많은 사람이 성공의 발걸음을 내딛었다가 사람들의 무관심 속에 소리 없이 사라져 갔을 수도 있다.

다시 한번 말하지만, 나는 정말 행운아다. 세상에 정말 운명이란 것이 존재한다면, 나는 하나님이 아버지를 내 삶 속으로 보내주신 것에 감사하고 또 감사한다.

아버지는 누구보다 어린 아이들의 심리를 잘 아는 지혜로운 분이었다. 성취감이 유년기의 아이들에게 얼마나 중요한 역할을 하는지도 이미 알고 계셨다.

어렸을 때, 작고 사소한 일을 해냈을 때마다 아버지는 잘했다는 격려를 아끼지 않았다. 아버지의 격려는 어린 나에게 성취감이 무엇인지를 알게 해준 힘이었다.

적절한 칭찬과 격려는 자녀에게 성취감을 주는 동시에, 스스로 뭔가를 해내려는 자긍심을 심어준다.

나의 유년 시절은 한마디로 하나씩 성취감을 맛보는 과정의 연속이었다. 다시 말해, 작은 성공의 기쁨이 성취감을 낳고 그 성취감이 더 큰 성공을 낳았다.

내가 처음으로 덧셈과 뺄셈을 익히던 날, 아버지는 조촐한 파티를 열었다. 그리고 나를 위해 손수 맛있는 요리를 만들었다. 또한 아버지는 자신의 가장 친한 친구들을 불러 더욱 흥겨운 분위기를 더했다. 그야말로 집에 무슨 경사라도 난 듯이 다들 즐거운 표정이었다. 아버지가 매우 들뜬 목소리로 사람들을 향해 말했다.

"자, 다들 여기를 주목해 주세요. 오늘 이렇게 여러분을 초대한 건 모두에게 알려줄 기쁜 소식이 하나 있어서예요. 오늘 우리 아들이 덧셈과 뺄셈을 완벽하게 터득했답니다."

아버지의 말이 끝나자마자 여기저기에서 환호성과 함께 박수 소리가 터져 나왔다. 그때 아버지의 친구인 레스터 씨가 자리에서 일어나며 말했다.

"이렇게 어린 칼이 오늘 대견한 일을 해냈구나. 자, 모두 칼을 위해서 건배!"

저녁을 먹으면서 레스터 씨는 내게 간단한 산수 문제를 냈고, 나는 답을 모두 맞혔다. 그러자 사람들은 돌아가며 한 가지씩 산수 문제를 냈고, 나의 노력에 격려를 아끼지 않았다. 나는 그날 최고로 즐거운 시간을 보냈다. 그리고 그 자신감으로 얼마 지나지 않아 곱셈과 나눗셈은 물론, 어려운 대수학과 기하학까지도 완벽하게 습득했다.

♠ 진정한 도움이란 무엇인가

세상에 혼자 힘으로 모든 일을 척척 해내는 사람은 없다. 어떠한 직업이든 노력과 관계없이 해낼 수 없는 일이 있게 마련이다. 그럴 때마다 우리는 누군가의 도움을 기대한다.

아이는 더더욱 그렇다. 어른들의 도움 없이는 하기 어려운 일들이 많다. 그렇다고 그 도움이 모든 일을 대신해서 처리해준다는 뜻은 아니다.

함부르크 한 대학의 교수인 카롤리니는 아주 뛰어난 학자이다. 그는 고고학 방면의 권위자로 학계에서도 명망이 대단히 높았다. 그에게는 두 명의 딸과 아들 한 명이 있었다.

작년에 함부르크에서 그를 만났을 때, 그는 나를 보자마자 교육에 관한 문제를 꺼냈다. 특히 '신동'으로서 내가 받았던 교육에 대해 알고 싶어 했는데, 보아하니 자녀교육 문제로 고민하는 중인 것 같았다.

그는 우리 아버지의 교육방식에 전적으로 찬성했다. 그는 시간이 날 때 아버지를 찾아뵙고 싶다고 하며, 자신의 아이들을 나처럼 '천재'로 키울 수만 있다면 생애 가장 큰 영광일 거라고 말했다.

세상의 모든 부모는 자녀가 어려움을 이겨낼 수 있도록, 그리고 더 풍요로운 인생을 살도록 도와주어야 한다. 이 점에서 그는 나와 같은 생각을 하고 있었다. 하지만 그는 우리 아버지가 말한 '도움'의 숨은 의미를 정확히 알지 못하는 듯했다.

그의 두 딸은 벌써 학교에 들어갈 나이가 되었다. 그가 내게 딸의 성적에 대해 구체적으로 말하진 않았지만, 두 딸의 성적이 그의 기대에 못 미침을 알 수 있었다. 그가 말했다.

"예전에 딸들이 내 도움을 원할 때, 나는 일이 바빠 제대로 교육에 신경 쓸 겨를이 없었소. 이제라도 어린 아들을 잘 키우고 싶은데, 대체 내가 어떻게 해야 할지 모르겠소."

그는 자녀를 교육하는 방법에 대해 제대로 아는 것이 없었다. 나는 우선 그에게 자녀 교육방식에 대해 물었다. 그런데 그의 대답에 말문이 막히고 말았다. 그는 의기양양한 얼굴로 대답했다.

"요즘은 내가 일이 많지 않아 한가로운 편이요. 그래서 아이의 교육을 내가 도맡아 하고 있소. 아이의 자질구레한 일을 대신 다 하고 아이에게는 오로지 공부만 시키고 있소."

"아들이 이제 여섯 살이라면서요? 그런데 자질구레한 일이라니요?" 내가 물었다.

"당신은 아들이 아직 어려서 잘 모를 것이오. 아이가 조금만 더 크고 나면 내 말을 이해하게 될 거요. 참 이것저것 손이 많이 가지요."

"그건 맞습니다만, 아무리 자질구레한 일이라도 공부에 영향을 줄 정도는 아닐 텐데요?"

그가 말했다.

"아들이 벌써 여섯 살이오. 그 나이면 주방에서 요리를 도울 수도 있고 화원에 나가 물 주는 일도 할 수 있소. 하지만 난 그 시간을 아껴 공부를 하라고 일렀소. 그래야 하루빨리 천재로 키울 수 있잖소."

나는 그의 대답에 실망을 감출 수 없었다. 더 이상 그와 대화를 나눌 필요조차 느끼지 못했다. 나는 애써 다른 곳으로 화제를 돌렸다.

안타깝게도 그의 아들은 하루 종일 책상에 앉아 책만 보고 있었다. 옷을 입고 신발 끈을 묶는 등의 최소한의 자기 할 일도 하지 않았다. 더욱 안타까운 것은 그렇게 많은 시간을 공부에 할애하는데도 그의 아들은 천재가 될 기미가 전혀 안 보인다는 점이다.

내가 어렸을 때 아버지에게 받은 교육은 이와 전혀 다른 것이었다. 아버지가 내게 준 '도움'은 나의 일상생활을 제한하는 것이 아니라, 전체 성장과정을 세심하게 지켜보는 일이었다. 아버지의 이러한 도움은 내게 무엇보다 큰 힘이 되었다. 아버지는 한 번도 내 힘으로 할 수 있는 일을 대신 해준 적이 없었다. 그렇다면 아버지가 내게 준 도움은 무엇이었을까? 그것은 일종의 격려이자 어려운 순간에 나를 일으킨 응원의 힘이었다. 누군가는 이렇게 말할 것이다.

"당신 같이 신동으로 자란 사람은 공부도 생활도 다 순조로웠을 텐데 무슨 고비가 있었단 말이요?"

하지만 나 역시 모든 성장기 아이들이 겪는 어려움을 겪었고, 공부를 하는 도중에 몇 번이고 내 능력에 회의가 들기도 했다. 나에게도 나만의 기쁨과 고민이 있었고 망설이느라 놓쳐버린 일도 많았다.

내가 좌절을 겪을 때마다 아버지는 늘 이렇게 말했다.

"칼, 넌 최고야. 아빠는 언제나 네가 할 수 있다고 믿는단다. 이깟 어려움쯤은 얼마든지 이겨낼 수 있을 거야!"

사람이 어려움에 처했을 때, 물질적인 도움은 아주 미약한 것에 불과하다. 그것은 그 순간이 지나면 금세 사라지고 만다. 오직 자녀의 마음 깊은 곳까지 헤아려줄 수 있는 정신적인 격려만이 자신감을 회복할 수 있는 명약이다. 이것이 바로 도움의 진정한 의미이다.

용기와 자신감 외에도, 적절한 격려는 자녀에게 건강한 인생관을 심어준다. 그래서 어른이 된 후에도 쉽게 넘어지지 않고 성공의 문으로 향하도록 돕는다.

♠ 진정한 관용의 힘

나는 지금껏 이런 질문을 많이 받아왔다.

"비테 씨, 당신이 천재가 된 데는 뭔가 특별한 비결이라도 있소? 대체 아버지에게서 무슨 특별한 교육을 받은 거요?"

그럴 때마다 나는 웃으며 이렇게 대답했다.

"비결이야 물론 있죠. 그건 바로 관용이에요."

뭔가 특별한 대답을 기대한 사람들은 내가 농담을 하는 걸로만 생각했다. 맹세컨대 이 대답에는 조금의 거짓과 위선도 포함되어 있지 않다. 하지만 사람들은 여전히 반신반의했다.

"저능아를 천재로 키우는 비결이 고작 관용뿐이란 거요? 어떻게 그렇게 간단할 수가 있소?"

물론 그 사람들의 마음을 충분히 이해한다. 아버지가 내게 행한 교육은 매우 복잡해서 간단히 두세 마디로 정리하기란 불가능하다. 내가 어릴 때부터 잘못을 저지를 때마다 아버지가 매번 관용으로 감싸주었음은 분명한 사실이다. 관용의 정신이 아니었다면, 아버지가 어떻게 선천적 결함이 있는 나를 '천재'로 키워낼 수 있었겠는가? 아버지의 일기에서 이런 글귀를 발견했다.

수많은 부모들이 엄격한 교육을 추구한다. 때때로 귀엽고 사랑스러운 아이에게 함부로 대하는 모습을 볼 때마다 정말 가슴이 아프다. 칼이 저능아로 태어났지만, 이런 아픔을 감당해낼 수 있는 부모가 얼마나 될까? 하지만 난 인내심을 가지고 지켜볼 것이다. 나는 매일 밤 하나님께 칼에게 지혜와 총명을 달라고 기도한다. 내가 할 수 있는 건 최대한의 노력과 관용으로 칼에게 행복한 인생을 선물하는 일이다.

아버지의 관용은 성장기의 내가 어려움을 하나씩 극복할 수 있는 힘이었다. 물론 무조건적인 관용을 베푼 것은 아니다. 아버지는 이렇게 말했다.

"지나치게 엄격한 교육은 아이의 발전을 방해하지만, 지나친 관용 또한 아이를 나태하고 산만하게 만들 수 있단다. 이 두 가지 극단적인 실수를 범하지 않는 게 가장 좋은 교육이지. 엄격한 교육과 관용의 마음을 적절히 조화시키면서도 관용의 마음을 우선순위에 두어야 해."

이렇듯 아버지가 내게 베푼 관용은 엄격한 교육을 토대로 한 것이었다.

내가 일곱 살이 되던 해 크리스마스 날, 사촌들이 우리 집으로 놀러왔다. 그런데 분위기에 들떠 아버지와 약속한 일을 까맣게 잊고 말았다. 오랜만에 만난 형들과 신나게 노느라 아버지와 약속한 일과를 어긴 데다 글짓기 숙제마저 미처 다 못 한 것이다.

아버지는 매일 내가 공부하는 시간과 쉬는 시간을 엄격하게 정해두었다. 특히 그날 해야 할 숙제를 미루는 일은 있을 수도 없었다. 그날도 아버지는 이를 그냥 넘기지 않았다. 아버지의 굳은 표정에 나는 심장이 쿵쾅거리기 시작했다.

"칼, 이게 어떻게 된 거니?"

아버지의 손에는 내 글짓기 노트가 들려있었다.

"그게 ……."

"왜 말을 못 하는 거니?"

나는 아버지의 눈을 바로보지 못하고 고개를 숙였다. 뭐라 대답할 말이 없

지나치게 엄격한 교육은 아이의 발전을 방해하지만, 지나친 관용 또한 아이를 나태하고 산만하게 만든다. 이 두 가지 극단적인 실수를 범하지 않는 것이 가장 좋은 교육이다. 부모는 엄격한 교육과 관용의 마음을 적절히 조화시키면서도 관용의 마음을 우선순위에 두어야 한다.

었다.

"네가 뭘 잘못했는지는 알겠니?" 아버지는 다소 화가 난 듯했다.

"네, 글짓기 숙제를 해놓지 않았어요."

"그걸 알면서 왜 다 못 했지?"

사실 나는 사촌형들에게 교회를 구경시켜주느라 숙제를 다 못 했다고 말하고 싶었다. 하지만 엄격한 아버지에게 그 말이 변명으로 들리지는 않을까 내심 걱정이 되었다. 나는 그냥 아무 말도 하지 않았다.

"혹시 오늘 형들을 데리고 교회에 갔었니?" 아버지가 물었다.

"네, 아빠."

"형들에게 교회를 구경시켜준 건 잘했다만, 그래도 먼저 숙제를 해놓고 놀았어야지."

"……"

"칼, 아빠는 네 잘못을 탓하려는 게 아니야. 자신이 계획한 일을 조리 있게 잘 하려면 일의 우선순위를 잘 정해야 한다."

"네, 알겠어요."

"노트를 보니 글짓기를 아주 잘 했더구나. 근데 절반밖에 쓰여 있지 않아서 너무 아쉬운 마음이 들었어. 네가 쓴 이야기의 결과가 어찌나 궁금한지 말이야."

아버지의 목소리는 조금 전보다 훨씬 누그러져 있었다. 날 배려한 아버지의 마음에 나는 그제야 마음이 놓였다. 혼낼 줄 알았던 아버지가 너그럽게 용서하자 나는 순간 감동했다. 아버지가 웃으며 말했다.

"그럼 이제 뭘 해야 하는지 알겠지?"

"네."

나는 얼른 방으로 들어가 책상 앞에 앉았다. 그리고 글짓기를 완성했다. 평소 같았으면 글짓기를 하는 일이 매우 귀찮았을 것이다. 하지만 그날은 가히 나의 대표작이라고 불릴만한 뛰어난 작품을 완성했다. 마땅히 해야 할 일을 하지 않았는데도 아버지는 혼을 내기는커녕 날 배려하고 이해해주었다. 그런데 어찌 더 열심히 하지 않을 수 있을까?

이처럼 아버지의 관용 정신은 내게 무한한 용기와 힘을 주었다.

♠ 자신의 가치를 높여주어라

어렸을 때, 나는 여러 분야에서 남다른 성취감을 느꼈다. 하지만 세상에 완벽한 사람은 없지 않은가? 나 역시 모든 일에 뛰어난 것은 아니었다. 그 대표적인 예로 건강을 들 수 있다. 아주 어렸을 때에는 자주 병치레를 했지만 아버지와 함께 운동하고 훈련한 덕분에 잦은 병치레를 하지는 않았다. 그렇다고 아주 건강하다고도 할 수 없었다. 다른 일에는 다 자신 있었지만, 유독 야외활동에는 지레 겁부터 먹고는 했다.

하루는 친구들이 찾아와 함께 야영 훈련에 참가하자고 말했다. 이 야영 훈련은 어른들의 도움 없이 산속에서 실제 군인들처럼 무장하고 편을 나누어 전쟁을 하는 어린이 군대체험이었다. 물론 다른 아이들 같으면 마냥 신이 나서 들떠 있었을 것이다.

하지만 나는 친구들만큼 설레지 않았다. 유난히 체력이 약한 나는 오히려 걱정부터 앞섰다. 어렸을 때부터 체육과 관련된 야외활동에서 나는 언제나 구경꾼이었기 때문이다. 게다가 친구들은 모두 어릴 때부터 부모님의 농사일을 도와온 덕분에 하나같이 튼튼한 체력을 지니고 있었다.

나 역시 이런 야외 활동을 좋아했다. 하지만 등산이든 달리기든 늘 남에게 뒤처지기 일쑤였다. 그래서 자연히 자신감을 잃고 겁부터 먹게 되었다.

친구들이 날 찾아왔을 때, 아버지는 옆에서 책을 보고 있었다. 그런데 친구들의 초대를 받은 내가 계속 시무룩해 있자 아버지가 물었다.

"칼, 기분이 안 좋아 보이는구나. 넌 야영 훈련에 참가하기 싫으니?"

"아니요."

"그런데 표정이 왜 그러니?"

"아무것도 아니에요. 그냥……."

"그냥 … 뭐?"

"제가 잘할 수 있을지 걱정이 돼서요."

"칼, 넌 네가 무엇을 제일 잘한다고 생각하니?"

"책 읽는 거랑 글짓기, 계산하는 거요."

"그래, 책 읽는 건 네가 제일 좋아하는 일이지. 그럼, 가장 많이 읽은 책은 뭐였지?"

"문학책이요. 참, 천문학과 지리학 방면의 책도 많이 읽었어요."

"이번 훈련 주제는 어떤 거지?"

"모의 전투에요."

"그럼 전투 훈련 할 때 가장 필요한 게 뭘까?"

"튼튼한 체력이요!"

"그래, 체력은 매우 중요하단다. 하지만 튼튼하다고 해서 훈련에서 무조건 승리할 수 있을까?"

"그럼 또 다른 게 필요해요?"

나는 그게 무엇인지 얼른 떠오르지 않았다.

"튼튼한 체력 말고도 천문학이나 지리 방면의 지식과 조직을 관리하고 지휘하는 능력이 필요하단다."

"그게 정말이에요?"

"그럼, 넌 책을 많이 읽어서 천문, 지리와 관련된 지식이 풍부하잖니. 그리고 네가 본 책들 중에는 분명 전투에서 승리하는 지혜를 담은 책도 있었을 거야. 그 지식들을 이번 야영 훈련에 잘 활용해보면 어떨까? 아마 넌 훌륭한 지휘관이 될 수 있을 거야."

"아빠, 정말이에요? 제가 정말 잘할 수 있을까요?"

"그럼, 이번 기회에 네 장기를 마음껏 발휘해 보렴."

"하지만 전 원래 몸이 약하잖아요."

"몸이 약하다고 해서 건강하지 않은 건 아니야. 그렇지? 넌 충분히 훈련에 참가할 수 있을 만큼 건강하단다."

아버지의 말에 나는 곧 자신감을 회복했고, 기쁜 마음으로 친구들과 함께 훈련 준비를 했다. 그리고 아버지가 확신한 대로 가장 뛰어난 지휘관으로서 마음껏 실력을 발휘했다.

아버지의 격려는 내 가치를 높이는 동시에, '나도 할 수 있다'는 무한한 자신감을 불어넣어주었다. 이것이야말로 아버지가 내게 준 가장 값진 선물이다.

♠ 자신감은 인생에 대한 도전이다

아버지는 사람의 마음을 잘 이해하는 사려 깊은 분이다. 나와 엄마에게 뿐만 아니라, 아버지는 처음 보는 사람에게도 어진 인상을 심어주어 모두의 존경을 한몸에 받는 분이다.

아버지는 한 작은 마을의 목사로, 이해와 관용을 인생의 미덕으로 여기며 살아왔다. 이를 미덕으로 여기지 않는 사람은 아무도 없을 거라고 생각한다.

아버지는 세상에서 나를 가장 잘 알고 늘 응원해주는 분이다. 아버지의 격려와 칭찬으로 아버지의 마음을 충분히 느낄 수 있다. 내가 매번 자신감을 잃고 힘들어할 때마다 아버지의 사랑과 지혜로운 충고는 나를 어려움 속에서 건져주는 힘이 되었다.

지금은 어떠한 일이 있어도 자신감을 잃지 않을 자신이 있지만, 처음부터 그랬던 것은 아니다.

나는 여덟 살 때 이미 영어, 프랑스어, 스페인어, 라틴어, 이탈리아어에 능통했다. 이 소식을 들은 많은 부모들이 아버지를 찾아와 효과적인 자녀교육에 관한 강연회를 열어달라고 부탁했다. 사람들은 아버지의 교육 경험을 전수받는 동시에 소문으로만 듣던 나의 실력을 직접 보고 싶었던 것이다.

처음에 아버지는 내가 교만해질까봐 사람들의 청을 거절했다. 게다가 나에 대한 교육이 사람들에게 자화자찬으로 들릴까봐 염려한 부분도 있었다. 하지만 사람들은 좋은 경험일수록 함께 나누는 것이 좋다며 아버지를 설득했고, 결국 아버지는 오랜 고심 끝에 사람들의 부탁을 들어주기로 했다.

강연회가 열리던 날, 칼의 집은 낯선 사람들로 가득했다. 방이 모자라 몇몇 사람들은 정원에 서 있어야 했다. 사람들은 소문으로만 듣던 나의 실력이 어떤지 궁금해했다. 그리고 '신동'이 나타나기만을 기다렸다.

사람들의 의견이 분분한 가운데, 나는 방에 앉아 불안한 마음을 감추지 못했다. '사람들이 나한테 어려운 질문을 하면 어떡하지? 모두 나를 좋아해 줄까? 내 실력을 비웃기라도 하면 어쩌지?'

나는 그동안 수많은 외국인과 교류해왔지만, 내가 할 수 있는 외국어는 사실 간단한 문장에 불과했다. 그리고 가까운 사람들과 사적인 자리에서 대화를 나눈 게 전부였다.

하지만 그날 온 사람들 중에는 이미 풍부한 학식을 갖춘 사람도 꽤 있었다. 그들은 모두 아버지의 강연을 듣기 위해 멀리서 온 사람들이었다. 시간이 흐를수록 긴장감이 더해갔다. 그러자 자신감마저 생기지 않았다. 이를 본 아버지가 다가와 말했다.

"칼, 왜 그러니? 너도 긴장했구나."

"아빠, 전 사실 겁이 나요."

"저 사람들은 모두 너와 이야기를 나누고 싶어서 온 사람들이야. 다정한 사람들이니 너무 걱정하지 않아도 돼."

"하지만 제 외국어 실력은 저들이 원하는 수준에 못 미쳐요. 분명 제 실력을 비웃을 거예요."

"그렇지 않아. 모두들 널 칭찬할 테니 두고 보렴."

"아니에요, 아빠. 프랑스어는 아직 단어가 익숙하지도 않고 라틴어는 발음에 문제가 많아요. 게다가 그리스어는…… 완전 엉망이에요!"

"너는 아직 어리니까 부족한 부분은 앞으로 얼마든지 보충해나가면 돼. 네 나이를 감안할 때 넌 이미 뛰어난 실력을 가지고 있단다."

"그래도 자신이 없어요. 저기 언어학자들과 외국인도 와 있잖아요."

"그들은 오히려 외국어를 배우는 어려움을 더 잘 이해해주지 않겠니? 분명 널 칭찬해 줄 거야."

아버지의 위로에도 나는 여전히 긴장을 풀지 못했다.

"칼, 정말 그렇게 자신이 없니?" 아버지가 물었다.

"사람들이 저렇게나 많은데 제가 어떻게……."

"오늘이 네 실력을 키울 수 있는 아주 좋은 기회란다. 만약 여기서 포기해버리면 넌 두 번 다시 자신감을 가질 수 없을 거야. 저렇게 많은 사람들이 모인 자리에서 네 실력을 발휘할 수 있다니, 정말 멋지지 않니? 오늘 강연회를 무사히 마치고 나면 넌 무한한 보람을 느낄 수 있을 거야."

나는 아직도 아버지의 말에 반신반의했다.

"아빠, 정말 그렇게 생각하세요?"

"그럼, 물론이지."

"아빠, 제 실력이 그렇게 뛰어나요? 제가 정말 잘할 수 있을까요?"

"응, 널 믿지 않았다면 애초에 사람들의 부탁을 들어주지도 않았을 거야. 내가 걱정했던 건 네가 이번 일로 교만해지지 않을까 해서였지, 결코 네 실력이 부족해서가 아니란다."

아버지의 말에 나는 조금씩 자신감을 회복했다. 그날 나는 유창한 6개 국어로 각 나라의 정치와 경제, 역사, 문화 방면에 대해 사람들과 친밀한 대화를 나누었다.

그날 이후, '신동'으로서의 나의 명성은 더욱 높아져만 갔다. 그보다 중요한 것은 크고 작은 강연회에 수없이 참가했지만, 어떠한 자리에서도 자신감을 잃지 않았다는 점이다.

아버지의
8대 교육법

사람의 인생은 평등하다. 하지만 평등하게 태어나도 그 사람이 어떠한 교육을 받았는지에 따라 그가 훗날 다른 사람과 얼마만큼의 차이가 나는지가 결정된다. 때때로 불합리한 교육은 우리가 효과적인 교육방법을 정확하게 실천할 수 없도록 방해한다.

♠ 공부가 잘 되는 환경을 만들어라 – **법칙 1**

어느 날 아버지는 이렇게 말했다.

"뛰어난 요리사에게 잘 갖춰진 주방이 없으면 그는 맛있는 요리를 만들 수 없단다. 또한 뛰어난 기술자에게 잘 갖춰진 작업실이 없다면 그는 아름다운 작품을 만들 수 없어. 이건 공부하는 아이에게도 마찬가지야. 잘 갖춰진 학습 환경이 없다면 아무리 똑똑한 아이라도 훌륭한 성과를 내기 힘들어."

물론 좋은 환경이란 호화스러운 공부방에 값비싼 책상, 화려한 학용품이 아니라, 아이가 더 많은 지식을 습득할 수 있도록 도와주는 환경을 가리킨다.

내가 어렸을 때, 사람들은 자주 내게 이렇게 물었다.

"칼, 네 아버지는 교육을 가장 중요하게 여기는 분이니 공부하는 환경 또한 잘 갖춰져 있겠구나. 혹시 학용품도 제일 좋은 걸로만 쓰는 건 아니니?", "혹시 네 공부방은 없는 게 없을 정도로 완벽하게 갖춰져 있니?"

그럴 때마다 나는 이렇게 대답했다.

"네, 맞아요. 아버지는 제게 최고의 환경을 만들어주세요. 하지만 값비싼 책상이랑 학용품은 없어요. 아버지가 제게 선물한 건 그런 물질적인 것들이 아니에요."

내가 학교에 들어가 정식 교육을 받기 시작할 무렵, 아버지는 갓난 아기가 잠을 자는 요람을 준비하듯 세심하게 나의 공부방을 꾸며주었다. 크지는 않았지만, 아버지의 세심한 배려가 담긴 아담한 환경이 내게는 오히려 더 효과적이었다.

나는 공부방에 들어갈 때마다 높고 험준한 산맥을 오르내리는 탐험가나 망망대해를 누비는 항해사가 된 듯한 기분이 들었다. 나는 그렇게 공부방에서 지식을 향한 학구열을 불태우며 공부에만 집중할 수 있었다.

나의 공부방에는 한쪽 벽을 차지할 만큼 큰 책장이 있었는데, 내 키를 훌쩍 넘는 책장에는 다양한 종류의 서적들이 꽂혀있었다. 문학과 천문학, 역사와 음악, 외국어 등등 공부에 필요한 건 모두 갖추어져 있었다. 아버지는 그 책들을 분야별로 나누어서 내가 혼자서도 찾기 쉽게 꽂아두었다. 모두 아버지가 나를 위해서 특별히 골라놓은 것들로, 그때 내 나이에 읽기 딱 좋은 책들이 많았다.

처음 내 공부방을 가지게 되던 날, 난 큰 책장을 보고는 놀라서 입을 다물지 못했다. "와! 아빠, 책이 이렇게나 많아요? 근데 이걸 언제 다 읽어요?"

그러자 아버지가 웃으며 대답해주었다.

"책 읽기에 빠져들기 시작하면 이 책들이 결코 많은 게 아니라는 생각이 들 거야. 넌 책 읽기를 좋아하니까 그런 날이 곧 올 거란다."

내가 언제쯤 아버지의 말을 이해했는지 정확히 기억나지는 않지만, 그 책장을 바라볼 때마다 하나씩 읽고 싶은 마음이 들었던 것은 아직도 기억에 생생하다.

그 후로 나는 책을 읽으면서 나를 향한 아버지의 배려와 정성을 가슴 깊이 느낄 수 있었다. 아버지는 내가 단시간에 그 많은 책을 빨리 읽기를 바라지 않았다. 단지 내가 꾸준히 책을 읽을 수 있도록 조용한 분위기를 조성해 주었고, 인생의 목표를 정할 수 있도록 조언을 아끼지 않았다.

나는 지금도 책 읽는 일을 가장 좋아한다. 그중에서도 특히 가치 있는 책을 읽을 때는 그 감동이 배가 된다. 공부방에 있을 때나 친구 집, 도서관에 있을 때나 책은 평생의 말없는 벗이자 무한한 감동 그 자체였다.

한창 공부해야 할 아이에게 잘 갖춰진 학습 환경이 없다면 아무리 똑똑한 아이라도 훌륭한 성과를 내기 힘들다.

내게 공부방이 생겼다는 소식을 들은 사람들은 이렇게 말했다.

"와, 칼은 참 좋겠구나. 아버지가 네 교육에 그렇게 심혈을 기울이시다니.", "네가 그렇게 공부를 열심히 하더라니, 그게

다 공부방이 생겨서 그랬던 거구나."

하지만 사람들의 말처럼 공부방이 전부는 아니었다. 그렇다면 그보다 더 중요한 것이 무엇일까? 이 질문에 나는 자신 있게 '대자연'이라고 답할 수 있다.

아버지가 직접 마련해준 공부방보다도 더 훌륭한 학습 환경이 있었는데, 그것은 바로 하나님이 주신 대자연이었다. 자연과 동식물, 역사에 대해 해박한 지식을 갖게 된 것은 모두 어린 시절에 아버지와 함께 자주 자연을 접한 덕분이다.

아직도 수많은 부모는 아이가 하루 종일 방안에서 책만 들여다보면 공부를 열심히 하는 거라고 생각한다. 하지만 이러한 분위기는 오히려 아이가 공부를 싫어하게 만들어 새로운 지식에 대한 호기심을 갖기 어렵게 한다. 이 얼마나 답답한 일인가!

나는 흥미 있는 일에는 때때로 밥 먹는 일조차 잊을 정도로 푸욱 빠져 지냈다. 억지로 앉아서 책을 보는 일은 아무런 효과도 없고 힘든 노동에 불과하다.

나뿐만 아니라, 역사상 유명한 학자와 현자, 현재 명망이 높은 사람들 중에도 자연을 벗 삼아 인생의 소중한 진리와 이치를 깨달은 경우가 많다. 케임브리지 대학의 교수와 괴팅겐 대학의 박사, 그리고 베를린 대학의 수많은 학자 모두 자연을 가까이하며 지낸 사람들이다.

나는 일찍이 그들과 교육에 관한 문제를 논의한 적이 있다. 그들은 모두 자연 속에서 얻을 수 있는 지식이 책이 주는 지식보다 훨씬 더 방대하다고 입을 모아 말했다. 그들이 현재 수많은 업적을 이뤄낸 것은 어린 시절 자연 속에서 무한한 감동과 교훈을 깨달은 덕분이다.

이들뿐만 아니라, 역사상의 위인들도 마찬가지다. 철학자 플라톤과 아리스토텔레스도 자연에서 지혜를 얻었고, 물리학자 뉴턴 역시 자연을 배움의 토대로 삼은 대표적인 인물이다. 예술가로는 바흐, 헨델, 베토벤, 모차르트, 다빈치, 라파엘로 등이 있다.

이를 통해 우리는 인간에게 가장 좋은 환경은 바로 자연이며, 자연이 우리에게 다양한 지식을 가르쳐 준다는 사실을 알 수 있다.

♠ 공부에도 휴식이 필요하다 – 법칙 2

나는 교수로 재직하면서 수많은 학생이 학구열을 불태우며 밤낮없이 공부하면서도 늘 기대에 못 미치는 결과를 얻는 모습을 자주 보았다. 그들이 정말 타고난 능력이 부족해서일까? 사실 이것은 그들이 똑똑하고 그렇지 않고의 문제가 아니다. 사람의 인생은 평등하다. 하지만 평등하게 태어나도 그 사람이 어떠한 교육을 받았는지에 따라 그가 훗날 어떤 사람이 되고 다른 사람과 얼마만큼의 차이가 나는지가 결정된다. 불합리한 교육은 자녀의 효과적인 교육을 방해하는 요인 중 하나이다.

그렇다면 무엇이 효과적인 교육인가?

사람들은 공부를 매우 힘든 과정이라 여길 뿐, 하나의 놀이라고 여기지 않는다. 때문에 많은 아이들이 학교를 다니면서 공부로 인한 스트레스에 시달린다. 하지만 이러한 생각은 분명 틀린 것이다. 내가 생각하는 가장 효과적은 학습방법은 '휴식'의 필요를 아는 것이다. 그 여유가 곧 배움에 대한 흥미를 함께 이끌어내기 때문이다.

나는 어렸을 때, 틈만 나면 '게으름'을 피우기 일쑤였다. 단 하루도 집 안에 틀어박혀 책만 들여다보는 생활을 한 적이 없었다. 나 역시 다른 친구들처럼 뛰어놀기를 좋아하고 틈만 나면 친구들과 게임을 즐겼다. 그러자 누군가 이렇게 물었다.

"비테 목사님, 칼이 매일 저렇게 놀기만 하는데, 공부는 언제 하나요? 저런 칼이 걱정되지도 않으세요?"

아버지는 미소를 지으며 이렇게 답했다.

"걱정할 게 뭐가 있겠어요? 어린 아이들은 노는 게 공부하는 거죠."

이는 조금의 과장도 없는 사실이다. 물론 나 역시 다른 아이들처럼 공부하라는 잔소리를 듣기도 하고 억지로 책상 앞에 앉은 적이 많았다. 공부방에는 흥미로운 책들이 많아 오히려 밖에서 노는 일보다 방에 틀어박혀 책보는 일을 더 좋아한 적도 있었다.

아버지의 교육 방법은 다른 부모들과 매우 달랐다. 아버지는 내게 필요한 책과 교재를 준비했을 때, 다른 부모들처럼 이래라저래라 강요하지 않았다. 먼저 그 책에 대한 흥미를 불러일으킨 다음 내가 먼저 그 책을 보고 싶어 하도록 만들었기 때문이다.

또한 다른 아이들이 한 번에 한 시간씩 앉아서 공부할 때, 나는 겨우 20분을 공부했다. 아버지는 20분이 내가 지식을 배울 수 있는 가장 효과적인 시간이라고 생각했다.

한번은 내가 수학문제를 풀다가 생각지도 못한 난관에 부딪히고 말았다. 20분이 넘도록 한 문제에 매달렸지만, 끝내 답을 알아내지 못했던 것이다. 그때, 아버지가 방으로 들어오며 말했다.

"칼, 놀러 나갈 시간이 됐구나."

하지만 나는 여전히 수학 문제에 온 신경을 집중하고 있었다.

"이것만 다 풀고 나갈게요. 아빠."

"먼저 쉬었다 하는 게 어떻겠니? 그럼 문제가 더 잘 풀릴 거야."

"하지만 너무 어려운 문제라서 우선 이것부터 해결해야 할 거 같아요."

"칼, 답은 반드시 나오게 되어있어. 하지만 지금 쉬지 않으면 더 머리가 아파서 다른 공부도 할 수 없게 될 거란다."

"정말요?"

"그래, 날 믿으렴. 잠깐 쉬었다 하면 분명 답이 떠오를 거야. 우리 산책이라도 나갈까?"

나는 계속 문제를 붙들고 있어봤자 소용이 없을 거라는 생각이 들어 아버지와 함께 산책을 갔다. 산책을 하는 동안에 아버지가 말했다.

"칼, 흥미란 한번에 생기는 게 아니라 천천히 길러주어야 하는 거란다. 그렇지 않으면 순식간에 사라지고 말아. 열정도 흥미도 적절히 쉬어가는 요령을 알아야 오래 지속할 수 있단다."

아버지는 내가 공부에 너무 큰 부담을 갖기보다 작은 지혜와 이치를 깨닫는 일에 만족하는 법을 가르쳤다. 난 그제야 아버지가 쉬는 시간을 엄수하게 한 이유를 알았다.

"아빠, 제가 공부에 열정과 흥미를 잃을까봐 좀 전에 쉬었다 하라고 말씀하신 거죠? 만약 그대로 책상 앞에 앉아 있었다면, 정말 머리가 깨질 정도로 아팠을 거예요. 물론 수학 문제도 다 못 풀었을 거고요."

아버지는 말없이 웃으며 다른 재미있는 이야기를 들려주었다. 산책을 하고 돌아와서 나는 다시 책상 앞에 앉았다. 그런데 신기하게도 맑은 공기를 마신 덕분인지 어렵기만 했던 문제가 술술 풀리기 시작했다.

♠ 배움을 즐겁게 유도하라 – 법칙 3

나는 자주 이런 질문을 받아왔다.

"비테 씨, 책을 읽는 건 참 힘겨운 일이에요. 그런데 당신은 아주 어렸을 때부터 책에서 지식을 얻기 시작했다니 정말 놀랍군요. 단 한 번이라도 힘들다고 느껴본 적이 없었나요?"

이런 질문을 하는 사람들의 대부분은 자녀를 교육하는 부모들이다. 물론 이 질문에 대답하는 일은 그리 어렵지 않다. 내가 하고 싶은 말은 바로 이것이다.

"어린 시절에 내가 했던 공부는 내가 좋아서 스스로 선택한 것입니다."

지식은 언제나 내 것으로 만들고 싶은 욕구를 자극했다. 그런 지식의 매력에 빠져 아무리 피곤하고 힘이 들어도 그것을 힘들다고 여기지 않았다. 지식은 내가 눈으로 볼 수 있는 것 이외의 세상을 가르쳐주었기 때문이다.

한번은 괴팅겐 대학의 박사가 날 부러워하듯 이렇게 말했다.

"비테, 자네처럼 평생을 배움에 열중하고도 그 흥미와 열정을 잃지 않을 수 있는 건 정말 어려운 일이라네."

그의 말에 나는 적잖이 놀랐다. 최고의 실력을 자랑하는 유명한 박사가 이런 생각을 하다니! 그 역시 배움에 대한 열정이 있어서 수많은 연구를 한 것이 아닌가! 그런 그가 설마 나와 다른 생각을 하는 것일까?

내가 의아한 얼굴로 말했다.

"박사님 역시 배움에 남다른 열정이 있어 현재 이 자리까지 온 게 아닙니까? 그런데 어려운 일이라니요?"

"그래, 지금까지 많은 연구를 하고 남다른 성취감을 느꼈지. 하지만 내게는 그 모든 게 힘들고 어려운 일이었다네."

"물론이죠. 자신의 한계를 극복하지 않으면 원하는 걸 이루기 어렵죠. 저 역시 마찬가집니다."

"아니, 틀렸어. 내가 그동안 열정을 쏟아 부은 건 단지 하나의 목표를 이루기 위한 거였다네. 하지만 배움에 흥미를 느낀 적은 거의 없었어."

그의 대답은 나를 잠시 혼란에 빠뜨렸다. 내가 그를 어떻게 이해해야 할지 몰랐다. 나는 그로 인해 깊은 생각에 빠졌다. 박사는 훌륭한 분이다. 그의 연구와 논문은 학계에서도 인정할 정도로 명망이 높은 전문가였다. 그런데 그런 그가 지금껏 배움을 좋아한 적도, 배움에 흥미를 느낀 적도 없었다니, 정말 놀라울 따름이었다.

'단지 하나의 목표를 이루기 위한' 배움이라니, 득보다는 실이 더 많지 않을까? 어떤 의미에서 보면 이러한 배움은 인생의 즐거움을 엉뚱하게 소비하는 일이다.

아버지는 늘 내가 인생의 즐거움을 아는 사람으로 자라길 바랐다. 세상의 어떤 것도 인생이 주는 즐거움과는 바꿀 수 없기 때문이다.

아버지의 생각이 옳았다. 지금까지 많은 사람들을 만나면서 행복하고 즐거운 인생이 남다른 성취를 이룬 인생보다 더 의미 있다는 것을 깨달았기 때문이다.

'단지 하나의 목표를 이루기 위한' 배움은 내가 볼 때 득보다는 실이 더 많은 일이다. 어떤 의미에서 보면 이러한 배움은 인생의 즐거움을 엉뚱하게 소비하는 일이다.

나뿐만 아니라 내 주위의 뛰어난 사람들 모두 기대 이상의 학습효과를 위해서는 우선 즐거운 마음가짐을 유지하는 일이 중요하다고 생각했다. 이는 다년간의 경험을 통해서 얻은 소중한 배움이다.

많은 부모들이 자신의 자녀가 훌륭하게 자라기를 바란다. 내 주위의 동료들 역시 그런 부모들 중 하나이다. 그들은 아이를 다그치기만 할 뿐, 정작 아이가 스트레스에 시달려 공부에 흥미를 잃어가고 있는지에 대해서는 무관심하다.

내가 훌륭한 아버지를 만날 수 있었던 것은 다 하나님의 은혜다. 아버지는 늘 먼저 나의 흥미를 일으킨 다음 내가 먼저 공부를 하고 싶어 하도록 만들었다.

♠ 학습시간을 효율적으로 활용하라 – 법칙 4

내가 이제 막 신동이라고 불릴 무렵에 있었던 일이다. 방에서 혼자 책을 보고 있는데, 교육가로 활동 중인 아버지의 친구가 우리 집을 찾아왔다. 그가 찾아온 이유는 아버지와 교육문제에 대해 논의하기 위해서였다.

아버지의 친구는 우리 마을에서도 인지도가 높은 유명한 교육가였다. 또한 수많은 초등학교에서 교장을 역임할 만큼 교육 경험이 풍부했다. 그가 바로 코엔이다.

"모두들 자네 아들이 천재라고 하던데, 그 말이 사실인가?"

"내가 자네를 잘 아는데, 자네는 정말로 이 세상에 천재가 존재한다고 믿나?"

아버지가 되물었다.

"물론 태어나면서부터 천재인 사람은 없지만, 교육이 평범한 아이를 신동, 천재로 만들어 줄 수도 있는 거 아닌가? 자네 아들의 명성이 워낙 높아서 나도 모르게 그런 생각이 들었네."

"바로 그걸세. 나 역시 그 말에 동의하네. 칼 역시 다른 아이들과 다를 바가 없는 평범한 아이야. 단지 그들과 다른 교육을 받고 있을 뿐이지."

"칼의 지식이 해박하다고 소문이 자자하던데, 그동안 아주 열심히 공부했나보군!"

"응, 시키지 않아도 알아서 잘하는 편일세."

"우리 학교 학생들도 아주 열심히 공부하는 편이야. 하루에 일곱여덟 시간씩 공부하거든. 그런데도 칼이 그렇게 똑똑한 걸 보면 아주 오랜 시간 공부한 덕분이겠지?"

아버지는 순간 놀랐다.

"뭐라고? 그게 사실인가?"

아버지가 이렇듯 놀라자, 친구가 다시 물었다.

"그럼 칼은 하루에 몇 시간씩 공부하는데?"

"칼이 공부하는 시간은 보통 하루에 두세 시간뿐일세."

아버지는 태연하게 대답했다.

"뭐? 두세 시간?"

그는 아버지보다 더 놀란 얼굴을 했다.

"어떤 날은 조금 더 할 때도 있어. 한 세 시간쯤."

"칼은 그 나이에 벌써 6개 국어를 하고 역사, 지리, 식물학, 수학에 정통하다고 하던데, 그렇게 적은 시간으로도 그게 가능하단 말인가? 정말 믿을 수가 없네."

교육가인 친구는 매우 놀라워했다. 잠시 후, 아버지는 내 방문을 두드리며 이렇게 소리쳤다.

"칼, 오늘은 그만하면 됐으니, 가서 친구들이랑 놀다가 들어오렴."

"네! 딱 5분만 더하고 나갈게요."

5분 뒤 방에서 나온 나는 거실에 앉아있는 아버지의 친구를 향해 인사했다.

"그래, 잘 있었니? 참, 하루에 두세 시간밖에 공부를 안 한다는 말이 정말 사실이니?"

아버지의 친구는 내 인사가 끝나자마자 서둘러 물었다.

"네! 보통은 두 시간인데 오늘은 세 시간 했어요."

"왜 더 많이 공부하지 않고? 네가 시간을 줄여 달라 그랬니?" 그가 다시 물었다.

"아니요. 저는 더 할 수도 있는데, 아버지는 제가 오래 공부하는 걸 좋아하지 않으세요."

"자네, 대체 무슨 생각으로 그랬나? 공부는 많이 할수록 좋은 거잖아! 보아하니 칼도 꽤 적극적으로 공부하는 것 같은데 말이야." 그가 아버지에게 물었다.

"책을 많이 읽는 것도 좋지만, 책 외에도 배워야 할 게 아주 많다네. 사소한 일상생활 속에서 배워야 할 지식들도 얼마나 다양한가! 칼은 아직 어려서 두세 시간만으로도 충분하다네. 온종일 책에 파묻혀 지내는 건 옳지 않아." 아버지가 웃으며 말했다.

"난 정말 믿을 수가 없네." 그는 여전히 반신반의했다.

아버지는 내게 나가도 좋다는 손짓을 해보였다. 두 분이서 더 많은 이야기를 나누려는 듯 보였다. 나는 곧장 친구들을 찾아갔다. 그리고 저녁을 먹을 때가 되어서야 집으로 돌아왔다. 내가 돌아오자마자 아버지의 친구는 내 손을 잡아끌며 다시 한번 나를 바라보았다. 그는 아버지의 남다른 교육 방법에 깊은 감동을 받은 것이 분명했다.

"참으로 훌륭해. 자네 말이 옳아. 기회가 된다면 자네의 독특한 교육방식을 나도 한번 실천해봐야겠군."

그가 돌아간 뒤에 내가 아버지에게 물었다.

"어떻게 그렇게 빨리 그분을 설득하신 거예요?"

"코엔 씨는 매우 훌륭한 교육자란다. 다년간의 교육 경험을 바탕으로 내 말을 아주 쉽게 이해하고 받아들였어."

시간이 흘러 나도 어느덧 한 아이의 아버지가 되었다. 아버지가 내게 그러했듯 내 아이에게도 하루에 딱 두세 시간만 공부하도록 가르치고 있다. 그럼, 왜 하루에 두 시간씩 공부를 해야 하는 것일까?

당시 아버지는 이에 대한 견해를 신문에도 게재한 적이 있었다.

"많은 부모가 공부하는 시간이 길수록 남들보다 더 많이 배울 수 있다고 생각합니다. 하지만 중요한 건 얼마나 이해하고 있느냐 랍니다. 학습 효과가 아무리 뛰어나더라도 아이의 연령을 고려하지 않은 학습시간은 오히려 스트레스만 줄 뿐입니다. 학습의 효과가 낮다는 건 곧 노력을 소홀히 하고 있다는 뜻이에요. 시간을 효과적으로 분배할 줄 모르는 사람은 아무리 많은 시간이 주어져도 원하는 목표에 도달하기 어려워요."

공부든 일이든 시간을 잘 활용하는 사람만이 성공할 수 있다. 주어진 시간을 충분히 활용하지 못하면 그 어떤 효과도 기대할 수 없다.

우리는 종종 아이가 꼼짝도 하지 않은 채 책상 앞에 앉아 있는 모습을 볼 수 있다. 이는 엄밀히 말하면 공부하는 것이 아니라, 그냥 시간을 때우고 있는 것이다. 뇌가 활발한 활동을 하지 않는데 어떻게 새로운 지식을 얻을 수 있겠는가! 사람들이 공부라고 여기는 것 중에는 이렇듯 시간 낭비인 것이 많다.

주어진 시간만 잘 활용하더라도 이 세상에는 공부가 즐거운 천재와 신동들로 가득할 것이다.

♠ 잘 노는 아이가 공부도 잘 한다 - 법칙 5

나는 열 살이 채 되기도 전에 똑똑한 아이로 명성이 자자했다. 그래서 어느 순간부터 사람들은 나를 천재나 신동이라고 굳게 믿었는데, 그 믿음이 오히려 내게 역효과를 낳고 말았다. 내가 공부하는 것이 사람들에게 보여주기 위한 것이며, 사람들의 기대와 허영심을 채우고 단지 신동이라는 칭찬을 듣기 위해서라는 잘못된 생각을 하게 된 것이다.

그 생각을 하게 된 이후로 나는 조금씩 공부에 흥미를 잃기 시작했고, 어느 날에는 하루 종일 밖에도 나오지 않은 채 방안에만 틀어박혀 지내기도 했다.

하루는 나의 친한 친구인 커스트가 찾아와 주말에 야외로 소풍을 가자고 제안했다. 커스트 외에도 많은 친구들이 함께하기로 했다.

"칼, 칼, 문 열어봐!"

커스트가 있는 힘껏 내 방문을 두드리며 소리쳤다. 예전 같았으면 벌써 문을 박차고 뛰어나가 놀았을 테지만, 그날따라 나는 기분이 썩 좋지 않았다.

"왜, 무슨 일
이야? 지금 공부
하니까 방해하
지 말아줘."

"칼, 왜 그래?
주말에 같이 놀
러가자고 일부
러 찾아온 건
데……."

나는 한 가지 진실을 깨달았다. 남보다 조금 더 똑똑하다고 해서 자기 자신을 '너무 특별한 존재'로 여기면 오히려 정신적으로 더 부담이 돼 무엇을 해도 즐겁지가 않다는 점이다.

귀찮아하는 듯한 내 말에 커스트도 덩달아 기운이 빠졌다.

"난 안 갈래. 그냥 집에서 책이나 볼 거야."

나는 여전히 친구들의 제안이 내키지 않았다.

"너 대체 무슨 일이야? 문도 안 열어주고 말이야. 됐어, 가든 안 가든 네 맘대로 해."

순간 커스트는 화를 내며 가버렸다. 그날은 왠지 짜증이 나서 멀어져 가는 친구의 발자국 소리마저 듣기가 싫었다. 그런데 그때 아버지가 갑자기 내 방문을 열었다. 아버지가 들어오자마자 나는 아무런 내색도 하지 않은 채 열심히 책을 보는 척했다. 하지만 내 마음은 일찌감치 책에서 멀어져 있었다. 나는 순간 아버지에게 또 한 소리를 듣겠구나 싶은 생각이 들었다.

"칼, 어디를 읽고 있니?"

그런 내 마음을 알아챈 아버지가 물었다.

"네? 128쪽 읽고 있었어요."

내가 당황한 목소리로 대답했다.

"무슨 내용인지 물어봐도 되겠니?"

아버지가 갑자기 내가 읽고 있던 책을 집어 들며 다시 물었다.

"네? 그게… 저……."

나는 순간 말을 더듬었다. 읽지도 않는데 무슨 수로 대답한단 말인가!

"친구들이 찾아왔던데, 왜 문을 열어주지 않았니?"

아버지가 물었다.

"그냥 조용히 공부하고 싶었어요. 그 애들은 매일 놀러만 다니지만, 전그 애들과 달라요."

"친구들이 너랑 같이 놀고 싶어서 찾아온 거잖아. 그건 예의 없는 행동이야, 알겠니?"

"걔들은 놀러갈 때만 절 찾아와요. 그러면서 하루 종일 재미없는 놀이나 하고."

"그럼 너한테는 뭐가 쓸모 있는 일인데?"

"공부요!"

내가 단호한 목소리로 대답했다.

"그래? 그럼 아빠가 몇 가지만 물어볼게. 너 오늘 책을 몇 시간이나 읽었니?"

"최소한 6시간은 되는 것 같아요."

"6시간이나? 그럼 126쪽부터 128쪽까지의 내용을 다 기억할 수 있겠니?"

"어, 그게…… 거긴 방금 펼쳐서……."

나는 잠시 망설였다. 아버지는 126페이지의 내용을 질문했고, 난 당연히 대답하지 못했다.

"칼, 더 할 말이 남았니?"

나는 여전히 입을 꾹 다문 채 아무 말도 할 수가 없었다.

"그럼 오늘 책을 읽는 내내 마음이 즐거웠니?"

아버지가 다시 물었다.

"아뇨."

"왜 마음이 즐겁지 않았다고 생각해?"

"모르겠어요. 예전처럼 공부하는 게 즐겁지 않아요. 힘들고 부담도 되면서 뭘 읽었는지 기억도 잘 안 나요."

"칼, 그거 아니? 그건 공부하는 시간이 너무 길어서 그래. 공부에도 휴식이 필요하단다."

"하지만 아빠, 그렇게 쉬다 보면 공부하는 시간이 줄어들잖아요. 저는 아직 해야 할 공부가 많이 남아서 노는 시간을 줄여가며 열심히 해야 돼요."

"칼, 네 공부 방법은 틀렸어. 그래서 공부를 한 만큼 효과가 없는 거란다. 이렇게 공부하다간 네 건강까지 망가지겠어. 그럼 더 큰 손해가 아니니?"

아버지가 한숨을 쉬며 말했다.

"그럼 어떡해요?"

"오늘은 그만 책을 놓고 나가서 친구들이랑 노는 게 어떻겠니? 맑은 공기도 마음껏 마시면서 말이야."

"네? 하지만 ……."

나가서 놀라는 아버지의 말에 나는 적잖이 당황했다. 그러자 아버지가 말했다.

"칼, 예전에 내가 했던 말을 잊었구나. 잘 노는 사람이 공부도 잘하는 법이야. 마음껏 놀면서 스트레스를 풀어야 공부에 더 집중할 수 있단다. 알겠지?"

"무슨 말씀인지 잘 알겠어요. 하지만 그렇게 놀다간 공부를 망쳐버리고 말거예요."

"아빠 말을 믿어보렴. 오늘 나가서 놀고 싶은 만큼 놀다 들어와. 그럼 내일은 한결 기분이 좋아질 거야."

아버지의 말에 나는 그제야 책을 덮고 놀러 나갈 결심을 했다. 그리고 커스트를 찾아가서 방금 전의 행동을 사과했다. 나는 주말에 소풍을 함께 가기로 약속을 하고 친구들과 자세한 일정을 의논했다.

한참을 즐겁게 놀다가 집에 돌아오니 어느 때보다 마음이 즐겁고 힘이 솟았다. 책을 읽으면서 느꼈던 피로는 이미 말끔하게 사라진 뒤였다.

나는 곧장 방으로 들어가지 않고 오랜만에 엄마와 이런저런 이야기를 나누었다. 다음날, 어제 휴식을 취해서인지 공부하는 내내 집중이 더 잘되는 것 같았다. 물론 암기한 내용도 머리에 쏙쏙 들어왔다.

아버지의 말대로 적당한 휴식이 나에게 다시 새로운 에너지를 충전시켜준 듯했다. 그날 나는 '잘 노는 아이가 공부도 잘한다'는 말뜻을 이해했다. 그리고 한 가지 진실을 더 깨달았다. 바로 남보다 조금 더 똑똑하다고 해서 자기 자신을 '너무 특별한 존재'로 여기면 오히려 정신적으로 더 부담이 돼 무엇을 해도 즐겁지가 않다는 것이다.

♠ 반복 암기법의 효과 – **법칙 6**

배움의 길에 접어든 사람이라면 누구나 알 것이다. 공부는 곧 암기라고 할 수 있을 정도로 암기가 차지하는 비중은 매우 크다.

처음 뭔가를 배우기 시작할 때 죽어라고 암기만 하는 것은 어리석은 행동이다. 암기한 내용을 오래 기억할 수 없을뿐더러, 그 지식을 정확하게 이해하는 데도 전혀 도움이 안 된다. 암기를 했다고 해서 그 지식이 완전히 내 것이 되었다고는 보기 어렵다.

무조건 달달 외운다고 해서 과연 기억에 오래 남을까? 역사상 유명한 위인들 중에서도 암기에만 매달린 사람이 있었을까? 그들이 우리에게 남긴 명언을 살펴보자.

내가 무엇을 기억하냐고? 난 단지 그것을 이해할 뿐, 아무것도 기억하지 못한다. – 피타고라스

오로지 외우기만 하는 사람은 멍청한 나귀와 같다. – 아리스토텔레스

난 음악의 선율을 기억하기 위해 온 마음을 쏟았다. 만약 내가 단지 머리로만 외웠다면 음악이 무엇인지조차 이해하지 못했을 것이다. – 베토벤

미안하지만, 난 메모지가 아니에요. – 플로베르

이들의 명언이 우리에게 주는 교훈은 바로 이것이다. 암기는 배움에 있어서 중요한 학습과정이지만, 무작정 외워서는 안 된다는 점이다.

내가 책을 읽기 시작할 때, 아버지는 지식을 얻는 과정 외에도 효과적인 공부 방법을 하나 알려주었는데, 바로 반복 암기법이다.

수많은 아이가 책을 읽을 때, 한 문장도 안 빼먹으려고 단어 하나하나를 곱씹으며 대책 없이 외우고 있다. 하지만 아버지는 책을 볼 때 글자나 단어로만 외우지 말고 전체적인 내용을 쭉 훑어보게 한 뒤, 속독을 한 번 한 다음에 다시 자세히 읽어가도록 했다. 그래서 나는 한 번도 기계처럼 글자 하나하나의 뜻에 집착한 적이 없었다. 그 결과, 나는 한 권의 책을 몇 번만 읽고도 금방 전체 내용을 파악할 수 있었다.

하루는 내가 책상에 앉아 독일어로 된 《그리스 문명의 쇠락》이라는 책을 읽고 있는데 아버지가 내 방으로 들어왔다.

"칼, 지금 뭘 읽고 있니?"

"아, 이건 그리스 문명에 관한 책이에요."

"괜찮은 책이구나. 그 책을 읽고 나면 그리스 문명의 역사도 알 수 있고, 그리스어를 공부하는 데도 많은 도움이 될 거야.

"아빠, 이건 그리스어가 아니라 독일어로 쓰인 책이에요."

"네 독일어가 많이 늘었으니 별 문제는 없겠구나. 그런데 읽는 속도가 왜 그리 느리니?"

"모르는 글자는 없는데 외워두고 싶은 내용이 있어서 천천히 읽고 있어요."

"그럼, 네가 뭘 기억하고 있는지 한번 테스트를 해보마."

아버지는 내가 읽은 내용 중에서 몇 가지를 골라 질문했다. 그런데 뜻밖에도 나는 그 질문에 하나도 완벽하게 대답하지 못했다. 웬만한 역사적 사건들은 시간, 장소까지 달달 외웠던 나였지만, 그날은 이상하게 하나도 떠오르지 않았다.

"아빠, 이상한 게 분명히 외웠는데 기억이 전혀 나질 않아요."

나는 왠지 모르게 속상했다. 아버지는 더 이상 질문을 하지 않은 채, 며칠 전에 내가 대충 읽은 한 문학책에 관한 내용을 질문했다. 그런데 신기하게도 며칠이 지났지만 그 책의 내용들이 뚜렷하게 기억이 났다. 내가 순간 어리둥절해 하자, 아버지는 갑자기 소리 내어 웃기 시작했다.

"아빠, 뭐가 그리 웃겨요?"

"하하, 열심히 외운 내용은 기억을 못 하면서 대충 보고 넘긴 내용은 기억을 더 잘하는구나. 그 이유가 뭔 줄 아니?"

나는 아무리 생각해도 그 이유를 알 수 없었다.

"며칠 전에 네가 읽은 이 문학책은 네가 아주 흥미로워하는 내용이 담겨있어서 재미있다고 했었지? 그래서 읽고 또 읽었다고 했지? 그래서 너도 모르는 사이에 책의 내용을 기억하게 된 거야. 하지만 이 그리스 문명에 관한 책은 네가 문학책만큼 흥미를 느끼지 못해서 억지로 외운 것 같구나. 흥미가 없으면 암기하기가 더 어렵단다."

"그럼 이제 어떡해요?"

"걱정할 거 없어. 그냥 소설 읽듯이 편안한 마음으로 읽어보렴."

"이렇게 어렵고 딱딱한 책을 어떻게 편하게 읽을 수가 있어요?"

아버지는 또 다시 나를 향해 웃었다.

"세상의 모든 책은 저마다의 가치와 의미를 지니고 있단다. 때문에 그 책들을 꼭 어려운 것과 어렵지 않은 것으로 구분할 수는 없어. 중요한 건 네가 그 책을 어떻게 대하느냐지. 그 내용을 기억하고 싶다고 해서 무조건 달달 외우는 건 불가능해. 반복 암기법을 잘 활용하면 《그리스 문명의 쇠락》과 같은 어려운 내용의 책에도 흥미를 느낄 수 있고, 그 책이 지닌 가치를 발견할 수 있단다. 또한 반복적으로 읽다 보면 너도 모르게 그 내용을 기억할 수 있을 거야."

나는 그제야 아버지가 말한 반복 암기법의 의미를 이해할 수 있었다. 책을 처음 읽을 때는 먼저 한번 가볍게 훑어보았다. 뜻을 모르는 단어가 있어도 크게 신경 쓰지 않았다. 그런데 두 번째 읽을 때는 처음 읽었을 때보다 이해 안 되는 부분이 많이 줄어들더니, 세 번째 읽을 때는 어느새 이해 안 되는 부분이 하나도 없었다. 게다가 많은 내용을 더 오랫동안 기억할 수 있었다.

♠ 공부에도 리듬이 필요하다 - **법칙 7**

음악의 리듬은 언제나 그 곡의 분위기를 좌우한다. 교향곡을 듣고 있노라면, 경쾌한 리듬이 마음을 즐겁게 해주기도 하고 느린 리듬이 마음을 차분하게 가라앉히기도 한다. 이처럼 음악의 리듬이 다양하게 변할수록 그 음악은 더욱 매력적으로 들린다.

아버지는 공부에도 리듬이 필요하다며 이를 학습계획을 세우는 데 적절히 활용했다. 마치 오랫동안 교향곡을 지휘해온 지휘자처럼 능숙하게 말이다. 누군가는 이렇게 말할 것이다.

"비테 씨, 너무 과장이 심하군요. 공부와 음악이 무슨 상관이 있습니까?"

사실 세상의 모든 만물은 유기적인 관계로 얽혀 있다. 이는 자녀교육도 마찬가지다. 배움은 음악뿐만 아니라, 세상의 모든 것과 연관 지을 수 있다.

공부에도 리듬이 필요하다. 나는 하루에 3시간씩 공부했고, 한 번에 공부하는 시간은 절대 30분을 넘기지 않았다. 아버지는 이렇게 말했다.

"기계도 오래 돌리고 나면 적절히 쉬어줘야 하는데, 하물며 사람의 뇌는 얼마나 피곤하겠느냐?"

이는 과학적으로 근거가 있는 말이다. 사람의 뇌는 활발히 활동한 뒤에 일정한 시간을 쉬어줘야 한다. 만약 제때 쉬어주지 않으면 오히려 효율이 떨어져 제 기능을 발휘할 수 없게 된다. 아버지는 내게 자주 이런 말을 했다.

"적절한 휴식은 피로를 가시게도 하지만, 무엇보다 뇌의 긴장 상태를 완화해 준단다. 휴식은 다음의 학습을 위한 준비 기간이야. 그래서 아무리 공부가 재미있어도 적절하게 뇌를 쉬게 해주어야 한단다."

그날부터 나는 공부와 휴식을 적절히 병행하라는 아버지의 말을 매일 실천했다. 하루는 휴식시간이 되었는데도 나는 책을 놓지 않은 채 여전히 책상 앞에 앉아 있었다. 그러자 아버지가 물었다.

"쉬는 시간인데 어째서 아직까지 책을 보고 있니?"

"어, 지금 쉬고 있는 거예요. 어차피 다시 책상 앞에 앉아야 하니까 그냥 이대로 잠깐만 쉬려고요."

"그러지 말고 거실로 나가 물을 마시면서 몸을 좀 풀어주렴."

"싫어요, 어차피 계속 공부해야 하잖아요."

아버지는 더 이상 아무 말도 하지 않았다. 그런데 몇 분 후, 난 아버지의 말이 옳았음을 깨달았다. 다음 공부를 시작한 지 얼마 안 되어 마치 일 분도 쉬지 않은 것처럼 급격히 피로가 몰려온 것이다. 이 이야기를 아버지에게 하자, 아버지는 내 머리를 쓰다듬으며 이렇게 말했다.

아버지는 내게 자주 이런 말을 했다. "적절한 휴식은 피로를 가시게도 하지만, 무엇보다 뇌의 긴장 상태를 완화해 준단다. 휴식은 다음 학습을 위한 준비 기간이야. 그래서 아무리 공부가 재미있어도 적절하게 뇌를 쉬게 해주어야 한단다."

"그래서 휴식시간이 필요한 거란다. 쉬는 시간에 네가 계속 책을 보고 있으면 네 뇌는 긴장을 풀 수가 없게 돼. 그래서 10분을 쉬었지만 쉬지 않은 것처럼 피로해지는 거란다. 결국 넌 10분이라는 소중한 시간을 낭비한 데다 결국 아무런 소득도 얻질 못했잖니."

그날 이후로 나는 쉬는 시간만 되면 거실로 나가 몸을 움직여주었고, 자연히 학습효과도 배가 되었다. 같은 10분이지만, 내가 어떻게 쉬느냐에 따라서 확연히 다른 차이를 가져온 것이다.

아버지는 공부와 휴식의 상관관계에 대해 독특한 신념을 지닌 분이었다. 사람들은 휴식시간이 길수록 학습효율도 더 높아진다고 생각한다. 하지만 아예 쉬지 않거나 장시간 쉴 경우에 사람의 뇌는 오히려 그 기능이 저하된다. 아버지는 휴식시간이 절대 10분을 넘겨서는 안 된다고 말했다. 또한 휴식 없는 공부는 뇌를 더욱 피로하게 만든다고 했다. 게다가 장시간 쉬게 되면 뇌는 긴장 상태가 완전히 풀려 다시 긴장 상태로 돌입하기까지 꽤 오랜 시간이 걸린다.

나 역시 이런 경험을 한 적이 있다. 한번은 공부하는 중에 갑자기 피로가 몰려왔다. 그래서 아버지가 정해놓은 10분이 아닌 25분 동안 충분한 휴식을 취했다. 그렇게 25분을 쉬고 나니 몸이 한결 가벼워진 듯했다. 나는 다시 책상 앞에 앉아 책을 펼쳤다. 그런데 이상하게도 공부하고 싶은 욕구가 전혀 생겨나지 않았다. 나는 얼른 아버지에게로 가서 그 연유를 물었다. 그러자 아버지가 말했다.

"완벽하진 않지만, 한 가지 예를 들어주마. 보통 협주곡은 빠른 리듬으로 시작되다가 천천히 느려지면서, 다시 빠른 리듬으로 연주된 후 곡이 끝난단다. 곡의 리듬이 느려질 때는 그 선율이 얼마나 아름답든 오래 지속될 수 없어. 느린 선율은 사람들을 지치게 하고 지루하게 만드니까. 너도 알다시피 음악회에서 코를 골며 자는 사람도 있지 않니. 공부도 마찬가지란다. 학습효과를 높이려면 협주곡을 연주하듯 적절히 리듬을 탈 줄 알아야 해."

그날 이후로 나는 협주곡을 연주하듯 적절히 리듬을 타며 학습시간을 조율했다. 어린 시절 내가 짧은 시간에 많은 지식을 얻을 수 있었던 것은 이렇듯 공부와 휴식을 적절히 조화시켰기 때문이다.

♠ 교차학습법이란? – 법칙 8

내가 신동이라고 알려지자 사람들은 하나같이 내가 학습의욕이 높아 공부를 매우 열심히 한다고 생각했다. 물론 공부를 열심히 한 것은 사실이지만, 그 교육 방법에는 사람들이 생각하는 것과는 많은 차이가 있었다.

아버지의 일기에는 이렇게 쓰여 있었다.

오랜만에 만난 게릭 씨가 내게 물었다.

"칼이 공부를 아주 열심히 하나 보군요. 그렇지 않고서야 어떻게 그렇게 똑똑할 수가 있겠어요?"

그래서 내가 말했다.

"물론이죠. 모든 사람이 그렇듯 결과는 노력에 비례하니까요."

그가 다시 물었다.

"하루 종일 방에서 공부만 하다보면 나가서 뛰어놀 시간도 별로 없겠네요?"

"칼 역시 다른 친구들처럼 뛰어놀기를 좋아하고 틈만 나면 게임을 해요. 오히려 또래 친구들보다 더 많이 놀러 다니는걸요."

하지만 그는 여전히 내 말을 믿지 못하는 눈치였다. 하나님을 섬기는 사람으로서 누구보다 진실해야 할 내가 어떻게 그를 속일 수 있겠는가? 이는 하나님도 알고 있는 분명한 사실이다.

아버지의 말에는 조금의 거짓도 없다. 앞에서도 여러 번 말했지만, 아버지는 내게 공부하라는 잔소리를 한 적도, 날 책상 앞에 억지로 앉힌 적도 없었다. 그래서 나는 공부가 늘 즐거울 수 있었다. 내가 어린 나이에 수많은 지식을 얻을 수 있었던 것은 오로지 아버지의 특별한 교육 덕택이다.

지금 소개할 교차학습법도 아버지의 여러 교육방법 중 하나이다.

교차학습이란 무엇일까? 바로 학습의 내용을 시기적절하게 전환시켜 주는 것을 말한다. 이 방법은 오랜 시간 뇌의 활동을 활발히 하고 학습효율을 높이는 효과가 있다.

사람이 새로운 사물이나 내용을 받아들이는 데는 한계가 있다. 다시 말해 아무리 새로운 것이라도 오래 보다보면 금방 싫증이 나게 된다. 이는 공부도 마찬가지다. 매일 한 가지 지식과 한 가지 과목에만 매달리면 누구라도 금방 공부에 흥미를 잃고 만다.

그럼 어떻게 해야 흥미를 오래 유지할 수 있을까? 가장 좋은 방법은 공부하는 내용과 과목을 적절히 바꿔주는 일이다.

한번은 내가 어려운 수학문제를 풀고 있는데, 머리가 아프도록 문제를 쳐다봐도 답이 잘 떠오르지 않았다. 중간에 몇 번이나 휴식을 취했지만 아무런 소용이 없었다. 내가 인상을 찌푸리자, 아버지가 다가와 물었다.

"칼, 왜 그러니? 무슨 문제라도 있어?"

"수학문제가 너무 어려워서요. 아무리 봐도 답이 뭔지 모르겠어요."

"그래서 많이 피곤하니?"

"네. 머리가 깨질 것처럼 아파요."

"그럼 잠시 쉬었다 해보렴. 너무 진 빼지 말고."

"소용없어요. 아까 몇 번이나 쉰 걸요."

"이 문제를 푼 지 얼마나 됐니?"

"거의 두 시간 다 되어가요."

아버지는 내가 풀던 문제를 잠시 들여다본 후에, 이렇게 말했다.

"좀 어렵긴 한데, 네가 아예 손도 못 댈 정도로 어려운 건 아니구나."

"네. 그런데 오늘은 이상하게 답이 안 나와요. 문제를 아무리 봐도 답이 뭔지 모르겠어요."

"그래? 그럼 그 문제는 잠시 포기하고 다른 걸 먼저 풀어보는 게 어떻겠니?"

"포기요? 전 이 문제를 끝까지 풀고 말 거예요. 도중에 포기한다는 건 있을 수 없는 일이에요."

"내 말은 그 문제를 영영 포기해버리라는 말이 아니란다. 잠시 뒤로 미뤄두라는 거야. 계속 그 문제를 잡고 있으면, 머리가 더 아파져서 다른 문제마저 풀지 못하게 될 거야. 다른 공부를 하다가 머리가 좀 덜 아플 때 이 문제를 다시 풀어보는 게 좋겠구나."

나는 아버지의 말대로 잠시 수학책을 덮었다. 그리고 내가 좋아하는 지리책을 꺼내 들었다. 나는 지리에 관심이 많았던 탓에 쉽게 흥미를 붙였고, 방금까지 아팠던 머리도 조금씩 맑아지는 듯한 기분이 들었다. 그래서 빠른 시간 안에 그날 해야 할 지리 숙제를 모두 해냈다.

나는 그렇게 한참 지리책에 빠져 있다가 10분쯤 뒤에 풀다 만 수학 문제를 다시 펴들었다. 그런데 정말 신기하게도 아버지의 말대로 몇 분도 안 되어 금방 문제의 답이 떠올랐다. 나는 곧장 아버지에게로 달려가 외쳤다.

"아빠, 아빠 말씀이 맞았어요. 드디어 답을 알아냈어요!"

"그래? 잘됐구나! 세상에 풀지 못할 어려운 문제는 없단다. 그 방법을 찾는 게 중요해."

아버지가 가르쳐준 교차학습법은 공부에 많은 도움이 되었다. 물론 성인이 되고 학교를 졸업한 후에도 그 방법을 다양한 방면에 활용했다.

그날 이후로 나는 공부뿐만 아니라 생활 속에서 겪는 모든 일에 어려움이 닥칠 때마다 무조건 매달리기보다 적절하게 임기응변을 발휘했다. 때로는 새로운 각도에서 문제를 바라보며 해답을 찾아갔고, 그때마다 더 좋은 대처방안을 생각해내기도 했다.

이렇듯 교차학습법은 학습시간을 절약시켜 줄뿐만 아니라, 풀리지 않을 것만 같은 어려운 문제가 술술 풀리게 하는 일종의 만능공부법이다.

자녀의 올바른
인격 형성을 위한 방법

감정이 없는 사람은 차가운 기계와 다를 바 없다. 그런 사람에게는 뛰어난 능력과 재주도
그저 기계를 이루는 부속품에 불과하다. 나는 자녀교육에 있어서 풍부한 감정과 올바른
인격을 형성시키는 일이 매우 중요하다고 생각한다. 물론 내 아이 역시 그런 사람으로 자
라나갈 바란다. 당신의 자녀가 인간으로서 마땅히 누려야 할 행복을 누리길 바란다면, 먼
저 풍부한 감정을 갖게 해야 한다.

♠ 인생의 시련과 사랑의 힘을 알게 해라

아버지는 건강과 품격, 지능과 인격을
모두 갖춘, 이 중 어느 한 가지도 부족하지 않은 사람을 완벽에 가까운
사람이라고 여겼다. 이러한 사람을 만들어 내는 것이 아버지의 교육이념
이기도 했는데, 아버지는 그 교육이념을 나에게 실천했다. 아버지는 사
람들이 소홀히 하기 쉬운 부분을 특히 중요하게 생각했다. 그래서 더 인
성교육에 심혈을 기울였다.

몸과 마음이 모두 건강한 사람이 바로 완벽한 사람이 아니겠는가! 이
중에 어느 하나라도 건강하지 않으면 다른 하나가 아무리 뛰어나도 그 사
람의 인생은 아무런 의미가 없다. 이것이 바로 아버지의 교육이념이다.

내가 신동이라고 알려지면서 각계각층의 사람들이 한 번쯤 나를 만나고 싶어했다. 하지만 그보다 더 많은 사람들이 아버지의 교육 경험을 배우고 싶어 했다. 그런 사람들을 보면서 아버지는 한 가지 안타까운 점을 발견했다. 그것은 바로 사람들이 어떻게 아들을 천재로 길러낼 수 있었는지에 대해서만 물어봤지, 누구도 나의 건강과 인성교육에 대해서는 물어오지 않았다는 점이다. 사람들은 자녀를 신동으로 키우는 방법 외에는 아무런 관심도 없었다. 오로지 아버지의 교육방법만 전수받기를 원했다. 이렇듯 교육에 대한 사람들의 편견이 아버지를 안타깝게 만들었다. 아버지는 말했다.

"아무리 신체가 건강한 사람이라도 올바른 인성교육을 받지 않으면 건강의 진정한 의미를 알 수 없습니다. 이런 사람은 사회발전에 도움이 되기는커녕, 사회악과 같은 존재죠. 올바른 인성과 품격이 아닌 오직 힘으로만 일을 해결하려는 사람은 무지하고 어리석으며 잔인한 성향을 띱니다.

그리고 책 속에서 죽은 지식만 찾는 사람은 아무리 많은 책을 읽어도 완벽한 인간이 될 수 없어요. 이런 사람들도 사회에 해악을 끼치는 경우죠. 나는 내 아들이 결코 이런 사람으로 자라기를 원치 않아요.

감정이 없는 사람은 차가운 기계와 다를 바 없어요. 그런 사람에게는 뛰어난 능력과 재주도 그저 기계를 이루는 부속품에 불과하죠. 나는 자녀교육에 있어서 풍부한 감정과 올바른 인격을 형성시키는 일이 매우 중요하다고 생각합니다. 물론 내 아이 역시 그런 사람으로 자라나길 바라고요. 당신의 자녀가 인간으로서 마땅히 누려야 할 행복을 누리길 바란다면, 먼저 풍부한 감정을 갖게 해야합니다."

내가 대학을 졸업하던 그해, 또 한 명의 신동이 내가 다니던 학교에 들어왔다. 그 신동은 이제 겨우 열다섯 살로, 차가운 성격의 소유자였다. 사람들은 모두 그가 인정이 메말랐다며 냉정한 그를 좋아하지 않았다. 그는 친구도 없이 늘 혼자 다녔다. 다른 사람들과 친밀한 관계를 유지한 적조차 없었다. 그는 늘 말이 없었고 누군가가 먼저 말을 걸어와도 잘 대답하지 않았다. 다른 사람의 도움받기를 꺼리던 그는 한 번도 남을 도와준 적이 없었다.

그가 냉정한 성격을 지니게 된 이유는 무엇일까? 들리는 소문에 따르면 어렸을 때 엄마가 돌아가신 후에 아버지가 매우 엄격하게 교육을 시킨 탓이라고 한다. 그가 이런 성격을 갖게 된 데는 누구보다 엄한 아버지의 영향이 컸다고 볼 수 있다.

졸업 후, 나는 이탈리아에서 유학을 마치고 돌아와 교편을 잡는 동안 그와 몇 번 마주친 적이 있었다. 당시 그는 괴팅겐 대학의 교수였는데 차가운 성격은 예전 그대로였다. 그는 여전히 말이 없었고 사람들과 교류하지 않았다. 또 결혼도 하지 않고 혼자 아파트에서 생활하면서 온종일 일에만 파묻혀 살았다. 심지어 아버지가 투병 중인데도 한 번도 찾아뵙지 않았다. 그런데 뜻밖에도 그가 아파트 안에서 자살했다는 소식이 들려왔다. 유일하게 의지하던 아버지가 병으로 세상을 뜨자 그 충격으로 자살을 감행한 것이다.

이와 비슷한 경우가 또 있었다.

빅터가 젊었을 때, 그의 아버지는 물론 마을의 모든 남자가 전쟁에 참가해야만 했다. 안타깝게도 2년 후에 그의 아버지는 전쟁터에서 전사하고 말았다. 당시 젊은이들은 죽은 아버지의 원한을 대신 갚겠다며 하나같이 자원해서 전쟁터로 나갔는데, 유독 그만 전쟁터에 나가기 전에 실종되고 말았다.

그리고 한참 후에 마을 사람들은 빅터가 전쟁이 끝나기만을 기다리며 일부러 산속에 은밀히 숨어있었다는 사실을 알았다.

다시 마을로 돌아온 그는 술 제조공장에서 일하게 되었다. 그는 후에 결혼도 하고 아이들도 낳았다. 그의 두 딸은 이미 시집을 갔고 막내는 아직 학교에 다닌다.

그는 여느 사람들처럼 평범한 생활을 하며 살았지만, 사람들은 그를 일절 가까이하지 않았다. 그는 두 딸을 시집보낸 후 한 번도 자식들을 찾아간 적이 없었다. 심지어 집에 오지도 못하게 할 정도였다. 사람들은 그가 인정 없고 메마른 사람이라며 싫어했다.

그는 자신에게 맡겨진 일만 끝내고, 다른 봉사활동이나 사적인 모임에는

어릴 때 다른 사람의 고통과 슬픔을 체험하지 않은 아이는 평생 외롭고 나약하게 살아간다. 그런 사람의 마음속에는 즐거움과 행복은 물론 두려움과 슬픔 같은 감정도 없으며, 감정이 없는 인간은 짐승과 다를 바 없다.

전혀 참여하지 않았다. 그는 남을 도와주는 일에도, 누군가에게 도움을 요청하는 일에도 무관심했다.

"정말 감정이라고는 찾아볼 수 없는 차가운 사람이죠." 그의 동료들은 그를 이렇게 평가했다.

당시 마을의 유명한 철학자는 빅터의 인생이 그 어떤 가치와 의미도 없는 짐승의 삶과 다르지 않다고 말했다. 몸은 비록 건강했지만 사람이 지녀야 할 인정과 감정이 전혀 없었기 때문이다.

철학자는 빅터가 그런 인생을 살게 된 것은 다 엄마의 책임이라고 말했다. 그의 엄마는 어렸을 때부터 아들을 잘 돌봐주지 않았다. 인성교육을 시키기는커녕 그 어떤 인생의 시련을 겪게 하지도 않았다. 병이 나서 몸이 아파도 아들에게 아픈 내색 한번 하지 않을 정도였다. 그래서 그는 어른이 되고 나서도 누군가에게 관심을 베풀 줄 모르고 약간의 시련에도 금세 주저앉아 버렸다.

그가 어렸을 때 옆집에 사는 할머니가 그를 예뻐해서 자주 놀러가곤 했다. 할머니는 그를 위해 매일 맛있는 음식을 만들어 주었다. 그런데 할머니가 병이 난 후로는 그의 엄마가 할머니를 찾아가지 못하게 했다. 그녀는 이렇게 말했다.

"늙은 노인이 아파서 죽어가는 모습을 굳이 어린 애한테 보여줄 필요는 없잖아요?"

부모가 자녀에게 크고 작은 시련을 겪을 기회나 스스로 감정을 다스릴 수 있는 환경을 만들어 주지 않는 건 자녀를 진정으로 사랑하는 것이 아니다. 이는 분명 잘못된 교육이다. 그런 안일한 환경에서 자란 아이는 평생 외롭고 나약하게 살아가게 된다. 그런 사람의 마음속에는 즐거움과 행복은 물론 두려움과 슬픔 같은 감정들도 없으며, 감정이 없는 인간은 짐승과 다를 바 없다.

"설사 그가 살아있다 해도 죽은 사람과 다를 게 뭐가 있니?"

아버지는 안타까운 표정을 지었다.

"맞아요. 가슴속에 아무 것도 담아두지 않는 건 정말 외로운 일이에요. 인생이 얼마나 공허할까요? 누군가의 따뜻한 도움을 받은 기억이 없기 때문에 자신도 남을 도우려고 하지 않는 거예요."

내가 맞장구를 쳤다.

"그러고 보니 감사하게도 우리 아들은 참 건강하게 잘 자라주었구나!"

아버지가 말했다.

"아빠도 참, 아빠가 절 이렇게 튼튼하게 키워주셨잖아요. 아빠가 아니었다면 제가 어떻게 이렇게 행복한 사람이 될 수 있었겠어요?"

내가 웃으며 대답했다.

"칼, 뛰어난 학식도 중요하지만, 무엇보다 가슴이 따뜻한 사람이 되렴. 네가 공부하는 모습보다도 친구들과 씩씩하게 뛰어노는 모습을 볼 때 아빠는 비로소 마음이 놓인단다."

"역시 우리 아빠가 최고예요. 전 아빠가 자랑스러워요!"

자녀에게 부모를 사랑하고 존경하는 마음을 심어주어라. 사랑의 힘은 인간이 느낄 수 있는 최고의 행복이다. 아버지는 사랑의 감정을 매우 소중하게 생각했다. 아버지는 내가 언제나 사랑이 넘치는, 사랑을 줄 줄도 알고 받을 줄도 아는 사람으로 자라길 바랐다. 정신교육은 감정 순화, 인격 형성 등 다양한 내용을 포함하지만, 그중에서도 아버지가 가장 강조한 것은 감정의 순화였다.

위에서 언급한 신동과 빅터는 자신의 감정을 다스리는 법을 몰랐기 때문에 그런 비극적인 삶을 살았다. 그들은 사랑이 무엇인지도, 누군가를 사랑하는 방법도 알지 못했다. 그래서 아버지는 사랑의 힘을 깨닫지 못하는 것이 인생 최대의 불행이라고 말했다.

나는 아버지를 통해 사랑과 존중, 그리고 격려의 힘을 배웠다. 그 힘은 너무나도 신기하고 오묘해서 그 끝을 알 수 없다. 부드러우면서도 강하고, 약하면서도 견고하며, 정교하면서도 힘 있는 정반대의 매력을 지니고 있다. 여기에 지혜만 보태면 이것이 바로 인생 최고의 재산이 아닐까? 그 힘은 마치 음악과 미술처럼 아이의 영혼을 달래고 마음을 움직여 더 큰 사랑과 진실, 선행을 낳는다.

아버지는 언제나 내게 다른 사람에게 관심을 가지고 그들을 사랑하라고 말했다. 특히 누구보다도 엄마를 사랑하라고 말했다. 물론 말이 아닌 행동으로써 말이다.

아버지는 누구보다도 엄마를 사랑하는 분이었다. 아버지는 내가 엄마를 사랑하고 아껴야 하는 이유를 이렇게 설명했다.

"세상의 모든 엄마는 성모마리아처럼 성스럽고 고귀한 존재란다. 또한 너를 위해 세상에서 가장 고되고 힘든 일을 하는 가장 영예로운 존재이기도 해."

아버지는 엄마에 대한 사랑을 숨김없이 표현했다. 나는 그런 아버지에게 엄마를 더욱 사랑하는 법을 배웠고, 그 사랑을 실천하면서 사랑이 지닌 무한한 힘을 깨달았다.

아버지는 엄마의 작은 감정변화에도 세심하게 반응하며 신경을 썼고, 엄마의 수고를 덜어주고자 불평 한마디 없이 집안일도 많이 도와주었다. 내가 사물을 인식하기 시작한 나이에 부모님은 가급적이면 내가 보는 앞에서 말다툼을 하지 않았다. 화가 나는 일이 있어도 언제나 아버지가 먼저 양보하는 편이었다.

나는 철이 들 무렵, 이른 아침마다 정원에 나가 신선한 장미와 백합을 한 아름 꺾어오는 아버지의 모습을 매일 볼 수 있었다. 아버지는 그 꽃을 예쁜 꽃병에 담아 엄마의 침대 머리맡에 놓아두고는 했다. 그 꽃병은 아버지가 결혼 일주년을 기념하여 몇 달에 걸쳐 직접 만든 것이었다. 엄마는 늘 그렇게 향기로운 꽃향기가 가득한 방에서 아침을 맞이했다. 그 꽃들은 아버지가 매일 엄마에게 바치는 사랑의 표현 같은 것이었다. 무더운 여름이나 매서운 눈보라가 몰아치는 겨울에도 아버지의 사랑은 늘 그렇게 한결같았다.

내가 자란 후에는 나도 아버지를 따라 매일 아침 신선한 꽃을 엄마에게 선물했다. 엄마는 그때의 추억을 떠올리며 행복한 미소를 지었다.

"매일 아침, 잠이 덜 깨서 정신이 몽롱할 때도 네 아빠의 가벼운 발걸음만큼은 언제나 또렷하게 들렸단다. 그리고 잠시 후면 향기로운 꽃향기가 방안에 가득하곤 했지. 그럴 때마다 나는 마음이 온통 감동으로 벅차올라 다시 잠을 이룰 수가 없었단다. 하지만 그 행복을 조금 더 누리고 싶어 매일 눈을 감은 채 30분을 더 누워 있었어."

내가 일곱 살이 되던 해, 엄마는 큰 병을 앓았다. 아버지는 밤낮없이 엄마의 곁을 지키며 세심하게 간호했다. 하루는 내가 평소보다 이른 시간에 눈을 떴는데도 아버지는 여전히 엄마 옆에 앉아 병의 차도를 지켜보고 있었다.

아버지는 애틋한 눈빛으로 잠이 든 엄마를 바라보고 있었다. 당시 아버지는 누구보다 가슴이 아프고 힘들었을 것이다. 그 모습에 어린 나는 큰 감동을 받았다. 진정으로 누군가를 사랑한다는 것이 무엇인지를 깨달았기 때문이다.

벌써 20년의 세월이 흘렀지만, 두 분은 여전히 변함없이 서로를 사랑하고 계신다. 부모님은 이 세상에서 내가 가장 사랑하고 의지하는 존재였기에 나는 지금껏 한 번도 부모님을 속이거나 거짓말을 한 적이 없었다. 거짓말을 하지 않는 것이 부모님의 사랑에 보답하는 길이라고 믿었기 때문이다.

부모님 역시 매순간 나를 아끼고 사랑해주었다. 이런 따뜻한 관심 아래, 나는 나만의 방식으로 부모님에 대한 사랑을 표현하려고 했다. 나는 네다섯 살 때부터 엄마를 도와 집안일을 약간씩 거들기 시작했다. 식탁에 수저를 놓거나 청소, 바닥을 닦는 등의 비교적 간단한 일이었다. 잠자리에 들기 전에는 종종 엄마와 허심탄회한 대화를 나누곤 했다. 그때가 엄마의 말과 표정을 통해 엄마의 생각을 이해하기 가장 좋은 시간이었다. 이렇듯 나는 언제나 엄마에게 좋은 아들이 되려고 노력했다. 나 역시 처음부터 이랬던 것은 아니다. 이는 모두 아버지에게서 교육을 받은 덕분이다.

하루는 아버지가 중요한 회의가 있어 타지로 출장을 가게 되었다. 그런데 마침 삼촌이 나에게 5일 동안 함께 여행을 가자고 제안했다. 나는 한 번도 여행을 가본 적이 없던 탓에 여행이라는 말을 듣자마자 설레고 흥분돼 잠을 한숨도 이룰 수가 없었다.

다음날 나는 아침부터 짐을 꾸리기 시작했고, 아버지도 바삐 외출준비를 했다. 그런데 막 집을 나가려던 찰나에 엄마의 위염이 재발하고 말았다. 엄마는 날 위해 최대한 아픔을 참으려고 했지만 아버지의 눈을 속일 수는 없었다. 하지만 놀러갈 생각에 들뜬 나는 엄마의 고통을 조금도 눈치 채지 못했다. 출장을 가지 않을 수 없었던 아버지는 결국 내게 여행을 취소하라고 말했고, 단 한 번뿐인 기회를 놓칠 수 없었던 나는 아버지의 말을 듣지 않았다. 그러자 아버지가 화를 내며 말했다.

"지금 여행이 중요하니? 아픈 엄마를 집에 혼자 둘 수는 없잖니!"

"아빠, 보세요! 엄마가 저렇게 웃고 있잖아요. 아픈 사람이 어떻게 웃어요? 저 여행 보내기 싫으신 거죠?"

나는 순간 억울한 생각이 들었다.

"엄마는 너 때문에 일부러 웃어 보이는 거야. 넌 그렇게도 엄마의 마음을 모르겠니?"

"아프면 아프다고 하면 되죠, 왜 일부러 안 아픈 척을 해요?"

나는 아버지의 말을 이해할 수 없었다.

"너도 참, 엄마가 지금 얼마나 아픈지 너 정말 모르겠니? 엄마는 네가 여행을 못 가면 서운할까봐 억지로 안 아픈 척하고 있는 거란다. 아프다고 하면 네가 걱정할까 봐서 말이야. 엄마는 이렇게도 널 위하는데, 넌 아픈 엄마를 혼자 집에 있게 내버려 둘 거니?"

나는 그제야 엄마의 창백한 얼굴이 눈에 들어왔다. 그러고 보니 속이 안 좋다며 엄마는 아침도 먹는 둥 마는 둥 했었다.

"저는 그런 줄도 모르고 혼자만 신이 났었어요."

나는 엄마한테 미안한 생각이 들었다.

"칼, 엄마한테 미안하다는 말은 하지 않아도 돼. 엄마가 더 아프지 않게 보살펴주고 배려해주는 게 진짜 사랑이란다. 엄마가 널 사랑하는 만큼 너도 엄마를 향한 마음을 보여주면 돼. 엄마한테 필요한 게 있으면 즉시 가져다주렴, 알겠지?"

"네, 아빠 말씀이 맞아요. 제가 기분이 안 좋다고 하면 엄마는 제가 말하지 않아도 그 이유를 알고 계셨어요. 또 제가 아플 때도 엄마는 밤낮으로 저를 간호해줬어요. 그런데 전 엄마가 아픈 줄도 모르고 함부로 말했어요. 제가 정말 잘못했어요."

"잘못을 깨달았으니 이제 네가 어떻게 해야 하는지 알겠지?"

아버지가 말했다.

"아빠, 저 여행 안 갈래요. 집에서 엄마랑 같이 있을 거예요. 같이 병원에 가고 밥도 먹고 재미있는 이야기도 해줄 거예요."

"좋아! 칼, 아픈 엄마를 잘 부탁하마. 얼른 다녀올게."

언제나 따뜻한 사랑으로 서로의 가슴을 뜨겁게 채워주는 일, 이것이 바로 아버지가 내게 가르치고자 했던 사랑이었다. 후에 내가 결혼을 앞두고 있을 때, 아버지는 내게 편지 한 통을 보내왔다.

네가 결혼을 하기 전에 한 가지 일러줄 것이 있어. 서로에 대해 잘 알고 이해하는 건 물론이고, 서로의 사랑이 늘 영원할 거라는 확신이 있어야 해.

사랑이야말로 가장 신성한 교육이란다. 그래서 내가 누누이 강조하지 않았니? 사랑은 모든 행복과 기쁨의 원천이라고. 사랑은 우리에게 인생 최대의 행복을 주는 동시에, 결혼에 대한 막중한 책임을 안겨 준단다.

볼테르는 일찍이 이런 말을 했어.

"결혼과 함께 오는 것은 최대의 행복이 아니라 최대의 고난이다. 때문에 아름다운 결혼 생활은 그 자체가 천국이다."

서로의 사랑으로 행복을 누리고 그 행복을 오래 유지하려면 결혼과 동시에 찾아오는 책임감을 잊지 말아라. 사랑은 너희뿐만 아니라 네 자녀의 교육에 있어서도 매우 중요하단다.

칼, 너도 아이를 낳게 되거든 내가 네게 그랬던 것처럼 넘치는 사랑 안에서 자라게 해라. 사랑은 사람과 사람이 만나 마땅히 누려야 할 의무로서, 상대의 마음 깊은 곳까지 어루만져 줄 수 있단다. 그게 바로 사랑이 지닌 힘이야. 네 아이가 사랑이 넘치는 아이로 자라게 하려면 부모가 먼저 본보기가 되어야 한단다. 이건 결코 말로써만 보여줄 수 있는 게 아니야.

기억나니? 내가 매일 아침 네 엄마를 위해 신선한 꽃을 꺾어주었지만, 단 한 번도 네게 나와 똑같이 하길 강요한 적이 없었어. 그런데도 너 역시 꽃을 꺾어 엄마를 기쁘게 해 주었던 건 내가 네 엄마를 아껴주는 모습을 보면서 네 스스로 무엇이 진정한 사랑인지를 깨달았기에 가능한 일이었단다.

아버지의 언행은 자녀교육에 지대한 영향을 미친단다. 부모가 먼저 모범이 되지 못하면 그 교육은 다 거짓말이야. 부모가 먼저 사랑을 실천하지 못하는데 어떻게 그 자녀가 사랑을 베풀 수 있겠니? 나중에 아이를 낳거든 네 언행과 몸가짐부터 바르게 하거라. 그러면 네 아이도 자연히 너를 닮아 갈 거란다.

♠ 용기 있는 아이로 키워라

　　　　　　　　내게 참을성과 용기를 길러주는 일 역시 아버지가 내게 행한 정신교육의 일부였다.

용기란 위험과 재난에 맞설 수 있는 패기로, 곳곳에 위험이 도사리고 있는 우리의 인생에서 매우 가치 있는 미덕이다. 그래서 용기는 일찍 가르칠수록 그 효과가 높다. 이는 아버지가 일찍이 내게 했던 말이다.

그 사람이 어떤 천성을 타고 났느냐는 매우 중요하다. 하지만 나약하게 태어났더라도 후에 적절한 교육으로 용기를 길러주면 선천적인 결함은 얼마든지 메울 수 있다.

아버지는 내가 위험에 맞서는 일을 염려하지 않았다. 자녀에게 무슨 일이 생길까 지나치게 염려하면 오히려 용기를 기를 수 있는 절호의 기회를 잃게 된다고 생각했다.

타고난 천성은 그다음 문제다. 천성적으로는 우리 독일인이 가장 용감하다고 하지 않는가! 자녀가 용기와 패기를 지니지 못하는 것은 부모가 일찍 그것의 중요성을 가르치지 않았기 때문이다. 전쟁터에서 적군의 화살을 두려워하지 않고, 일상생활 속에서 위험을 겁내지 않는 것이 용기의 전부는 아니다. 사람들은 죽음만큼 두려운 것이 없다고 말하지만, 실패와 굴욕, 그리고 가난은 사람들을 더욱 두려움에 떨게 만든다.

우리는 누구나 이러한 두려움을 지닌 채 살아간다. 그렇다면 진정한 용기란 무엇일까? 바로 어떠한 역경이 닥쳐도 이성을 잃지 않고 자신의 지혜를 발휘하며 계속 전진할 수 있는 힘이다. 아버지는 용기의 가치를 모르면 아무리 많은 지식을 쌓아도 다 무용지물이라고 말했다.

아버지는 내게 용기를 길러주기 위해 아주 어렸을 때부터 공포감을 주는 이야기나 무서운 사진을 멀리하게 했다. 어린 시절의 기억이 평생을 좌우하기 때문이다. 어렸을 때부터 어둠을 무서워한 아이는 커서도 밤길을 혼자 다니지 못하게 된다.

비요크는 우리 옆집에 사는 아이였다. 당시 마을에는 한 미치광이가 있었는데, 비요크는 어린 시절 나쁜 친구들과 어울리며 툭하면 그를 괴롭혔다. 한번은 비요크와 친구들이 그를 에워싸며 놀렸는데, 미치광이가 갑자기 칼을 들고 쫓아오는 것이 아닌가! 순간 위협을 느낀 비요크는 죽을힘을 다해 집으로 들어와 숨었다. 그런데 미치광이는 어느새 그의 집 문 앞까지 쫓아왔다. 다행히 간발의 차로 문을 잠그는 바람에 위험을 면할 수 있었다. 그 후로 20년이 넘는 세월이 흘렀다. 그는 장성한 어른이 되었고 그날의 기억은 모두 사라졌지만, 그는 자신도 모르게 수시로 뒤를 돌아보고 꼭 문을 잠그는 습관이 생겼다.

어린 시절의 부정적인 기억은 사람을 나약하게 만들고 나아가 평생에 걸쳐 영향을 미친다. 아버지가 내게 무서운 이야기를 들려주지 않은 것은 내가 이와 같은 기억을 갖게 될까 염려해서였다.

아버지는 엄마에게도 내게 악마나 지옥, 귀신과 관련된 이야기를 들려주지 못하게 했다. 여느 부모들이 그러하듯 귀신이야기를 하며 겁을 준 적이 단 한 번도 없었다.

내가 네 살이 되던 해, 한 번은 아버지에게 세상에 정말로 귀신이 존재하는지를 물어본 적이 있었다. 그러자 아버지는 "귀신? 있을 수도 있고, 없을 수도 있지."라며 모호한 대답을 해주었다. 그리고 오히려 내게 되물었다. "네 생각엔 있을 것 같아? 없을 것 같아?"

"음, 왠지 있을 것 같아요." 내가 대답했다.

"왜? 넌 귀신을 본 적이 있어?"

"아니요, 귀신을 본 적은 없지만, 사람들은 전부 귀신이 있다고 믿잖아요."

"직접 귀신을 보지 않고서는 있다고 확신할 수 없지 않니? 사람은 자신의 눈으로 본 것만 믿어야 하는 거란다."

"그럼, 귀신이 있다고 믿는 사람은 모두 귀신을 본 적이 있겠네요?"

"꼭 그렇지만은 않아. 어떤 사람은 보지도 못했으면서 있을 거라고 단정 지어버리지. 넌 그 말을 믿니? 귀신을 진짜로 본 사람은 어디에도 없단다."

하지만 난 여전히 아버지의 말을 믿을 수 없었다.

"그럼 왜 아까는 귀신이 있을 수도 있다고 하셨어요?"

"사실 귀신은 늘 나쁜 짓만 저지르고 다닌단다. 매일 악한 생각만 하고 악한 행동을 하는 사람들을 좀 보렴. 그게 바로 그들의 마음속에 귀신이 있기 때문이야. 하지만 착한 생각만 하는 사람들의 마음속에는 귀신같은 게 들어있지 않아. 다시 말해서 귀신은 나쁜 사람의 마음속에만 존재하는 거란다."

아버지는 천천히 알기 쉽게 설명해주었다.

"하지만 아빠, 사람들이 말하는 귀신은 그런 게 아니었어요. 귀신은 아주 무서운 존재래요."

"사람들이 말하는 귀신은 실제로 사람들의 눈에는 보이지 않아. 원래 이 세상에 존재하지 않기 때문이야. 사람의 악한 마음이 있지도 않은 귀신을 만들어내는 거란다. 칼, 기억해두렴. 귀신과 싸워서 이기고 싶다면 가슴속에 늘 용기와 자신감을 갖고 착하고 정직하게 살아야 해. 착한 일을 하는 천사는 귀신을 두려워하지 않는 법이니까. 이제 알겠지?"

"네. 나쁜 사람의 맘속에 있는 게 귀신이라면, 저는 이제부터 귀신을 무서워하지 않을래요. 저는 용감한 사람이 될 거예요."

내가 자신 있게 대답했다. 그날 이후로 나는 귀신에 대한 두려움과 공포심을 버리고 용기와 자신감을 되찾을 수 있었다.

용기는 단순한 노력으로 쉽게 기를 수 있는 것이 아니다. 자녀를 과잉보호하지 않는 일 또한 용기를 기를 수 있는 좋은 방법이다. 아이가 용기를 잃는 가장 큰 이유는 아픔을 두려워해서이다. 오히려 일부러 시련을 겪게 해서 조금씩 단련을 시켜주는 것이 좋다.

길 가다 넘어졌을 때나 상처가 났을 때도 나는 혼자 꿋꿋하게 그 상황을 이겨냈다. 그때마다 아버지는 나를 일으켜 주지 않고 나 스스로 일어서기를 바랐다.

"칼, 넌 남자니까 이만한 일로 울어선 안 돼. 용감한 아이가 되려면 혼자 일어나야 해."

한번은 내가 심한 감기에 걸려 열이 펄펄 끓었다. 약을 먹였는데도 쉽게 호전되지 않자 당황한 아버지는 다급하게 의사를 불렀다. 의사는 만약 열이 내리지 않는다면 폐렴으로 번질 수도 있다며, 빨리 주사를 놓아서 열을 내려야 한다고 말했다.

당시 세 살이었던 나는 한 번도 주사를 맞은 적이 없어서 주사가 무엇인지도 몰랐다. 하지만 의사의 입에서 주사라는 말이 나온 순간, 아버지의 미간이 약간 찌푸려지는 것을 보고는 분명 아픈 것이라고 직감할 수 있었다. 의사가 주사를 준비하는 동안 나는 순식간에 두려움이 몰려왔고, 곧 울음을 터뜨렸다. 그리고 의사가 주사기 바늘을 엉덩이에 찔러 넣자마자 대성통곡을 하고 말았다.

아버지는 누구보다 내가 겁을 먹은 이유를 잘 알고 있었다. 하지만 엄마가 나를 달래자 아버지는 달래주지 말라는 손짓을 했다.

"이렇게 다 큰 애가 겨우 주사 한 방에 겁을 먹은 거니? 너보다 더 어린 동생들을 보렴. 그 애들은 주사 맞을 때도 얌전히 있는데, 이런 네 모습이 부끄럽지도 않아? 칼, 너는 용감한 아이야. 그러니 어서 눈물 닦아!"

그러자 보다 못한 엄마가 아버지를 나무랐다.

"당신, 애한테 너무 심한 거 아니에요?"

"겨우 이 정도 일 가지고 뭘 그리 걱정해요? 어른이 되고 나면 이보다 더 큰 시련과 고통을 참아야 하는 순간이 분명 올 텐데, 겨우 이런 일에 질질 짜다니! 칼이 진정한 남자로 자라려면 지금부터 강하게 키워야 해.

칼이 훗날 용감한 아이가 될지, 나약한 아이가 될지는 전부 우리 하기에 달렸소. 당신은 칼이 평생 주사 맞는 걸 두려워하며 살길 바라는 거요?"

내가 두 번째로 주사를 맞던 날에도 아버지의 태도는 변함이 없었다.

다음날, 의사는 약속한 시간에 맞춰 우리 집으로 왔다. 나는 의사를 보자마자 서둘러 방으로 들어가 숨어버렸다. 내가 자신을 무서워하자 의사가 웃으며 말했다.

"칼, 널 잡아먹으려고 온 게 아니니 숨을 필요 없단다."

"칼, 얼른 나오렴. 의사 선생님은 네 감기를 빨리 낫게 해주시려고 오신 거야."

엄마가 말했다. 하지만 나는 주사 맞기가 싫어 밖에서 아무리 불러대도 대답은커녕 침대 밑에 숨어 한참 동안 나오지 않았다. 아버지는 어느새 의사 선생님과 함께 내 방문 앞에 서 있었다.

"칼, 숨어도 소용없어. 오늘도 주사 맞아야 해. 그래야 감기가 빨리 낫지! 오늘은 어제만큼 아프지 않을 거야."

"아빠, 저 이미 다 나았어요. 그러니까 주사 안 맞아도 돼요."

"칼, 주사를 맞아야 병이 완전히 낫지. 어제도 잘 맞아 놓고선 뭘 그렇게 무서워하니?"

"그래도…… 주사가 너무 아파요!"

"남자가 겨우 주사 하나에 체면을 구기면 되겠니? 불을 훔쳐 인간에게 문명을 전수한 프로메테우스 이야기를 벌써 잊은 거야? 용감한 사람이 되겠다고 아빠랑 약속까지 했잖니. 주사도 못 맞는 너 같은 겁쟁이가 어떻게 용감한 사람이 될 수 있겠어?"

"어… 그렇지만…"

나는 아빠와의 약속이 떠올랐지만 선뜻 나갈 용기가 나지 않았다.

"살다 보면 누구나 아플 수 있어. 아플 때는 원래 주사를 맞는 거란다. 넌 영원히 겁쟁이가 되고 싶니? 아빠는 우리 아들이

용기 있는 자는 모든 일을 해낼 수 있지만, 그렇지 않은 사람은 평생 남에게 멸시만 당하게 된다. 아버지는 어린 내게 용기에 대한 확실한 신념을 심어주었다. 그리고 그 신념은 평생 내 곁에서 나를 지켜주었다.

용감하다고 믿어. 어서 나와서 너의 씩씩한 모습을 보여주렴."

나는 더 이상 겁쟁이란 말이 듣기 싫어 마침내 용감하게 침대 밑에서 기어 나왔다. 비록 주사는 아팠지만, 그래도 나는 끝까지 잘 참아냈다. 오히려 아픔을 감추려고 노래를 부르는 여유까지 보였다.

내가 조금 자란 후에 아버지는 내 용기를 시험해보기 위해서 종종 담력훈련을 했다. 그러던 중 하루는 아버지를 따라 등산하게 되었다. 그날은 삼촌도 함께했다. 그런데 산 중턱에 올랐을 때쯤, 나는 슬슬 겁이 나서 더 이상 오를 수가 없었다.

"아빠, 절 업어 주시면 안 돼요?"

내가 아버지에게 물었다. 아버지는 나를 물끄러미 바라보더니 아무 말 없이 계속 걷기만 했다. 나중에 알았지만, 아버지는 내게 담력을 키워주기 위해 일부러 그랬던 거였다.

한편 삼촌은 내가 혹여 넘어져서 다치기라도 할까 봐 손을 잡고 걸어

주었다. 간간히 아버지에게 조금 천천히 가라고 말해주기도 하면서 말이다. 나는 결국 애교를 부리다 못해 아버지에게 투정을 부리기 시작했다.

"아빠, 다리가 너무 아파요. 더 이상은 못 걷겠어요. 업어주세요!"

"안 돼. 혼자 힘으로 정상에 오르기로 밑에서 약속했잖니."

아버지는 내 부탁을 단칼에 거절했다.

"됐어, 그냥 내가 업어줄게. 칼이 아직 어린 데다 길이 너무 위험한 것 같아."

보다 못한 삼촌이 말했다. 그러자 아버지는 삼촌이 날 업지 못하게 말렸다.

"이런 게 바로 소심한 성격과 나약함을 고치기 위한 훈련인 거야. 지금 네가 삼촌에게 업히면 평생 누군가에게 의지한 채 살아가게 될 거야. 칼, 아빠와 삼촌이 이렇게 든든하게 옆에 있는데 뭐가 힘드니? 진짜 남자라면 용기 있게 행동하렴."

아버지가 나를 격려했다.

"그래, 칼. 정상이 얼마 남지 않았구나. 조금만 더 힘을 내자!"

삼촌도 한몫 거들었다. 나는 용기를 낸 덕분에 마침내 아빠와 삼촌과 함께 산 정상에 오를 수 있었다. 용기 있는 자는 모든 일을 해낼 수 있지만, 그렇지 않은 사람은 평생 남에게 멸시만 당하게 된다. 아버지는 어린 내게 용기에 대한 확실한 신념을 심어주었다. 그리고 그 신념은 평생 내 곁에서 나를 지켜주는 등불 같은 존재가 되었다.

♠ 자녀에게 자립심을 길러주어라

자녀에게 자립심을 길러주는 일은 시대와 사회를 막론하고 절대 소홀히 할 수 없다. 고대 프로이센에서는 어린 자녀를 강하게 길러내는 일이 하나의 전통이었다고 한다. 프로이센의 귀족들은 어린 자녀를 독립시켜 진정한 기사가 되는 방법을 스스로 터득하게 했다. 그들은 집을 떠나 자립하는 과정이 기사가 마땅히 갖춰야 할 소질을 길러주는 필수 코스라고 믿었다.

아버지는 내게 이 이야기를 들려주며 프로이센의 교육방식에 매우 공감했다. 아버지는 자녀를 지나치게 과잉보호하는 부모를 볼 때마다 안타까워했다.

나의 한 동료는 중년이 되어서 늦게 아들을 얻었다. 그가 아들을 얼마나 예뻐했는지 아들이 다섯 살이나 되었는데도 손수 밥을 먹이고 옷을 입혀주며 신발까지 대신 신겨줄 정도였다. 그는 아들이 잠시만 안 보여도 불안해져서 아들이 종종걸음으로 돌아다니면 그도 아들 뒤를 졸졸 따라다녔다. 그는 한 번도 아들을 혼자 놀게 내버려 둔 적이 없었다. 어쩌다가 아들이 또래 아이들과 시비가 붙으면 한걸음에 달려가 문제를 해결해주었다. 그는 이렇듯 아들을 아무것도 할 줄 모르는 무능한 아이로 키웠다. 한번은 내가 그의 집에 갔는데, 아이는 내게 말을 붙이기는커녕 인사조차 제대로 하지 못했다.

나는 그 아이를 보며 저절로 안타까운 생각이 들었다. 그리고 문득 엄마를 도와 집안일을 하던 다섯 살 때의 일이 떠올랐다.

자녀에게 자립심을 길러주려면 부모가 먼저 대담해져야 한다. 아이가 그깟 어려움 좀 겪는다고 큰일이 나는 것도 아닌데 말이다. 내 주위의 수많은 부모가 자녀에게 자립심을 길러주는 일을 지식 쌓는 일보다 더 우선시한다. 아버지 역시 그렇게 나를 키웠다.

커디의 말에 따르면 아버지는 갓 태어난 나를 한 번도 엄마 품에서 재우지 않았다고 한다. 아예 처음부터 나를 요람에서 혼자 재우며 자립심을 길러주려 했다. 그리고 내가 조금 더 자란 후에는 내 방과 침대를 따로 마련해주었다. 내가 울거나 아플 때 엄마는 늘 옆에 있었지만, 함께 잔 적은 거의 없었다. 내가 혼자 밥을 먹고 옷을 입어야 할 나이가 되었을 때, 아버지는 옆에서 방법만 일러줄 뿐 한 번도 대신 해주지 않았다.

내가 세 살이 되던 해, 부모님은 나를 데리고 음악회에 가려고 했다. 그때 아버지는 내게 처음으로 신발 끈을 묶게 했다. 그런데 한참이 지난 후에도 나는 신발 끈을 묶지 못했다. 그러자 다급해진 엄마가 말했다.

"칼, 시간이 없어. 오늘만 엄마가 해줄 테니까 다음부터는 너 혼자 해. 알겠지?"

그러자 아버지가 엄마를 막아섰다.

"칼, 너도 이제 다 컸잖니? 아빠가 기다려줄 테니까 혼자서 해보렴."

순간 아버지의 의중을 알아차린 엄마가 옆에서 거들었다.

"그래. 칼, 천천히 하렴. 너도 다 컸다는 걸 잊어선 안 돼."

결국 참다못한 내가 말했다.

"엄마, 끈이 안 묶여요. 못하겠어요."

"우리 아들 착하지. 혼자 옷도 입을 줄 아는데 이것도 혼자 할 줄 알아야지. 자, 엄마가 눈 감고 일에서 열까지 세는 동안 다 묶는 거야. 알았지?"

엄마의 격려가 이어졌지만, 난 결국 그 자리에서 울음을 터뜨렸다. 그러자 아버지가 엄마에게 말했다.

"여보, 칼이 신발 끈을 못 묶으면 밖에 못 나가게 해요. 칼은 음악회에 가기 싫은 모양이니 우리끼리 가야겠소."

아버지의 말이 떨어지기가 무섭게 내가 소리쳤다.

"싫어요! 나도 갈 거예요! 혼자서 할 수 있어요!"

부모님 앞에서는 나의 눈물 어린 호소도 애원도 아무 소용이 없었다. 그날 이후로 나는 혼자서 문제를 해결하는 법을 터득하기 시작했고, 신발 끈 묶는 법도 제대로 배웠다. 이렇듯 아주 사소한 일 하나도 아버지는 나 스스로 할 수 있도록 도왔다.

내가 여덟 살이 되었을 때의 일이다. 나는 매일 피아노를 배우러 다녔다. 그런데 하루는 피아노를 배우러 가는 길에 낯선 아이들이 우르르 몰려와 날 무서운 눈으로 째려보기 시작했다. 대략 다섯 명의 아이들이 나를 둘러쌌다. 그중 대장으로 보이는 한 아이는 체격이 매우 건장했지만 나머지는 비교적 나이가 어려 보였다. 순간 덩치가 가장 큰 아이가 나를 불러 세웠다.

"야! 거기 서!"

"왜, 무슨 일이야?"

"왜라니? 빨리 돈 내놔!" 아이가 큰 소리로 말했다.

"왜 내가 너희한테 돈을 줘야 해?" 나는 의아한 생각이 들었다.

"하하! 이게 겁도 없이 까불고 있어! 너 잉스트라는 이름 못 들어봤어? 내가 바로 이 동네 '대장'이야."

체격 좋은 아이가 거만한 표정을 지으며 말했다.

"그게 어째서? 왜 내가 돈을 줘야 하는데?"

"어째서라니? 궁금하면 애들한테 물어봐. 나한테 돈을 안 주고 멀쩡히 학교를 다닐 수 있는지 말이야. 빨리 안 내놓으면 여길 못 지나갈 줄 알아."

"그런 게 어디 있어? 이 길이 네 거야?"

"네가 아직 사태 파악을 못 했나본데, 여긴 내가 관리하는 구역이라서 여길 지나려면 누구든지 통행료를 내야 해. 그러니까 빨리 돈 내놔!"

"말도 안 돼! 지금은 내가 돈이 없어. 하지만 돈이 있어도 너희한테는 줄 수 없어."

그러자 아이들이 나를 거세게 벽으로 밀치더니 주먹으로 때리고 발길질을 하기 시작했다.

"좋아! 내 주먹맛을 봐야 정신을 차린단 말이지? 오늘은 됐고 내일까지 돈 갖고 와!"

아이들은 곧 그 자리를 떠났다. 나는 집으로 돌아온 후, 아버지에게 낮에 있었던 일을 자세하게 이야기했다.

"아빠, 내일 그 애들 만나서 혼 좀 내주세요. 그 애들은 맞아야 정신 차릴 거예요."

나는 아직 흥분이 가라앉지 않은 목소리로 아버지에게 말했다. 엄마는 내가 맞았다는 것을 알고는 순간 안쓰러운 표정을 지었지만, 뜻밖에도 아버지의 목소리는 조금의 흔들림도 없었다.

"칼, 모두 어린 아이들이었니?"

"네, 모두 나이가 저랑 비슷해 보였어요. 그 덩치 큰 대장만 저보다 서너 살 많고요."

"그건 네 친구들 사이에서 일어난 일이잖니, 그럼 네 스스로 해결해야지. 내가 가서 혼을 내주면 오히려 그 아이들을 함부로 대하는 게 된단다. 난 이 일에 끼어들고 싶지 않구나."

"그런 애들은 모두 질이 나빠요. 어린 칼이 어떻게 혼자 해결해요? 이렇게 맞고 온 거 안 보여요? 당신이 안 가면 나라도 가서 혼내주겠어요."

엄마가 화를 내며 말했다.

"당신은 가만히 있어요. 당신이 나서서 도와주면 칼은 용기 없는 아이가 되고 말 거요."

"그래도 그렇죠……."

"칼은 똑똑하니까 잘 해결할 거요."

아버지는 다시 고개를 돌려 내게 말했다.

"칼, 아빠가 너를 도와줄 수 없는 이유는 두 가지란다. 하나는 내가 어른이라는 이유로 어린 아이들을 함부로 혼내서는 안 되기 때문이고, 또 하나는 네게 용기를 주기 위해서야. 예전에 아빠가 했던 말 기억하지? 자기 일은 스스로 해결해야 한다고 말이야."

"아빠, 무슨 말인지 잘 알겠어요. 그런데 어떡해요? 피아노를 배우려면 내일도 그 길을 지나가야 하는데 그 애들한테는 죽어도 돈을 주기 싫어요."

나는 벌써부터 내일이 걱정되기 시작했다.

"네가 이 일로 얼마나 겁을 먹었을지 나도 잘 알고 있단다. 네가 아직 나이가 어려서 더더욱 그럴 거야. 하지만 나중에는 분명 이보다 더 큰 어려움이 닥칠 텐데 그때도 이렇게 도와달라고만 할 거니? 게다가 엄마 아빠는 평생 너와 함께 살 수 없단다. 아빠는 네가 할 수 있을 거라고 믿어. 서두르지 말고 잘 생각해보렴. 네가 체격으로는 그 아이들을 이길 수 없겠지만, 너는 똑똑하니까 잘 생각해보면 분명 좋은 방법이 있을 거야."

그날 저녁 나는 어렵사리 방법을 생각해냈다. 다음날, 나는 그 길을 지나가다 어김없이 그 아이들과 다시 마주쳤다. 하지만 나는 물러서지 않고 오히려 당당하게 행동하며 대장이란 아이에게 따끔하게 충고했다. 그러자 대장인 아이는 무척이나 부끄러웠는지 두 번 다시 나를 괴롭히지 않았다. 그리고 더 이상 다른 친구들의 돈을 빼앗지도 않았다.

어릴 적 신동이었던 아이들에게서 흔히 볼 수 있는 현상이 하나 있다. 이는 일단 부모 곁을 떠나면 낯선 생활에 쉽게 적응하지 못한다는 점이다. 하지만 난 예외였다. 부모님 곁을 떠나 멀리 외국으로 유학을 간 뒤에도 오로지 내 힘으로 생활해냈다. 아버지가 일찍이 내게 자립심을 길러준 덕분에 나는 더욱 강한 도전정신으로 자주적인 삶을 살 수 있었다.

♠ 자신의 창의력을 믿어라

아버지는 창의력이 있는 자만이 진정한 천재가 될 수 있으며, 새로운 것에 도전하는 용기가 창의력의 원천이라고 말했다.

이런 용기를 지닌 사람은 역사 속에서도 얼마든지 찾아볼 수 있다. 바로 갈릴레오 갈릴레이가 그런 경우다. 천년이 흐르는 동안 아무도 아리스토텔레스의 학설에 반박하는 이가 없었다. 하지만 유일하게 그의 권위에 도전한 이가 갈릴레이다. 아리스토텔레스의 학설은 이것이다.

"크기가 다른 두 개의 쇠공을 동시에 공기 중에 떨어뜨리면, 큰 공이 작은 공보다 먼저 땅에 닿는다."

하지만 갈릴레이는 두 공이 동시에 땅에 닿는다고 주장했다. 사람들은 하나같이 그를 비웃었다.

"당신은 미쳤어! 아리스토텔레스는 진리의 화신이야. 절대 틀리는 법이 없다고!"

하지만 갈릴레이는 당당히 맞섰다. 그리고 피사의 사탑에 올라 사람들 앞에서 아리스토텔레스의 학설이 가짜고 자신의 학설이 진실임을 증명해보였다.

니콜라스 코페르니쿠스 역시 마찬가지다. 당시 사람들은 모두 지구가 중심인 천동설을 믿었다. 하지만 그는 이에 연연해하지 않고 태양이 중심인 지동설을 주장했다. 그는 이 발견으로 근대 과학의 새 장을 여는 업적을 이뤘다.

아버지는 한 번도 권위적이고 보수적인 방식으로 나를 구속하지 않았다. 아버지가 말했다.

"나는 네가 무능한 사람이 되길 바라지 않아. 이 세상에 꽉 막힌 생각을 지닌 사람들이 얼마나 많니? 현실에 굴복하며 살아가다보면 결코 자신만의 창의력을 지닐 수 없단다."

후에 나는 유명한 신동이자 학자인 존 스튜어트 밀(John Stuart Mill)의 《자유론》을 읽었다. 그의 아버지 역시 우리 아버지와 똑같은 견해를 지니고 있었다.

내가 받은 조기교육은 매우 유용한 것이었다. 현재 많은 청년들의 사고와 지식은 다른 사람이 그들의 머릿속에 억지로 집어넣은 것들로 가득하다. 그들은 하나같이 주입식 교육을 받고 자랐다. 그래서 독창적인 사고와 창의력을 잃어가고 있다.

아버지는 주입식 교육을 반대했다. 나 역시 그런 교육을 받은 적이 없다. 아버지는 내가 그들과 같은 길을 가되 절대 그들이 나를 이끌도록 하지 말고 내가 먼저 그들 앞에 서라고 말했다.

내가 새로운 질문을 던질 때마다 아버지는 바로 정답을 알려주지 않았다. 그는 언제나 내게 이렇게 말했다.

"네 스스로 한 번 생각해 보렴."

내가 아무리 생각해도 답을 찾지 못할 때, 아버지는 그제서야 그 문제를 설명해주고는 했다. 아버지는 내게 정답을 알려주기보다 문제를 풀 수 있는 열쇠를 제공했다. 숙제를 할 때도 마찬가지였다. 아버지가 가르쳐준 공식으로 문제를 풀었을 때, 아버지는 무뚝뚝한 얼굴로 이렇게 말할 뿐이었다.

"잘했구나. 하지만 이게 아닌 다른 공식도 한번 찾아보렴."

내 생각과 노력으로 답을 찾아냈을 때는 설사 그것이 정답이 아니더라도 아버지는 나의 노력을 아낌없이 칭찬해주었다. 아버지의 이런 교육 덕분에 나는 창조적으로 사고할 수 있게 되었고 어떤 문제를 접하든 다양한 해결방법으로 그 문제를 풀어갈 수 있었다.

시간이 흘러 내가 학교에 다니고 싶어 하자 아버지는 나를 한 중학교에 보냈다. 그런데 얼마 못 가 나는 학교생활에 크게 실망하고 말았다. 수학 선생님은 책 속에 나와 있는 것만 정답이라고 여기는 고지식한 사람이었다. 내가 새로운 답을 얘기하려고 하면 아예 발표를 시켜주지도 않았다. 그리고 시험을 칠 때도 책에 나와 있지 않은 답을 쓰면 설사 그 답이 맞더라도 내게 빵점을 주었다.

나는 화가 나서 시험지를 들고 아버지를 찾아가 자초지종을 얘기했다. 그러자 아버지도 화를 감추지 못했다.

"어떻게 학교 선생님이란 사람이 아이들에게 똑같은 답만 요구할 수가 있니? 정말 이해할 수가 없구나."

그리하여 짧았던 학교생활은 끝이 났다. 나는 예전처럼 집에서 아버지와 함께 자유로운 분위기 속에서 공부하며 나만의 상상력을 마음껏 발휘했다.

교육에 있어서는 아버지의 신념도 밀의 아버지와 같았다. 매우 사소한 일이라도 나의 상상력과 창의력을 길러주기 위해 노력했다.

한번은 아버지의 친구가 그의 아들 랜달을 데리고 우리 집을 방문했다. 랜달은 나보다 두 살이 더 많았는데, 처음 만난 기념으로 내게 선물을 하나 주었다. 그가 준 선물은 다양한 그림이 그려진 작은 카드를 배열해 여러 가지 큰 그림을 만들 수 있는 퍼즐형식의 놀이도구였다.

그런데 한참을 잘 놀다가 둘 사이에 말다툼이 일어나고 말았다. 나는 동물 그림을 가운데 놓는 게 더 보기 좋을 거라고 말했지만, 랜달은 원래 주어진 그림대로 만들어야 한다고 우겼다.

"랜달, 이것 봐, 왠지 동물그림을 가운데 놓아도 괜찮지 않을까?"

내가 말했다.

"퍼즐은 원래 주어진 그림대로 맞추는 거잖아. 네 말대로 하면 전체 그림이 엉망이 될 거야."

"왜 꼭 원래 그림대로 맞춰야 하는데? 원래 그림이 내 것보다 못하잖아."

"설명서에 나와 있는 대로 하는 게 규칙이야. 우리 아빠가 그러는데 규칙을 지키지 않는 사람은 나쁜 사람이래. 착한 아이는 원래 규칙대로 하는 거야."

"난 나쁜 아이가 아니야! 어차피 규칙이란

아버지가 말했다. "난 그저 아이들이 자신만의 생각과 창의력을 발휘하도록 도와주고 싶을 뿐이야. 창의력은 꼭 필요해. 아이가 커서 뛰어난 학자가 되든지, 예술가나 과학자, 정치가가 되든지 말일세. 상인이나 농부가 되더라도 창의력은 결코 없어선 안 돼."

것도 사람이 만들어낸 거잖아. 우리 아빠는 상식을 깨고 용감하게 행동하는 아이가 착한 아이랬어."

"너랑 너희 아빠 둘 다 틀렸어! 지금은 내가 시키는 대로 해!"

랜달이 말했다.

"왜 내가 네 말을 들어야 하는데?"

나는 여전히 굽히지 않았다.

"내가 너보다 형이잖아! 내가 너보다 크니까 너보다 더 많이 알아. 그러니까 내 말을 들어야지."

그가 거만한 표정으로 말했다.

"형은 창의력이 부족해. 난 형 말 안 들을 거야. 매일 그렇게 규칙대로만 하는 사람이 어디 있어? 이참에 누가 더 똑똑한지 한번 겨뤄볼까?"

랜달은 창의력이 부족하다는 내 말에 화를 냈고, 결국 말싸움은 몸싸움으로 번지고 말았다. 아버지와 친구가 그 소리를 듣고 다급하게 달려와 우리가 싸우는 이유를 물었다. 우리는 씩씩거리며 방금 있었던 일을 솔직하게 털어놓았다. 그러자 아버지가 말했다.

"겨우 그만한 일로 싸웠단 말이니? 칼, 랜달은 우리 집에 놀러온 손님이잖니. 손님을 이렇게 함부로 대하면 어떡하니? 어서 형한테 미안하다고 사과하렴."

나는 사과하기 싫었지만, 아버지 때문에 마지못해 사과했다. 그러자 랜달도 내게 미안하다고 말하며 더 이상 화를 내지 않았다. 아버지는 다함께 퍼즐을 맞추자고 제안했다.

"랜달, 칼이 말한 대로 동물그림을 가운데 놓으면 정말 이상할 것 같니?"

내 퍼즐을 본 아버지가 랜달에게 물었다.

"아니요. 이상하진 않지만, 그래도 퍼즐은 원래 그림대로 맞추는 게 더 보기 좋아요."

랜달은 부끄러운 듯이 대답했다.

"랜달, 그거 아니? 사실 난 칼의 말이 틀리지 않다고 생각한단다. 어디에나 규칙은 있지만, 가끔은 그걸 떠나 자신만의 독특한 상상력을 발휘해보는 건 어떨까? 난 칼에게 한 가지 생각에 얽매이지 말라고 가르쳤단다. 이렇게 독특한 창의력은 얼마든지 칭찬받을 만해. 그렇지?"

"하지만 우리 아빠는 규칙대로 해야 한다고 그랬어요."

"네 말도 맞아. 사람은 누구나 규칙을 지키며 살아야 해. 하지만 그 규칙에 얽매여서는 안 돼. 안 그럼 우리 삶이 얼마나 답답하겠니?"

나는 잠시 후, 아버지가 랜달의 아버지와 나누는 대화를 들었다.

"이보게, 자네처럼 가르쳤다간 아이들 모두 규칙을 무시하고 제멋대로 굴기 쉽겠어."

아버지의 친구가 말했다.

"그렇지 않네. 난 그저 아이들이 자신만의 생각과 창의력을 발휘하게 도와주고 싶을 뿐이야. 창의력은 꼭 필요해. 아이가 커서 뛰어난 학자가 되든지, 예술가나 과학자, 정치가가 되든지 말일세. 상인이나 농부가 되더라도 창의력은 결코 없어선 안 돼."

자녀의 인생에서
교육은 필수이다

난 네가 위대한 사람이 되길 바라지만, 종일 책만 보며 아무것도 할 줄 모르는 바보가 되길
바라지는 않아. 진정 위대한 사람은 풍부한 학식을 바탕으로 뛰어난 현실적 능력도 갖춰
야 해. 아무리 똑똑한 두뇌와 광범위한 지식을 갖춰도 그것을 쓸 줄 모르는 사람은 결코 위
대한 사람이 될 수 없단다.

♠ 스스로 인생을 계획하게 해라

아버지는 일기 외에도, 나의 각 성장단
계에 따른 학습상황을 기록한 노트가 따로 있었다. 아버지는 그 노트만
봐도 내가 자라온 과정을 한눈에 이해할 수 있다고 말했다.

후에 나는 그 노트를 보게 되었다. 그것은 내게 무한한 감동과 유용한
정보를 동시에 주었다. 아버지는 노트에 두 가지 내용을 기록해놓았다.
하나는 아버지가 직접 짜준 하루의 일과표였고, 또 하나는 그날 상황에
맞춰 약간의 수정을 더한 일과표였다.

아버지가 직접 짜준 하루의 일과표는 대강 이런 내용이다.

『6시에 일어나서 6시 반에 산책하고, 8시엔 외국어 공부, 그리고 9시
에는 역사 공부 ······.』

그리고 그때 상황에 맞춰 약간의 수정을 더한 일과표는 이렇다.

『오늘은 칼이 평소보다 10분 늦은 6시 10분에 일어났군. 감기 때문에 몸이 안 좋으니까 운동을 쉬는 게 좋겠어. 8시엔 외국어 공부를 하고, 계획이 5분 정도 늦어졌으니까 9시 10분에 역사 공부를 ……』

내가 아버지에게 노트에 이토록 상세하게 기록해둔 이유를 묻자, 아버지는 이렇게 말했다.

"사람의 인생은 유한하단다. 시간을 정확하게 계획해야만 쓸데없는 낭비를 줄일 수 있어. 그래서 계획을 짠 후에 엄격하게 지키도록 한 거란다. 그날의 상황에 맞춰 현실적인 계획을 짜둔 것은 네가 시간을 유용하게 쓰도록 하기 위해서야. 게다가 그렇게 함으로써 네게 시간의 소중함을 일깨우고 좋은 습관을 길러줄 수 있단다."

이렇듯 아버지는 시간 계획에 철저한 분이었다. 아버지의 이러한 계획은 나의 학습에 매우 긍정적인 영향을 미쳤다. 그래서 나는 철저한 시간관념을 지녀 내 하루 일과를 유용하게 안배할 수 있게 되었다.

어른이든 어린 아이든 하루 중 반드시 해야 하는 일과 안 해도 되는 일이 있다. 하지 않아도 되는 일은 소중한 시간을 갉아먹는다. 그래서 합리적인 시간 계획을 세워 인생을 효율적으로 이용하는 일은 굉장히 중요하다.

물론 어렸을 때는 아버지에게 이런 노트가 있었다는 사실조차 몰랐다. 또한 내게 행한 아버지의 교육이 철저한 시간 계획에 따른 것인지도 알지 못했다. 어른이 되고 보니 누구보다 아버지의 판단이 정확했다는 것을 알게 되었다.

내가 여덟 살이 되자 아버지는 시간 계획을 직접 세우라고 말했다. 그전까지는 공부를 비롯한 기타 일상생활을 대부분 아버지가 짜준 일과표대로 실천했는데 이제는 스스로 자신의 일과를 계획하는 것이 더 효과적이라고 생각한 것이다. 아버지는 더 이상 나의 하루 일과에 크게 관여를 하지 않고 내가 직접 24시간을 활용하도록 했다.

처음 아버지가 혼자서 계획을 세워보라고 했을 때, 나는 막막하기만 했다. 외국어 공부와 수학 공부는 각각 몇 시간 동안 해야 하는지, 오전과 오후 중 어느 때가 나은지, 아무것도 정할 수가 없었다.

그렇게 사흘이 지나도록 나는 소중한 시간만 낭비하고 있었다. 아무리 생각해도 어떤 것이 합리적인 계획표인지 알 수 없었기 때문이다.

그 며칠 동안 내가 공부를 할 수 없었던 것은 순전히 계획을 세우지 못한 탓이었다. 나는 어느새 스스로 하루 일과를 계획하는 일에 지쳐있었다. 그래서 아버지에게 불만을 토로했다.

"아빠, 예전처럼 아빠가 일과표를 짜주시면 안 돼요? 뭘 어떡해야 할지 하나도 모르겠어요. 너무 어려워요."

"왜 하나도 몰라?" 아버지가 물었다.

"전 아직 어리잖아요! 전 그럴 만한 능력이 없어요. 전 지금도 아버지가 세워준 계획대로 움직이고 있는 걸요. 어린애들은 어른이 정해준 시간표대로 움직이는 게 편하다고요."

"정말 네게 그럴 만한 능력이 없다고 생각하니?"

"꼭 그런 건 아니지만, 이제 겨우 여덟 살인데 어떻게 혼자 계획표를 만들어요?"

"마크는 세살 때 부모님이 모두 돌아가셔서 형이 그를 키우다시피 했단다. 그런데도 그는 훗날 유명한 은행가가 되었어. 당시 어린 그에게는 하루 일과를 정해줄 만한 사람이 없었단다."

"엄마, 아빠가 없어도 형이 있었잖아요." 내가 말했다.

"그의 전기를 한번 읽어보렴. 그럼 그가 어떻게 자랐는지 이해할 수 있을 거야."

아버지는 더 이상 그에 대해 이야기하지 않았다.

저녁을 먹은 나는 곧장 책장에서 그의 전기를 꺼내들었다. 책을 한 장 한 장 읽어 내려가는 동안 나 자신이 참으로 부끄러웠다. 특히 그의 어린 시절에 관한 부분을 읽을 때는 더더욱 그랬다. 그의 형은 글을 모르는 사람이었다. 학교도 다니지 못한 그는 그저 열심히 일해서 돈을 많이 벌어 동생을 배불리 먹일 생각만 하는 사람이었다.

일과표를 짜는 건 물론이고 공부도 혼자 스스로 해야 했다. 그가 여섯 살이 되었을 때, 형은 그에게 최소한의 교육을 받게 하려고 학교에 보냈다. 그때부터 주인공은 모든 일을 혼자 힘으로 해내야 했는데, 그 경험들이 훗날 인생을 사는 데 밑거름이 되어주었다.

어려운 가정환경 속에서도 그가 훌륭한 사람이 될 수 있었던 것은 그의 어린 시절과 깊은 관련이 있다. 그는 학교에서 최소한의 지식과 생활 능력을 배우며 자신의 인생을 창조해나가는 법을 깨달았다.

그의 전기를 읽으며 나는 내가 행운아라는 생각이 들었다. 겨우 계획표 하나 만드는 일로 아버지에게 짜증을 부린 내 자신이 부끄러웠다.

그날 나는 말없이 학습계획표를 세웠다. 물론 처음에는 머릿속이 복잡했지만, 하나씩 중요한 일부터 떠올리며 빈칸을 채워나갔다. 나는 새로 짠 계획표를 아버지에게 보여주었다. 그러자 아버지가 웃으며 말했다.

"칼, 잘 만들었구나. 어때? 생각보다 어렵지 않지? 아빠는 네가 너무 자랑스러워, 드디어 너 자신만의 특별한 24시간을 가지게 되었구나."

그날 이후로 어떤 일이 있어도 자신만의 계획표를 짜는 일을 게을리하지 않았다. 합리적인 계획표는 내가 성공을 향해 가까이 갈 수 있었던 비결 중 하나이다.

♠ 원칙을 지키고 시간을 엄수해라

어린 아이들은 대체로 시간관념이 부족하다. 특히 나이가 어릴수록 자신이 하고 싶을 때 충동적으로 행동하는 경우가 많다. 일이 계획적이지 않을뿐더러, 시간의 소중함도 알지 못한다.

나는 어렸을 때부터 사람들에게서 신동이란 소리를 들으며 자라왔다. 하지만 나 역시 다른 또래 아이들처럼 시간이란 무엇이며, 왜 반드시 그것을 지켜야 하는지를 정확하게 알지 못했다.

아버지는 자주 내게 이렇게 말했다. "시간을 지키는 건 곧 네 인격을 지키는 일이기 때문에, 무슨 일이 있어도 시간을 지키는 습관을 들여야 한단다."

하루는 오후 세 시에 아버지와 함께 낚시를 하기로 약속을 했다. 우리가 사는 마을에서 멀지 않은 곳에 작은 강이 하나 있었다. 그 강에는 유난히 물고기가 많이 살았다. 그래서 마을 사람들이 자주 찾는 명소 중 하나였다.

매주 주말이 되면 마을 사람들은 종종 그 강에 와서 낚시를 하거나 물놀이를 즐겼다. 때때로 작은 파티가 열리기도 했는데, 그때마다 강가에는 사람들의 웃음소리와 환호성으로 가득했다.

나는 이미 오전에 친구를 만나기로 전날 이미 약속을 한 상태였다. 나는 친구를 만나 일찍 헤어진 뒤, 아버지와 강에 가야겠다고 생각했다. 하지만 친구와 노느라 아버지와 약속한 시간을 깜빡 잊고 말았다. 내가 집으로 돌아왔을 때, 시계는 이미 세 시 반을 가리키고 있었다. 나는 낚싯대를 든 채 문 앞에 서 있는 아버지를 쳐다보았다. 아버지는 단단히 화가 난 듯 보였다.

"아빠, 저 다녀왔어요. 빨리 낚시하러 가요."

"지금이 대체 몇 시니?"

아버지의 목소리는 굳은 표정만큼이나 냉랭했다.

"세 시 좀 넘었어요."

"세 시가 좀 넘어? 벌써 세 시 반이잖니! 약속을 했으면 시간을 지키라고 내가 누누이 말하지 않았니?"

아버지는 순간 언성을 높였다. 나는 아버지가 별 것도 아닌 일에 지나치게 화를 낸다는 생각이 들었다. 그래서 당당하게 말했다.

"친구랑 노느라고 시간을 깜박했어요. 겨우 30분 늦었는데, 지금 가도 안 늦어요."

아버지는 잠시 나를 바라보더니 낚싯대를 들고 말없이 문을 나섰다. 강에서 낚시를 할 때도 아버지는 방금 전에 있었던 일에 대해 한마디도 꺼내지 않았다. 단지 내게 어떻게 낚시를 하는지, 낚싯대를 어떻게 사용하는지를 알려줄 뿐이었다.

"이제 할 수 있겠지? 난 저기 위에서 고기를 잡을 테니 넌 저 밑에서 고기를 잡으렴. 그리고 정확히 여섯 시에 여기서 만나는 거야. 혼자서 아무 데나 가면 안 돼!"

아버지는 강을 따라 위로 걸어 올라갔다. 방금 낚시하는 법을 터득한 나는 금세 고기를 잡는 일에 흥미를 붙였다. 그래서 시간 가는 줄도 모른 채 계속 고기를 잡기 위해 이리저리 뛰어다녔다. 그러는 사이 해가 저물어 하늘이 어두컴컴해졌다. 내가 주위를 둘러보니 다른 낚시꾼들은 벌써 맛있는 냄새를 풍기며 저녁준비를 하고 있었다.

나는 옆에 있는 아저씨에게 시간을 물은 뒤에야 지금이 일곱 시라는 사실을 알았다. 하지만 어디에도 아버지는 보이지 않았다. 나는 내심 불안한 생각이 들었다. '아버지와 만나기로 한 시간은 분명 여섯 시였는데, 왜 아직 안 오시는 거지? 무슨 일이라도 생겼나?'

시간은 차츰차츰 흘러갔지만, 아버지는 여전히 보이지 않았다. 날은 이미 어두워질 대로 어두워져 주위에 있는 사물조차 제대로 보이지 않을 정도였다. 뱃속에서는 꼬르륵 하는 소리가 쉴 새 없이 들려왔다. 그로부터 30분이 더 지나서야 아버지가 나타났다.

"아빠! 아빠!" 내가 다급하게 아버지를 불렀다.

"칼, 저기 위쪽에는 물고기가 아주 많단다. 이것 보렴. 아주 크지? 다

음엔 저 위로 한번 올라가봐야겠구
나."

아버지는 자신이 얼마나 늦었는
지 알지 못하는 듯 웃으며 말했다.

"아빠!" 내가 볼멘 목소리로 아버
지를 불렀다. "분명 여섯 시에 여기
로 온다고 하지 않으셨어요? 보세
요. 벌써 일곱 시가 넘었잖아요."

그러자 아버지가 물고기를 내려
놓으며 진지하게 말했다.

아버지는 자주 이렇게 말했다. "시간을 지키는 건 곧
네 인격을 지키는 일이기 때문에, 무슨 일이 있어도
시간을 지키는 습관을 들여야 한다."

"칼, 사람을 기다리게 하는 게 얼
마나 나쁜 행동인지 이제 알겠니?
시간을 지키지 않는 행위는 다른 사람뿐만 아니라 자기 자신에게도 그만
큼 손해야. 내가 시간을 안 지키니까 기분이 나쁘고 불안해졌지? 낮에 네
가 늦게 들어왔을 때 아빠 마음이 어땠을지 이제야 알겠니?"

나는 문득 낮에 있었던 일이 떠올랐다.

"복수한 게 아니야. 단지 시간을 어기면 어떻게 되는지 알게 하고 싶었
을 뿐이란다. 그래야 다음에 같은 실수를 저지르지 않지."

아버지는 내가 잘못을 저질렀을 때 말로만 혼내기보다 직접 상대방의
입장이 되어보게 했다. 직접 그 감정을 느껴봄으로써 같은 실수를 반복
하지 않게 하기 위해서였다. 그날 이후로 나는 시간을 칼 같이 지키는 아
이가 되었다.

♠ 무슨 일이든지 완벽을 추구해라

아버지는 자주 내게 이런 말을 했다.

"보람 있는 인생을 살고 싶거든 무슨 일을 하든지 매사에 완벽을 추구하려는 마음가짐을 가지렴. 이 역시 우리가 인생을 바라볼 때 꼭 가져야할 태도이자, 올바른 습관이란다."

주위를 둘러보면 건성으로 일을 하거나 대충대충 공부하는 사람들이 많다. 자신이 하는 일에 좀 더 완벽을 기하지 않기 때문에, 크고 작은 실수를 하고 남에게 신뢰를 주지 못한다.

남이 하지 못한 일을 해내고 사회발전에 이바지한 사람들 중에는 누구 하나 완벽을 추구하지 않는 사람이 없다. 완벽을 추구하는 사람은 생활 속 작은 일부분까지도 세심한 관심을 기울이기 때문에, 이러한 습관이야말로 성공을 위해 갖춰야 할 중요한 조건 중 하나다. 특히 예술 방면에서 이러한 습관은 더욱 빛을 발한다.

다빈치는 무려 4년에 걸쳐 〈모나리자〉를 완성했다. 또한 모차르트는 누구보다도 자신에게 엄격했기에 〈피가로의 결혼〉을 무려 84번이나 수정했고, 베토벤은 한 방울 한 방울 피땀을 흘려가며 〈합창교향곡〉를 완성했다. 〈합창교향곡〉은 들었을 때 기세가 충만한 것이 단숨에 써 내려간 듯한 느낌을 준다. 그래서 베토벤이 오랫동안 심혈을 기울여 아주 어렵게 만든 작품이라고 쉽게 상상하기 어렵다.

이처럼 세상에 이름이 알려진 위대한 인물들의 위대한 작품은 하나같이 그들이 완벽을 기해서 만든 것이다. 하나님은 세상의 만물을 창조한 뒤 생기를 불어넣어 인간의 삶을 풍요롭게 해주었다. 나는 인간 역시도 하나님이 심혈을 기울여 완벽하게 만든 하나의 작품이라고 생각한다.

어렸을 때, 나는 그림그리기를 좋아했다. 그림그리기는 예술시각 능력뿐만 아니라, 여러모로 도움이 많이 되는 취미 중 하나였다. 분명 누군가는 이렇게 물을 것이다.

"그림이 예술시각 능력을 기르는데 효과가 있는 건 알지만, 다른 방면에는 어떤 도움이 되나요?"

내가 말하고 싶은 것은 단순히 그림그리기뿐만 아니라, 심신건강에 도움이 되는 건전한 취미는 자녀의 성장에 충분한 도움이 된다는 점이다. 이는 교육자가 이를 어떻게 충분히 활용하느냐에 달려있는데, 아버지는 이 모든 조건에 부합하는 가장 훌륭한 교육자였다.

어느 날 저녁, 나는 정원 한구석에 앉아 스케치북에 노을을 그리고 있었다. 노을을 배경으로 해가 지는 모습을 그리고 싶었지만, 그림을 그리는 사이 해는 어느덧 지평선에 걸려 그 모습을 조금씩 감추고 있었다.

아직 그림을 완성하지 못한 나는 마음이 급해졌고, 그림 그리는 손이 빨라지기 시작했다. 하지만 마음이 급해질수록 그림이 잘 그려지지 않았다.

나는 문득 이런 생각이 들었다. '이만하면 됐어. 어차피 누구한테 보여줄 것도 아닌데, 비슷하기만 하면 됐지, 뭐.'

그래서 대충 그림을 완성하고는 얼른 스케치북을 덮었다.

저녁을 먹은 후, 아버지는 내게 방금 그린 그림을 보여 달라고 말했다. 그래서 방으로 들어가 스케치북을 가지고 나왔다.

아버지는 내 그림을 보자마자 알 수 없는 표정을 지어보였다.

"칼, 대체 뭘 그린 거니? 무슨 그림인지 도통 알 수가 없구나."

아버지가 말했다.

"노을에 비친 정원이요!" 내가 대답했다.

"노을에 비친 정원? 그런데 꽃이 없구나. 그럼 여기 거무스레하게 색칠해 놓은 건 뭐니?"

"아, 그게 꽃이에요! 노을에 비친 꽃이요. 해가 지니까 캄캄해서 꽃이 잘 안 보였어요. 그래서 대충 시커먼 색으로 칠한 거예요."

"뭐? 이게 노을에 비친 꽃의 모습이라고?"

아버지가 큰 소리로 물었다.

"네!"

"네 눈에는 노을에 비친 꽃이 이렇게 보였니? 난 한 번도 이런 꽃을 본 적이 없구나."

"해가 지니까 뭐가 보여야 말이죠. 사방이 어두워서 그림과 별 차이가 없었어요."

그러자 아버지는 칼을 데리고 서재로 가서는 벽에 걸려있는 다빈치의 그림을 바라보며 말했다. "이 그림을 자세히 보렴. 밤에 핀 꽃이 어떤 모습인지 말이야."

물론 나도 다빈치의 그림을 잘 알고 있었다. 그는 사람들이 관심을 갖지 않는 세심한 부분까지도 소홀히 하지 않는 화가였다. 그의 명작 중 하나인 〈암굴의 성모〉의 배경은 분명 밤이었지만, 그 속의 꽃은 말로 표현할 수 없을 만큼 화려하고 매력적이었다.

"칼, 네 그림과 이 그림이 뭐가 다른지 이제야 알겠니?" 아버지가 물었다.

"네. 제 그림은 어딘가 엉성하고 사실적이지 않아요. 그런데 저 그림은 마치 제가 저 꽃들 속에 있는 것처럼 생동감이 넘쳐요."

"다빈치는 당대 유명한 화가였어. 그러니 당연히 너보다 그림을 잘 그릴 수밖에! 그보다 더 큰 차이가 있단다."

"네? 그게 뭔데요?"

"바로 그림을 그리는 실력이 아니라, 그림을 그리는 태도란다."

칼은 아버지의 말이 선뜻 이해가 되지 않았다.

"아까 정원에서 그림을 그릴 때, 그림을 다 그리기도 전에 해가 빨리 저물어 마음이 급해졌었지? 그래서 자세히 보지도 않고 급하게 그렸을 거야."

아버지는 내가 어떤 마음으로 그림을 그렸는지 이미 다 알고 있었다. 나는 고개를 숙인 채 아무 말도 할 수가 없었다. 그러자 아버지는 내 머리를 쓰다듬으며 말했다.

"무슨 일이든 완벽하게 해내고 싶으면 우선 자신에게 엄격해져야 해. 그리고 마음을 가다듬는 거야. 자기 자신을 속이는 사람은 무엇도 해낼 수 없단다. 뭐든 완벽하게 해내려는 의지가 중요하단다."

나는 그제야 가장 중요한 것을 놓쳤다는 생각이 들었다. 다음날, 아침 일찍 일어나 그림을 새로 그려야겠다고 마음먹었다. 그리고 노을에 비친 꽃들의 모습은 물론이고 내 발 아래 있던 작은 풀들까지도 세심하게 관찰했다. 저녁이 되도록 나는 정원에서 꼼짝도 하지 않았다. 해가 져서 노을이 비친 정원의 모습을 정확하게 담기 위해 심혈을 기울였다. 한참을 관찰해서 그린 후에도 아니다 싶을 땐 과감하게 지우고 다시 그렸다.

저녁을 먹은 후, 나는 몇 번을 고쳐가며 새로 그린 그림을 아버지에게 보여드렸다.

그날 이후로, 나는 '무슨 일이든 완벽하게 해내고 싶으면, 우선 자신에게 엄격해져야 한다.' 는 아버지의 말을 늘 가슴에 담아두었다.

♠ 자립심이 주는 교훈

내가 아홉 살이 되던 해, 아버지와 함께 괴팅겐 대학을 방문했다. 나는 여느 아이들과 비교했을 때 유난히 몸집이 작아보였다.

"비테 씨, 이렇게 어린 아들이 벌써 대학에 합격하다니 놀랍군요. 어린 칼이 생활하는 데 별다른 불편함은 없습니까?"

누군가가 물었다. 또 누군가는 이렇게 말했다.

"칼은 너무 어려요. 대학에 다니려면 자립심이 있어야죠."

하지만 이 모든 것이 사람들의 지나친 걱정이었다. 대학에 다니는 동안 아버지가 내 일을 대신 해준 적도, 나를 학교까지 데려다 준 적도 없었다. 나는 이제 아홉 살이었지만, 혼자서 모든 일을 도맡아 처리했다.

혼자서 목욕을 하거나 빨래하는 일은 물론이고 스스로 집안 구석구석을 청소하는 데도 아무런 문제가 없었다. 예전의 대학은 지금과 많은 차이가 있다. 지금은 학생들의 세탁물과 침대 커버를 세탁해주는 곳이 있고 방 청소를 대신해주는 청소부가 있지만, 예전에는 학생들이 스스로 해야만 했다.

당시 친구들은 날 보며 부지런하다고 칭찬을 아끼지 않았다. 사람들은 내가 부지런한 습관을 타고났다고 말했지만, 사실 이 습관도 아버지가 길러준 것이다.

내가 일곱 살 때, 그러니까 대학에 다니기 이 년 전만 해도 내가 할 일을 부모님이 대신해줬다. 당시 나는 우연한 기회에 엄마를 도와 집안일을 해본 적은 있었지만, 할 줄 아는 것이 없어 크게 도움이 되지는 못했다. 하지만 어느 순간 내가 할 일을 스스로 찾아서 하고 집안일을 더 많이 배워두어야 한다는 점을 깨달았다.

어느 주말, 우리 집에서 일하는 여자 하인이 집안 사정으로 일을 하루 쉬게 되었다. 그래서 집안일을 할 수 있는 사람은 엄마뿐이었다. 그런데 공교롭게도 엄마는 마침 몸이 아파서 누워있어야만 했다. 게다가 아버지 역시 급한 일이 있어 외출한 뒤였다. 집안일을 할 수 있는 사람은 나뿐이었지만, 그때는 이 사실을 알지 못했다.

나는 여느 주말처럼 방에 앉아 책을 보면서 공부를 하고 있었다. 그런데 '어? 오늘따라 왜 밥 먹으러 나오라는 말이 없지?' 배에서 꼬르륵 소리가 나도록 아무도 나를 부르지 않자 나는 그제야 이상한 생각이 들었다.

나는 방에서 나와 목청껏 하인의 이름을 불렀다.

"커디! 커디!"

나는 누구의 도움 없이 혼자서 모든 일을 해나가려고 노력했다. 살다보면 쉽게 다른 사람의 도움을 얻을 때도 있지만, 또 뜻하지 않게 도움을 외면당할 때도 있기 때문이다.

그러자 엄마가 힘없는 목소리로 대답했다.

"칼, 불러도 소용없어. 집에는 우리 둘뿐이야."

엄마의 목소리가 평소와 다르게 들리자, 나는 놀라서 안방으로 뛰어 들어갔다. 침대에 누워있는 엄마의 얼굴은 더없이 창백했다.

"엄마, 밥 안 먹어요? 저 배고파요." 내가 말했다.

"그래, 엄마가 깜빡 잠이 들었구나. 얼른 밥 차려줄게."

엄마는 말을 마친 후 침대에서 일어나려고 했다. 하지만 몸을 다 일으키기도 전에 또 다시 힘없이 쓰러졌다.

"엄마, 왜 그래요? 어디 아파요?" 내가 물었다.

"아니, 오늘따라 몸에 힘이 없어서 그래."

나는 어찌할 바를 몰라 가만히 서 있었다. 엄마가 걱정되었지만, 어린 내가 할 수 있는 일이 거의 없었기 때문이다. 그때, 외출했던 아버지가 집으로 돌아왔다. 아버지는 안방에서 소리가 나자 얼른 뛰어 들어왔다.

"무슨 일이오? 어디가 아픈 거요?"

아버지가 자상하게 물었다.

"아니에요. 그냥 힘이 빠져서 누워있었어요."

엄마는 말하는 것조차 힘겨워보였다. 아버지는 뒤늦게 우리가 아직 저녁도 안 먹었다는 사실을 알고 이렇게 말했다.

"칼, 엄마가 이렇게 아픈데 넌 그동안 뭐했니? 집안일도 좀 하고, 엄마한테 죽도 쑤어줬어야지."

"아빠, 저도 배고파요…… 죽 쑤는 법도 모르고……."

나는 서운한 생각이 들었다.

"날 따라오렴. 같이 밥을 하자꾸나."

아버지는 나를 데리고 주방으로 갔다. 나는 아버지의 조수 노릇이라도 하려고 얼른 팔을 걷어붙였다. 주방에 들어가자마자 아버지는 아주 익숙한 솜씨로 음식을 만들기 시작했다. 그 모습을 본 나는 매우 놀라지 않을 수 없었다. 목사인 아버지가 이렇게 요리를 잘할 줄은 꿈에도 생각지 못했기 때문이다.

"아빠, 아빠가 원래 이렇게 요리를 잘했어요?"

내가 놀란 눈을 하고 물었다.

"그럼! 엄마랑 갓 결혼했을 때는 집안이 가난해서 하인을 둘 수가 없었어. 엄마, 아빠가 젊었을 때는 웬만한 집안일은 혼자서 다 해냈단다."

"정말요? 전 많이 배운 사람은 요리를 못 해도 된다고 생각했어요."

내 말에 순간 아버지의 표정이 굳어졌다.

"많이 배운 사람? 사람은 누구나 평등해. 똑똑하다고 해서 남이 해주는 밥만 먹으며 살아야 하는 건 아니란다. 또 부자와 가난한 사람의 차이도 인간이 만들어낸 거야. 하나님은 인간을 평등하게 만들었어."

"하지만 아빠는 늘 제가 똑똑한 사람이 되길 바라셨잖아요. 이런 하찮은 일을 안 해도 되기 때문에 그러신 거 아니에요?"

"난 네가 훌륭한 사람이 되기를 바라는 동시에 기본적인 일상생활에도 충실하길 바란단다. 머리가 아무리 똑똑해도 생활력이 없는 사람은 아무 짝에도 쓸모가 없어. 난 네가 공부만 잘하고 다른 건 아무것도 못하는 바보가 되는 건 싫구나. 똑똑하고 지식이 뛰어나도 일의 소중함을 모르고 생활력을 지니지 못하면 결코 훌륭한 사람이 될 수 없단다."

"하지만 요리 같은 건 다른 사람을 시켜도 되는 거잖아요. 이런 걸 배워서 뭐해요?"

나는 여전히 의아한 표정으로 물었다.

"평소에는 커디가 모든 일을 다 알아서 해주지만, 만약 오늘처럼 또 집을 비울 때는 어떡하니?" 아버지가 말했다. 그제 서야 나는 아버지의 말뜻을 이해할 수 있었다.

그날 이후로, 나는 누구의 도움 없이 혼자서 모든 일을 해나가려고 노력했다. 살다보면 쉽게 다른 사람의 도움을 얻을 때도 있지만, 또 뜻하지 않게 도움을 외면당할 때도 있기 때문이다.

놀이가 자녀의 성장에
미치는 효과

나는 누구보다 놀이를 통한 교육을 추구한다. 모두 알다시피 동물은 자연을 벗 삼은 놀이를 통해 자신을 단련시키고 삶에 필요한 기술을 습득한다. 그런데 왜 인간은 이 점을 깨닫지 못하는 것일까? 공부가 재미없다는 것을 사람들은 왜 당연하다고 여길까? 나는 언제나 내 아들이 즐겁게 공부하고 놀이의 효과를 충분히 누리도록 교육할 것이다.

♠ '놀이'를 통한 자녀교육

아버지는 놀이가 자녀교육에 미치는 효과를 누구보다 잘 알고 있는 분이었다. 그래서 아버지는 언제나 놀이를 통한 교육을 추구했다.

아이들은 천성적으로 노는 것을 좋아한다. 또한 혼자만의 공간을 중요하게 생각하고 누군가에게 간섭받는 것을 가장 싫어한다. 아이들의 놀이는 그들의 흥미와 직결되어 있다. 그래서 아이들은 놀이를 통해 세상을 배운다. 아버지는 놀이를 통해 배우지 않는 것을 크나큰 손실이라고 여겼다.

아버지는 놀이의 중요성에 대해 이렇게 생각했다.

동물들은 천성적으로 놀이를 좋아한다. 동물에게 놀이는 본능과 다름없다. 새끼고양이가 자신의 꼬리를 물고, 강아지들끼리 서로 물어뜯는 이유가 뭘까? 새끼고양이가 자신의 꼬리를 무는 것은 혼자서 쥐를 잡는 연습을 하는 것이고, 강아지가 서로 물어뜯는 것은 적에게 대처하는 방법을 훈련하기 위해서다.

동물들은 놀이를 통해 삶의 기술을 터득한다. 한번은 정원에서 고양이가 노는 모습을 지켜보았다. 고양이는 자신의 머리 위로 날아다니는 나비를 정신없이 쫓아가는가 하면, 꽃밭에서 이리저리 뒹굴기도 하고 자신의 꼬리를 물기도 했다. 그러다가 털실로 만든 공을 입에 물고 신나게 뛰어다녔다. 나는 여기서 한 가지 깨달음을 얻었다. 새끼고양이는 무작정 노는 것이 아니라, 간접적으로나마 자신의 생존능력을 키워나가고 있었다.

나는 누구보다 놀이를 통한 교육을 추구한다. 모두 알다시피 동물은 자연을 벗 삼은 놀이를 통해 자신을 단련시키고 삶에 필요한 기술을 습득한다. 그런데 왜 인간은 이 점을 깨닫지 못하는 것일까? 공부가 재미없다는 것을 사람들은 왜 당연하다고 여길까? 나는 언제나 내 아들이 즐겁게 공부하고 놀이의 효과를 충분히 누리도록 교육할 것이다.

후에 내가 아들을 교육해야 할 시기에 이르자, 아버지는 나를 교육하며 터득한 경험을 상세하게 가르쳐주었다. 물론 아버지가 나를 가르친 방식을 똑같이 실천하지는 못했다. 다만 현실 상황에 맞춰서 적절한 창의력을 더했다. 교육의 방식이 아무리 바뀌어도 변하지 않는 진리가 하나 있다. 그것은 놀이를 통해 자녀를 교육하라는 점이다.

남자아이들은 하나같이 군사놀이를 좋아하고 장군이 되고 싶어 한다. 나 역시 그랬다. 하루는 친구인 힐리와 퀸스가 찾아와 함께 군사놀이를 하자고 말했다. 나는 장군 역할을 하고 싶은 마음에 친구들의 제안을 거절할 수 없었다.

"칼, 넌 똑똑하니까 전쟁이 어떤 건지 잘 알지? 그러니까 아이디어 좀 내봐. 게임에도 규칙은 있어야 하잖아?"

힐리가 말했다.

"그래, 칼. 이번에는 게임의 방식을 색다르게 바꿔보는 게 좋겠어. 매번 같은 방식으로만 하니까 재미가 없어지려고 해."

이번에는 퀸스가 대답했다. 나는 그동안 읽었던 책의 내용을 떠올려봤지만, 마땅히 놀이에 적용시킬 만한 것이 없었다. 원래 전쟁이란 이런저런 복잡한 도구가 많이 필요하지 않은가! 순간 내 머릿속에는 전쟁에 관한 여러 가지 장면들이 떠올랐다.

"그럼, 이렇게 하자! 총을 쏴서 죽이는 거 말고, '두뇌게임' 어때?"

내가 새로운 제안을 했다. 그러자 아이들은 '두뇌게임'이란 새로운 단어에 호기심 어린 눈으로 이렇게 물었다.

"두뇌게임? 그게 뭔데?"

"우리 마을 밖에 있는 숲 알지? 그 숲 안에 있는 폐허를 목표로 삼아보자. 마주치면 총 쏘아대는 거 말고 밖에서는 공격을 하고, 안에서는 수비를 하는 거야. 어때?"

"공격이랑 수비는 어떻게 하는 건데?" 퀸스가 물었다.

"우선 두 개의 조를 짜는 거야. 한 조는 숲 밖에, 다른 한 조는 숲 안에 있는 거지. 수풀 안에 있는 사람은 100미터 범위 내의 나무에 자신들만의 영역을 표시해 둬야 해. 그리고 수풀 밖에 있던 사람은 다른 조가 눈치 채지 않게 수풀 안으로 몰래 침입해 들어가야 해. 하지만 한 명이라도 들키는 순간에는 수풀 안에 있는 조가 이기는 거야. 만약 목표지점에 갈 때까지 들키지 않으면 밖에 있는 조가 이기는 거구."

나는 게임규칙에 대해 상세하게 설명해주었다. 그러자 힐리가 기뻐하며 말했다.

"재밌겠는걸. 칼 말대로 한번 해보자!"

"난 수풀 밖에서 공격할래. 절대로 안 들킬 거야."

퀸스가 말했다.

"그럼 난 안에서 수비하지 뭐. 내가 너희들 다 잡아낼 거야!"

힐리가 말했다. 나는 순간 또 다른 아이디어가 떠올랐다.

"참, 수비하는 조도 들키지 않는 걸로 정하자. 안 그럼 공격하는 조가 너무 부담이 크잖아. 공격하는 팀이 더 어려울 것 같아."

"그건 불공평해! 밖에서는 수풀 안으로 숨으면 되지만, 안에는 숨을 곳도 없잖아. 수비 팀을 잡으려고 고개만 들어도 다 들키고 말 거야!"

힐리가 내게 항의했다.

"뭐가 불공평해? 어려운 만큼 더 재미있지 않을까?"

내가 말했다.

"그런 네가 먼저 안에서 수비를 해봐! 네가 얼마나 잘 하는지 보자고."

힐리가 말했다.

"그래, 내가 수비를 할게. 이 게임은 힘으로 하는 게 아니라 머리를 써서 상대팀의 심리를 이용하는 거야. 그래서 두뇌게임인 거지.”

일단 대답은 했지만, 사실 난 뾰족한 수가 떠오르지 않았다. 어떻게 들키지 않고 안에서 친구들의 모습을 다 지켜볼 수 있을까? 정말 어려운 문제였다.

친구들과 헤어진 후, 나는 수비 진영을 지키면서 공격하는 팀의 움직임을 쉽게 발견할 수 있는 방법을 찾으려고 머리를 애써 짜냈다. 하지만 딱히 좋은 방법이 떠오르지 않았다. 나는 결국 아버지에게 도움을 청했다.

“음, 새로운 게임이기는 한데 좀 어렵겠구나. 하지만 찾아보면 방법은 있을 거야.”

“아빠, 무슨 좋은 방법이 없을까요?”

나는 어느새 마음이 급해지기 시작했다.

“사람의 시선은 언제나 직선이란다. 그래서 상대방을 찾으려고 고개를 내밀면 어느새 상대방에게 내 모습을 들키고 말지. 하지만 만약 네 시선을 반사시킬 수 있다면, 네 자신을 들키지 않으면서 상대방을 발견할 수 있을 거야.”

아버지는 내게 어려운 힌트를 주었다.

“그럼 어떻게 해야 제 시선을 반사시킬 수 있어요?”

내가 물었다.

“이미 네게 충분한 힌트를 주었으니 나머지 방법은 혼자서 찾아보렴. 내가 다 말해주면 재미가 없잖니.”

아버지가 웃으며 말했다. 아버지의 평소 성격을 잘 아는 나는 더 이상 아버지에게 묻지 않았다. 친구들과 게임을 하기로 한 날이 다가왔지만, 나는 여전히 아버지가 내준 수수께끼와 같은 힌트를 풀지 못하고 있었다. 내가 아이디어를 직접 내놓고 보란 듯이 져버리면 아이들이 날 얼마나 우습게 볼까?

그날 아침, 나는 아이들이 놀려댈 생각에 벌써부터 마음이 무거웠다. 그런데 뜻밖에도 내 고민은 쉽게 해결되었다. 문밖을 나서기 전 거울을 쳐다보다가 문득 좋은 아이디어가 떠오른 것이다. 그래서 나는 엄마의 작은 손거울을 가지고 나갔다.

드디어 게임이 시작되었다. 나는 수비를 맡았고, 친구인 힐리와 퀸스는 다른 아이들을 데리고 공격에 나섰다. 공격 팀은 수비에게 들키지 않으려고 최대한 몸을 숨기며 천천히 움직였다. 아이들은 내가 자신들을 절대 발견할 수 없을 거라고 생각하는 듯했다.

하지만 나는 작은 손거울 안으로 이 모든 광경을 자세하게 지켜보고 있었다. 나는 잠시 후, 공격하는 친구들이 목표지점에 도달하기 직전에 얼른 큰소리로 외쳤다.

"힐리, 너 들켰어! 너 지금 나뭇가지로 만든 모자 쓰고 있지?"

"퀸스, 숨어도 소용없어. 너 지금 손에 작은 나무방망이 들고 있지?"

"하스, 그만 나와! 손에 든 활 망가뜨리지 말고."

나한테 들킨 친구들은 하나같이 영문을 모르겠다는 표정을 지으며 황당해했다.

"칼이 우릴 어떻게 본 거지?"

"맞아, 난 칼이 어디 있는지도 몰랐는데."

"난 칼이 고개 내민 거 한 번도 못 봤어."

"설마 벽에 구멍이라도 뚫어 놓은 거야?"

"그건 아니야, 내가 아까 다 확인해봤는 걸."

나는 친구들에게 거울을 꺼내보였다. 그리고 의기양양한 얼굴로 말했다.

"하하, 사실은 이 거울로 다 보고 있었어. 너희는 내가 어디 있는지 몰라도 난 너희들을 다 볼 수 있었거든."

집으로 돌아온 후, 나는 낮에 있었던 일을 아버지에게 들려주었다.

"칼, 잘했구나. 역시 우리 아들이 똑똑한 걸. 그런데 거울로 어떻게 네 뒤에 있는 친구들까지 자세히 볼 수 있었는지 아니?"

"거울이 빛을 반사시켜 그런 거예요."

"그래, 혹시 그 이유도 알고 있니?"

아버지가 물었다. 아버지는 사람의 시선이 거울 위에서 반사되어 뒤에 있는 사물까지도 볼 수 있다고 설명해주었다. 나는 그날 처음으로 거울의 신비한 작용을 배웠다.

사람들은 자녀의 놀이를 그저 시간 때우기에 불과한 오락이라고 생각한다. 하지만 현명한 부모는 놀이를 통해 지식을 얻을 수 있도록 가르친다. 나는 어릴 적 다양한 놀이를 통해 책에서는 얻을 수 없는 많은 지식을 배울 수 있었다. 지금 소개한 이 놀이는 그중 한 예에 불과하다.

♠ 친구를 가려가며 사귀어라

　　　　　　　　　아버지는 일찍이 어린 아이들끼리 몰려다니며 노는 것을 좋아하지 않았다. 어린 아이는 다른 아이의 나쁜 습관을 쉽게 따라 하기 때문이다.

나는 친구들과 어울리며 사교적인 성격이 되어갔지만, 아버지는 여전히 자신의 견해를 굽히지 않았다. 심지어 내가 중학생이 된 후에도 아버지는 내가 나쁜 아이들에게 물들지는 않을까 노심초사했다. 사실 나는 지금도 아버지의 그러한 견해를 이해하기 어렵다. 분명 아버지에게는 그만한 이유가 있었겠지만, 그 이유가 무엇인지 정확하게 알 수는 없었다.

아버지는 꽤 오랫동안 내가 다른 친구들과 어울리지 못하게 했다. 내가 밖에 놀러나갈 때에도 아버지의 시선을 벗어나지 않아야 했다. 아버지는 이렇게 말했다.

"칼, 이게 다 널 위해서란다. 네가 친구들과 어울려 놀고 싶어 하는 마음을 내가 왜 모르겠니? 하지만 어린 아이들끼리만 있으면 나쁜 습관에 물들기 쉬워. 너희는 뭐가 좋고 나쁜지 구별할 줄 모르잖니. 그래서 같이 못 놀게 하는 거야. 좋은 건 배우기 어려워도 나쁜 건 금방 배운단다. 나쁜 습관은 반드시 멀리해야 해."

물론 나를 위한 일인 줄은 알지만, 그래도 나는 한때 이런 아버지가 너무 싫었다. 아버지는 늘 내 곁에서 나와 함께 놀아주었다. 그런데 이제 몇 살밖에 안 된 어린 아이가 하루 종일 같은 얼굴만 마주 대하고 있어야 했으니 얼마나 싫증이 나겠는가? 아버지가 이렇게까지 한 이유는 오로지 내가 나쁜 친구들을 사귀지 않도록 하기 위해서였다.

내가 세 살 때, 옆집에 살던 테리라는 친구와 친하게 지냈다. 하지만 테리는 나와 같은 교육을 받지 못해 질이 별로 좋지 못한 아이였다. 물론 나는 그때의 일이 잘 기억나지 않는다. 이는 후에 엄마에게서 전해들은 이야기다.

엄마 말에 의하면, 나보다 두 살이 많은 테리는 욕을 잘하고 공부하기를 싫어하는 친구였다. 나는 그런 테리와 자주 어울리며 어느새 그가 쓰는 나쁜 말들을 따라하게 되었다.

처음에는 아버지도 내 언행에 크게 신경 쓰지 않았다. 시간이 지나면 고쳐질 거라고 믿었기에 내게 욕설이 나쁘다는 것만 일깨워줄 뿐이었다. 그런데 하루는 생각지도 못한 일이 발생하고 말았다. 그 일로 인해 아버지가 내게 테리는 물론이고, 다른 친구들과도 함께 어울리지 못하게 했다.

그날 엄마는 새 커튼을 달아주려고 내 방에 들어왔다가 우연히 내 울음소리를 듣게 되었다.

"무슨 일이니? 칼."

엄마가 다급한 표정으로 달려와 물었다. 알고 보니 우리 둘 사이의 작은 말다툼이 몸싸움으로 번진 것이다. 그러던 중에 테리가 나무작대기로 내 이마를 때려 날 울리고 말았다.

결국 아버지는 그날 나와 친구들을 떼어놓겠다는 결심을 했다. 아버지가 엄마에게 말했다.

"앞으로도 이런 일은 종종 일어날 거요. 그 애들은 친구를 때리는 게 나쁜 일인지조차 모르지 않소. 칼에게는 미안하지만, 그 아이들과 어울리지 못하게 해야겠소."

그날부터 나는 모든 놀이를 혼자서 해야 했다. 여기에 약간의 과장이 섞였는지는 이제 와서 알 수 없지만, 아마도 엄마의 말은 사실일 것이다. 한 가지 분명히 기억나는 일은 어렸을 때 한동안 친구들의 얼굴조차 볼 수 없었다는 점이다.

다섯 살이 되었을 때, 나는 혼자 노는 일에 더 이상 흥미가 없어졌다. 그래서 문득 함께 어울리던 친구들이 그리워졌다. 여러 아이들이 함께 노는 모습을 볼 때마다 부러운 생각이 들었다. 하루는 내가 용기를 내어 말했다.

"아빠, 왜 다른 친구들이랑 못 놀게 해요? 저도 친구가 필요해요!"

"나쁜 친구들과 어울리면 너도 걔네들을 닮아가게 돼."

아버지가 말했다. 나는 더 이상 아버지를 설득할 수 없음을 깨달았다.

다음날, 나는 혼자 산책을 나갔다. 그리고 눈앞에서 날갯짓을 하는 예쁜 나비를 쫓아가다가 어느새 집에서 한참이나 멀어지고 말았다. 한참 나비를 쳐다보고 있을 때, 갑자기 검은 개가 내 앞으로 뛰어 들어왔다. 순간 나는 겁에 질려 꼼짝도 할 수가 없었다.

그런데 이때, 누군가가 검은 개를 향해 돌멩이를 던졌고 놀란 개는 얼른 도망을 갔다. 나는 그 돌멩이를 던진 사람이 나보다 나이가 조금 더 많아 보이는 한 남자아이라는 것을 알았다. 그런데 그가 내 쪽으로 다가오더니 내 손을 잡으며 이렇게 말하는 것이 아닌가!

"너 칼 아니니? 네가 어째서 여기에 있어? 나 기억할 수 있겠니?"

나는 고개를 저은 후 멍하게 그를 바라봤다.

"설마 벌써 날 잊은 거야? 나 테리잖아!"

그는 어렸을 적 이마를 때려 날 울렸던 테리였다. 나는 이 년 전에 있었던 그 날의

테리에게 도움을 받은 날, 나는 세상에 착하고 좋은 친구들도 많다는 사실을 깨달았다. 누구에게나 단점은 있지만, 테리가 누구보다 용감하고 착한 마음씨를 지닌 것만은 분명했다.

일이 잘 기억나지 않았다. 하지만 나보다 두 살이 많았단 테리는 그날 일을 모두 기억하고 있었다.

집으로 돌아온 나는 아버지에게 낮에 있었던 일을 말해주었다. 그러자 아버지가 깊은 한숨을 쉬며 말했다.

"테리가 아주 나쁜 아이는 아니었구나."

그날 이후로 아버지는 내가 예전처럼 다시 친구들을 만날 수 있게 해주었다. 하지만 조건이 하나 있었다. 친하게 지내되 일정한 거리를 유지하도록 했다. 난 지금에 와서 아버지가 너무 일방적이지 않았나 하는 생각이 든다. 그것이 아무리 나를 위한 교육이었다고 해도 말이다.

그래도 어떤 의미에서 보면, 아버지의 신념은 긍정적인 측면이 더 많았다. 이렇듯 아버지는 그 당시 다른 부모들이 생각지도 못했던 일들을 누구보다 먼저 실천했다.

♠ 놀이는 사회생활의 출발점이다

　　　　　　　　　나는 어렸을 때 잘못된 판단을 한 적이 있다. '다른 집 아이들은 다 나쁘고 못됐어. 그러니까 아빠가 그 애들과 어울리지 못하게 한 거야.' 이러한 생각은 어디까지나 아버지가 내게 친구들을 못 만나게 했기 때문에 가지게 된 것이다.

　하지만 몇 년 전만 해도 서로 티격태격하던 테리가 시간이 지나면서 내게 좋은 친구가 되어주었다. 그래서 나는 조금씩 그를 달리 대하게 되었다.

　어렸을 때, 나는 친구들이 나보다 더 못하다고 여겼다. 하지만 테리에게 도움을 받은 날, 나는 착하고 좋은 친구들도 많다는 사실을 깨달았다. 물론 테리에게도 나쁜 습관은 있었지만, 누구보다 용감하고 착한 마음씨를 지닌 것은 분명했다.

　아버지의 금지령이 해제되던 날, 나는 더욱더 많은 친구들을 사귀고 싶은 마음뿐이었다. 사람이 사람과 만나 어울리다보면 종종 마찰이 발생하고는 한다. 사회란 개인과 개인이 얽히고 설킨 복잡한 조직이 아니던가? 외모가 같은 사람이 없듯이 생각과 삶의 방식이 같은 사람도 찾아보기 어렵다. 게다가 인간은 이기적인 동물이라 무슨 일이든지 자기중심적으로 생각하는 습관이 있지 않은가! 그럼에도 불구하고 우리는 사회생활을 위해 또 다시 다른 사람들과 얽힌 채로 살아갈 수밖에 없다.

　그럼 어떻게 해야 다른 사람과 화목하고 즐겁게 어울릴 수 있을까? 이는 한 번쯤 깊이 생각해볼 필요가 있는 문제다. 누군가는 이렇게 말할 것이다.

"어린 아이는 공부만 하면 되지, 뭐 벌써부터 그런 고민을 해요? 어른이 되면 알아서 해결될 테니 어렸을 때는 이런 고민을 할 필요가 없어요."

하지만 난 이 의견에 전적으로 반대한다. 아무리 나이가 어리고 세상물정을 모른다 해도 이미 자신만의 사고방식을 지닌 독립적인 인격체가 아닌가! 어릴 때부터 이런 고민을 해보지 않은 사람은 자연히 커서도 자기중심적인 생각을 할 수밖에 없다.

내가 세 살 때 나보다 두 살이나 많은 테리와 자주 다퉜던 이유는 내가 아직 친구를 사귀는 법을 터득하지 못해서였다.

앞에서도 말했듯이, 아버지는 친구들과 적절한 거리를 유지해야 한다는 조건하에 내 마음대로 친구들을 만날 수 있게 허락해주었다. 하지만 내가 친구들과 무엇을 하든지 아버지는 먼발치에 서서 나를 감시했다. 이런 아버지의 행동은 지나친 감이 없지 않았지만, 결론적으로는 긍정적인 효과를 낳았다.

하루는 내가 친구들과 모처럼 게임을 하고 있었다. 그런데 그중의 한 친구가 다른 아이에게 함부로 행동하는 것을 본 내가 그에게 한마디 했다.

"너 정말 너무해. 셰로드, 너 어떻게 친구한테 그럴 수가 있어?"

그러자 셰로드도 가만있지 않았다.

"네가 왜 참견이야? 칼, 넌 상관하지 마!"

"잘못은 네가 해놓고 왜 더 큰 소리야? 넌 친구를 속이는 나쁜 아이야!"

내가 말했다.

"뭐야? 너 나한테 맛 좀 볼래?"

그때, 셰로드의 아버지가 달려와 말했다.

"너희들 왜 그러니? 왜 또 싸우고 그래?"

"칼이 쓸데없이 제 일에 끼어들잖아요."

셰로드가 대꾸했다. 그의 아버지는 아들의 잘못을 인정하지 못하는 듯 이렇게 말했다.

"됐어, 하던 게임이나 마저 하렴. 괜히 싸우지들 말고!"

순간 나는 억울한 생각이 들어 셰로드의 아버지를 향해 말했다.

"아저씨, 셰로드 좀 혼내주세요. 정말 버릇이 없어요."

그러자 셰로드의 아버지는 다소 화가 난 표정을 지었다.

"뭐? 너 지금 뭐라고 했니? 그게 어른한테 할 소리니? 너야말로 정말 버릇이 없는 아이구나!"

그의 말에 나 역시 화가 날 대로 났다. 그래서 마음에 있는 말을 그대로 뱉어버렸다.

"정말 그 아버지에 그 아들이네요."

내 말이 끝나기가 무섭게 그가 가까운 곳에 있던 아버지를 향해 소리쳤다.

"비테 목사님, 아들 교육 좀 똑바로 해야겠어요. 어린애가 어른한테 훈계를 하다니요!"

그러자 아버지가 우리 쪽으로 걸어왔다. 그러고는 셰로드의 아버지에게 웃으며 말했다.

"아이들이 지금 게임을 하고 있는 줄 모르셨군요."

그러자 셰로드 아버지는 당황한 듯 물었다.

"네? 게임이라니요?"

"말 그대로 게임이요. 둘은 지금 누가 더 버릇없이 행동하나 내기를 하고 있었거든요. 그런데 깜빡 속아 넘어가니 아이들이 더 신이 났나 봐요. 얘들아, 그렇지?"

그러자 순간 셰로드 아버지의 표정이 밝아졌다.

"아, 그렇군요! 전 그런 줄도 모르고 착하고 용감한 칼을 버릇없는 아이로 오해할 뻔했군요."

아버지의 재치 있는 대답으로 인해 어색한 분위기가 다시 화기애애해졌다. 방금 전까지 내게 언성을 높이던 셰로드도 이번에는 얌전히 있었다. 잠시 후, 내가 아버지에게 물었다.

"어떻게 그런 생각을 하셨어요?"

그러자 아버지가 말했다.

"그렇게 해야 자신이 무슨 잘못을 했는지 알 수 있는 동시에, 어른으로서의 체면도 지킬 수가 있잖니. 어쩌면 그도 아들의 잘못을 알았지만, 어린 네가 대놓고 지적하니까 순간 기분이 나빠서 그랬을 거야. 그뿐만 아니라, 다른 부모들도 마찬가지란다. 자신보다 어린 사람에게 지적당하는 것을 부끄럽게 여겨서 오히려 잘못을 인정하지 않게 돼. 그런 사람들에게 방금 너처럼 행동하면 일이 더 복잡해지고 말아."

아버지는 참으로 현명한 분이었다. 그날 나는 아버지의 지혜에 몇 번이고 감탄을 했다. 그날 아버지가 내게 했던 충고를 난 아직도 기억하고 있다.

"세상에 결점이 없는 사람은 아무도 없단다. 참을 만큼 참아주고 정 안 되면 오늘처럼 충고를 해야겠지. 하지만 아무리 말을 해줘도 듣지 않는 사람은 차라리 무시해버려. 그런 사람은 너한테 득이 될 게 하나도 없으니까 말이야."

♠ 장난감이 가져다준 동심의 세계

아버지는 일찍이 이런 말을 한 적이 있다.

"하루 종일 장난감에 파묻혀 살아가는 아이들은 참 불쌍해. 그런 쓸모없는 장난감은 소중한 시간을 낭비하게 만들거든. 차라리 그 시간에 자녀의 학습에 도움이 될 만한 일을 하는 게 더 낫지 않을까?"

아버지의 이 말을 통해서 나는 내 어린 시절이 어땠을지 충분히 짐작이 간다. 아버지는 언제나 생각대로 실천하는 분이었다. 그래서 나는 어렸을 때 집에서 장난감을 가지고 놀아본 적이 없었다. 물론 아버지는 훌륭한 교육자며, 이 모든 것이 나를 위한 교육임을 알고 있다. 하지만 어린 아이라면 누구나 갖가지 다양한 장난감을 갖고 싶어 한다. 나 역시도 그랬다.

아버지는 내게 필요한 장난감을 직접 만들어주었는데, 엄밀히 말하면 그것들은 모두 학습도구였다. 그것들로 인해 나는 수많은 지식과 다양한 외국어를 배울 수 있었지만, 장난감에 대한 호기심은 여전히 사라지지 않았다.

하루는 친구 하나가 들뜬 표정으로 나를 찾아와 말했다.

"나한테 새로운 장난감이 하나 생겼어. 너도 보러 올래?"

나는 아직 숙제를 덜 마친 상태라 그러겠다고 대답할 수 없었다. 사실 숙제는 그냥 둘러댄 핑계일 뿐, 나는 솔직히 새로운 장난감이 별로 궁금하지 않았다. 장기간 아버지에게 교육을 받으면서 나는 서서히 아버지의 생각을 닮아갔던 것이다. 그래서 자연히 나도 어린 아이들의 장난감은 쓸모없는 것이라고 여겼다. 내게는 아버지가 만들어준 학습도구가 유일한 장난감이었다.

아버지의 학습도구는 장난감 이상으로 재미가 있었다. 게다가 놀이와 함께 지식을 얻을 수 있으니 그야말로 일석이조였다. 내가 새 장난감을 궁금해 하지 않자, 친구는 이렇게 말하고는 가버렸다.

"지금 안 보러오면 나중에 후회할지도 몰라."

나는 순간 이런 생각이 들었다. '지금 안 보면 나중에 후회한다고? 그렇게 신기한 건가?' 나는 숙제를 얼른 끝내놓고 친구의 집을 찾아갔다.

그런데 문을 열자마자 눈앞에 놀라운 광경이 펼쳐졌다. 세상에 이렇게 신기한 물건도 있었다니! 친구가 내게 자랑한 새로운 물건은 바로 장난감 기차였다. 그런데 생긴 모습이 진짜 기차랑 똑같았다. 게다가 기능도 다양했다. 기차가 다니는 철로와 굴뚝, 짐칸은 물론 그 외 기구들까지, 모든 것이 완벽하게 갖춰져 있었다. 경적을 울리면서 철로를 달리는 모습은 마치 진짜 기차를 작게 축소시켜 놓은 듯했다.

나는 그제야 보지 않으면 후회한다는 친구의 말을 이해할 수 있었다. 나는 생각했다. '진짜 안 보면 평생 후회할 뻔했어. 이렇게 재미있는 장난감은 처음이야.'

그날 나는 집에 밥 먹으러 갈 시간이 됐다는 것도 잊은 채, 오랜 시간 친구의 집에서 놀았다. 그때 내 머릿속에는 오로지 그 장난감을 갖고 싶다는 생각뿐이었다.

집에 돌아온 나는 내가 본 장난감을 아버지에게 설명해주었다. 하지만 나의 생동감 넘치는 묘사에도 아버지는 별 반응이 없었다. 아버지는 장난감이 아무리 재미있어봤자 쓸데없는 소모품에 불과하다고 생각했다.

"그런 건 아이들의 코 묻은 돈을 노리는 사람들이 일부러 만들어 낸 거란다." 아버지가 말했다.

"그래도 너무너무 재미있었어요!"

"칼, 그만 좀 하렴. 네 공부에 도움이 안 되는 장난감은 사 줄 수 없어."

아버지는 단호했다. 나는 아버지가 영원히 자신의 생각을 바꾸지 않을 분이란 사실을 알고 있었다. 그래서 아버지에게 그 친구네 집에 놀러가지 않겠다고 약속할 수밖에 없었다.

지금도 나는 아버지가 100퍼센트 옳았다고는 생각지 않는다. 하지만 그때 나는 너무 어려서 아버지를 향해 조리 있게 반박할 수가 없었다. 그 이후로 친구네 집에서 본 기차는 나의 이루지 못한 꿈으로 남아 오랫동안 내 마음 한 구석에 자리 잡았다.

이제 서른이 넘은 내게도 아들이 생겼다. 아이를 낳고 보니 내가 왜 그토록 장난감을 좋아했었는지를 조금은 이해할 수 있을 것 같다.

비록 아버지 말대로 공부에 도움은 안 되지만, 대신 무한한 즐거움을 주었다. 아무런 동기와 목적 없이 즐길 수 있는 기쁨이야말로 진정 순수한 동심이 주는 선물이 아닐까? 이는 모든 사람에게 동심의 세계가 아름다운 이유이기도 하다.

얼마 전, 나는 미국에서 어린 시절 내가 봤던 것과 비슷한 장난감 기차를 사왔다. 그리고 어린 시절의 나로 돌아가 한참 동안 재미있게 그것을 가지고 놀았다. 그러자 처음에는 웬 어리광이냐고 구박하던 아내도 서서히 함께 어울리기 시작했다. 우리는 그렇게 장난감이 주는 재미에 푸욱 빠져있었다.

나는 아버지처럼 훌륭하게 아들을 키우고 싶다. 다만 내 아들이 장난감이 없는 심심한 유년기를 보내게 하지는 않을 것이다.

♠ 아버지와 함께하는 놀이

아버지는 비록 단 한 번도 내게 신기한 장난감을 사준 적은 없었지만, 단 한 순간도 좋은 아버지가 아니었던 적이 없었다. 아버지는 장난감을 사주는 대신 늘 내 곁에서 놀이를 함께하는 친구가 되어주었다. 아버지는 일기에 이렇게 썼다.

칼에게는 장난감이란 게 거의 없다. 그래도 몇 안 되는 장난감으로 매일을 즐겁게 보내고 있다. 추운 한겨울이든 무더운 여름이든 상관없이 말이다.

아버지는 효과적인 놀이가 곧 자녀에게 유용한 학습과정이라고 여겼다. 그래서 놀이에 대한 아버지의 이러한 신념은 나의 교육에 그대로 실천되었다.

아버지는 놀이를 통해 내가 많은 것을 배울 수 있도록 정원에 직접 작은 놀이터를 만들어주었다. 나는 그 놀이터에서 놀았던 일을 여전히 기억하고 있다. 지금도 집에 가면 그때의 추억들이 고스란히 묻어있는 놀이터의 흔적이 아직도 남아있다.

아버지는 놀이터에 나를 위한 간단한 운동기구들도 마련해주었다. 그래서 자주 그곳에서 운동을 하며 신체를 단련시켰다. 특히 내가 좋아한 것은 놀이터 한 구석에 있는 진흙이었다.

아버지가 말했다.

"진흙이란 게 얼마나 신기한지 몰라. 진흙으로는 세상의 어떤 것도 똑같이 만들어낼 수 있거든."

하루는 운동을 마친 내가 장난기가 발동해 진흙더미에 뛰어들어서는 진흙을 마구 밟으며 놀았다. 그러자 아버지가 밖으로 나와 나를 꾸짖었다.

"지금 뭐 하는 거니, 칼? 이게 무슨 짓이야? 네게 특별한 걸 만들어주려고 애써 준비해놓

아버지는 놀이를 효과적으로 이용할 경우 그것이 곧 자녀에게 유용한 학습정정이 된다고 여겼다.

았더니 왜 함부로 밟고 있는 거니?"

"특별한 거요? 진흙으로 뭘 만들 수 있는데요?" 내가 물었다.

"진흙을 우습게 봐선 안 돼. 진흙은 잘 뭉쳐지는 특징이 있어서 이걸로 강도 만들고 산이랑 다리도 만들 수 있단다. 물론 동굴도 만들 수 있고 말이야."

아버지는 직접 내게 시범을 보였다. 아버지는 제일 먼저 바닥에 흙을 높이 쌓아 '산봉우리'를 만들었다. 그 후에 작은 삽으로 '산봉우리'의 한쪽 면을 깎아 절벽을 만들었다. 아버지는 진흙의 특성을 잘만 이용하면 절벽을 아무리 경사지게 깎아도 산봉우리가 쉽게 무너지지 않는다고 말했다.

아버지는 절벽을 만든 후에, 내게도 작은 산봉우리를 하나 만들게 했다. 그리고 아버지가 만든 것과 내가 만든 것을 나란히 붙여놓자, 그 사이에 산골짜기가 하나 생겨났다.

이번에 나는 두 개의 산봉우리 사이에 '큰 다리'를 하나 만들었다. 그리고 다리 양 끝부분에 큰 길을 만든 후에, 그것을 중심으로 여러 갈래의 작은 길을 만들었다.

나와 아버지가 함께 만든 진흙 세계는 하나님이 창조한 자연의 모습과 흡사했다. 그날 나는 아버지와 함께 노느라 시간 가는 줄도 몰랐다.

나는 그날 아버지와 '새로운 세계'를 창조했다는 생각에 굉장히 뿌듯했다. 또한 내가 창의력을 발휘한 것이 자랑스럽기까지 했다.

하지만 안타깝게도 그날 저녁에 큰 비가 와서 우리가 만든 산과 다리가 흔적도 없이 무너져버렸다. 비만 안 왔더라면 다음날 친구들을 데리고 와서 함께 더 재미난 것을 만들려고 했었는데 말이다.

이처럼 아버지는 사람들이 쉽게 지나쳐버리기 쉬운 사물을 놀이에 적극적으로 활용했다. 그리고 내가 새로운 것을 하나씩 더 배워갈 수 있게 했다. 사소한 사물과 자연이 내게 무한한 즐거움을 가져다 준 것은 모두 나에 대한 아버지의 관심과 사랑이 컸기 때문이다. 나는 그렇게 아버지가 만들어준 놀이터에서 나만의 세계를 창조하며 새로운 즐거움을 하나씩 깨닫기 시작했다.

돈의 '선악' 은
사람의 마음에 달렸다

아버지는 가계부 관리에 자녀를 동참시키는 일이 금전교육에 있어 매우 좋은 방법이라고 말했다. 백 마디 말보다는 직접 돈을 관리해보는 일이 현실적으로 더 큰 도움이 되기 때문이다.

♠ 경제교육의 필요성

아버지는 돈이 가정의 버팀목에 견줄
만큼 중요하다고 생각했다. 그래서 금전교육 역시 가정교육의 일부로 여
겼다. 이는 지금의 나도 마찬가지다.

하지만 수많은 부모가 이를 실천하지 못하고 있다. 그들은 자녀에게
지식과 기술, 예절과 도덕 등 많은 덕목을 가르치면서도 경제교육은 소
홀히 한다. 대부분의 아이들은 어릴 때 제대로 돈을 다뤄본 경험이 없어
경제 의식이 전혀 정립되어 있지 않다. 이런 아이들이 자라면 수중의 돈
을 어떻게 써야하는지 몰라 돈의 유혹에 쉽게 흔들리게 된다. 나는 이와
관련된 비극을 많이 보아왔다.

어른들에게는 한 가지 고정관념이 있다. 이는 바로 어린애 앞에서는

돈 얘기를 해서는 안 된다는 것이다. 한번은 내가 돈의 쓰임새에 대해 물으려고 아버지를 찾아갔는데, 아버지는 마침 친구분과 함께 있었다. 아버지가 내게 돈의 쓰임새를 알려주자, 옆에 있던 아버지의 친구가 고개를 저으며 말했다.

"솔직히 말하면 난 자네의 지금 행동이 옳지 않다고 생각하네. 셰익스피어는 돈이 죄악의 근원이라고 말했어. 우리 어른들은 아이의 순수한 영혼이 더럽혀지지 않도록 지키고 보호해야 할 의무가 있다네. 그런데 뭘 하러 그렇게 일찍 돈에 대해 가르치는 건가?"

"돈을 무섭게 생각할 필요가 뭐 있겠나? 돈 자체가 죄악의 근원은 아닐세. 그것을 손에 쥔 사람의 욕심과 이기적인 마음이 그렇지. 돈이 아무리 더럽다고 해도 우리의 삶은 돈 없이 흘러갈 수 없어. 어린아이도 돈에 대해 알 권리가 있으니 마땅히 금전교육을 시켜야 해. 나는 그 교육이 이를수록 좋다고 생각하네."

아버지가 웃으며 말했다.

"금전교육이라고? 참, 어이없는 생각일세. 돈이 사람을 이기적이고 탐욕스럽게 만드는 일 외에, 또 무슨 역할을 한단 말인가?"

"그건 자네 생각이 틀렸네! 자네가 우려하는 상황은 부모가 금전 교육을 제대로 시키지 않았거나, 잘못된 교육을 받아서 발생하는 거야. 돈 앞에서 평정심을 유지하려면 돈을 무시해서도, 또 지나치게 귀하게 여겨서도 안 되네."

"그게 정말인가? 더 구체적으로 한번 말해보게."

아버지의 친구가 말했다.

"돈은 매우 훌륭한 교육 기능이 있어. 그것을 합리적으로만 사용한다면 돈은 교육을 위한 훌륭한 도구가 될 수도 있지. 우선 돈을 버는 방법에 대해 말해보겠네. 그 중요성은 자네도 알고 있으니 더 말할 필요도 없겠군. 경제교육을 받은 아이는 정당하게 돈을 벌려면 일을 해야 하고, 노력 없이 얻어진 돈에 욕심을 내면 안 된다고 생각하게 되어 있어. 이런 아이는 자연히 돈이 사회 전반에 미치는 영향과 그것이 인류생존에 직결되는 요소란 걸 쉽게 이해하지. 이래도 자녀의 성장에 돈이 부정적인 영향을 준다고만 말할 수 있겠나?"

"듣고 보니 내 생각이 많이 부족했군. 자네 말은 확실히 일리가 있어. 그럼, 돈을 버는 방법 그 다음으로 중요한 건 뭔가?"

"당연히 번 돈을 합리적으로 쓰는 방법이지. 이는 한 개인의 발전과 인생의 행복을 좌우하는 굉장히 중요한 문제야. 가산을 탕진하거나 빚더미에 앉아 극한 어려움에 처한 사람들이 주위에 얼마나 많은가? 돈에 대해 바로 알았더라면 그런 비극은 발생하지 않았을 거야. 부모가 자신을 위해 열심히 땀 흘리며 수고하는지를 반드시 아이에게 보여주고 절약정신을 심어줘야 해. 이는 아이의 올바른 인격형성에도 큰 도움이 된다네. 다른 사람들이 뭐라고 하든지 난 내 신념대로 칼을 키울 거야. 칼을 돈 앞에서 무릎 꿇는 바보로 만들 순 없지 않은가?"

나는 두 분의 대화를 듣고 난 뒤에야 돈이 무엇인지 조금이나마 이해할 수 있었다. 그리고 시간이 지날수록 아버지의 신념이 옳았음을 알게 되었다. 돈은 인간에게 수많은 비극과 불행을 가져다주지만, 이는 돈 자체의 문제가 아니라 그것을 쓰는 사람의 문제이다. 내 동료인 클린스만

박사는 자신의 어린 시절을 직접 들려주며 이 사실을 뒷받침했다.

클린스만의 아버지는 작은 잡화점을 운영했다. 빈민 지역에서 가장 번화한 거리에 위치한 잡화점은 그의 아버지가 자수성가하여 이룬 것이다. 아버지는 매일 그곳에서 생활하며 가족을 위해 돈을 버는 일에만 열중했다.

비록 그의 집이 넉넉하진 않았지만, 아버지는 그에게 최선을 다했다. 얼굴을 자주 볼 수 없어도 매번 집에 올 때마다 장난감을 많이 사다주었다. 또한 엄마가 평소에 잘 사주지 않는 물건도 사주고 잠시나마 함께 놀아주기도 했다. 잡화점 말고도 그의 집에는 약간의 농지가 있었다. 그래서 엄마는 매일 어린 그를 데리고 마을에서 30여 마일 떨어진 곳에 가서 일을 해야 했다. 아버지는 가게 일이 바빠 크리스마스 외에는 거의 집을 비우는 때가 많았다.

주로 엄마와 생활한 그는 조금씩 아버지가 낯설게 느껴지기 시작했다. 그러다 크리스마스에 아버지가 집에 오면 조금씩 친해져서 그림자마냥 하루 종일 아버지 뒤를 졸졸 쫓아다녔다. 하지만 아버지가 가게 일로 오래 집을 비우고 나면 또 다시 아버지가 멀게 느껴졌다.

시간이 흘러 소년이 된 클린스만은 여전히 아버지가 낯설었다. 그러던 어느 날 아버지가 오랜만에 집에 돌아왔고 엄마는 그에게 아버지와 얘기를 나누라고 손짓했다. 하지만 그는 무표정한 얼굴로 말했다.

"뭐 할 말이 있어야 얘기하죠. 그냥 엄마가 하세요."

"넌 아빠를 사랑하지 않니?" 엄마가 그에게 물었다.

"사랑해요. 단지 잘 모를 뿐이죠."

사실 그는 마음속으로 아버지를 이해할 수 없다는 말이 하고 싶었다. 어린 시절 친구들이 그에게 아버지가 어떤 사람이냐고 물을 때마다 그는 이렇게 대답했다.

"아버지? 그냥 가끔 우리 집에 놀러오는 손님 같아."

친구들은 하나같이 놀랐다.

"야, 그래도 아버지를 그렇게 말하는 사람이 어디 있냐?"

그러자 그가 말했다.

"이게 사실인 걸 어떡해!"

후에 클린스만이 내게 말했다.

"사실 시간이 지나고 보니 그때의 내 태도가 아버지에게 얼마나 큰 상처가 되었을지 나 역시 가슴이 아프더군. 아버지는 우릴 사랑했고 가족을 위해 희생했어. 우리와 함께 있지 못했던 것도 다 돈을 벌기 위해서였어. 하지만 엄마와 달리 난 그때 너무 어려서 그런 아버지를 이해하기 힘들었다네."

"그래? 설사 나이가 어렸다고 해도 나라면 아버지를 쉽게 이해했을 것 같은데 말이야." 내가 말했다.

"그건 아마도 자네가 일찍부터 경제교육을 받아서겠지. 하지만 엄마는 내게 아버지가 집을 비울 수밖에 없는 이유를 한 번도 말해주지 않았어. 그래서 그때 누린 물질적인 풍요가 아버지의 수고 덕분이란 걸 알지도 못했다네. 엄마가 돈에 대해 말해준 적이 없으니 자연히 집안의 재정상황은 물론, 아버지가 우릴 위해 얼마나 힘들게 일했었는지조차 깨닫지 못했어. 아버지는 단 한 번도 가게에 와서 일을 도와달라고 말한 적이 없었어. 그걸 시간 낭비라고 생각했거든. 그저 우리가 공부를 열심히 해서 훌륭한 사람이 된다면 그걸로 만족한다고 하셨지. 내가 스물두살이 되기 전까지 아버지가 일하는 모습을 한 번도 본 적이 없다는 게 믿어지는가?"

"우리 아버지는 경제교육이 세상을 이해하는 한 과정이라고 말씀하셨어. 그 이유를 이제야 알 것 같네." 내가 말했다.

"그래, 나도 가족을 위해 돈을 번 후에야 아버지의 말없는 희생을 이해할 수 있었다네. 그래서 뒤늦게 아버지를 더욱 사랑하고 존경하게 됐어. 하지만 감정의 벽이 너무 높아서인지 쉽게 친밀한 감정이 생겨나질 않더군. 요즘 이 때문에 걱정일세."

클린스만은 자신의 어린 시절 외에도 수많은 예를 들었다. 경제교육을 받지 못한 아이는 자신의 용돈이 어디서 오는 것인지를 모른다. 그렇기 때문에 부모님의 수고와 노력을 더더욱 알 길이 없다. 그런 아이는 가정 형편에 불만을 품은 채 용돈을 더 올려달라고 졸라대기만 할 뿐이다.

아이들이 이기적으로 변하는 것은 이 때문이다. 돈을 버는 수고를 모르는데 어찌 돈의 가치를 알 수 있을까? 경제관이 가치관만큼이나 중요한 이유는 바로 여기에 있다.

나는 하버드 대학에서 귀족출신 자제들을 수없이 보았다. 그들은 돈을 물 쓰듯 쓰면서도 아까워할 줄 몰랐고, 돈이 다 떨어지면 쉽게 부모님에게 손을 벌렸다. 그들은 하나같이 적은 돈이라도 부모님의 땀방울 없이는 벌어지지 않는단 사실을 전혀 알지 못했다.

이렇듯 돈이 사회문제의 중심에 있다 보니 아버지는 종종 이렇게 나를 일깨워 주었다.

"돈이 사람의 마음을 가리고 눈을 멀게 할 수도 있다는 사실을 잊지 마라. 그리고 돈이 지닌 다양성과 교육적인 의미 또한 잊어서는 안 돼. 일찍부터 자녀에게 경제관을 심어주고 올바른 방향으로 이끌면 돈은 자연히 긍정적인 역할을 한단다. 그런 의미에서 돈을 대하는 일은 자신의 마음을 다스리는 일과 다를 바가 없단다."

♠ 돈을 자녀교육에 적절히 활용해라

사람들은 종종 이런 말을 한다. "부잣집 아이일수록 교육하기 어렵다." 이는 분명 일리 있는 말이다. 주위를 보면 돈이 없는 사람보다 부자인 사람들이 더 돈 때문에 비참해지는 경우가 많다. 이를 보면 돈이 모든 불행의 근원이라는 말도 틀린 말은 아니다. 나는 이 모든 것이 교육의 문제라고 생각한다.

돈이 많은 부모는 자녀가 원하는 것을 쉽게 사준다. 그들은 자녀가 '아, 돈이 이렇게 쉽게 생길 수도 있는 거구나' 라고 생각하는 일이 얼마나 무서운 결과를 가져오는지 전혀 알지 못한다.

첫 번째 문제는 돈을 귀하게 여기지 않기 때문에 쉽게 다 써버린다는 점이다. 더 큰 문제는 돈을 대부분 엉뚱한 곳에 쓴다는 데 있다. 그다음 문제는 돈을 쉽게 벌 수 있다고 생각함으로써 세상만사를 다 가벼이 여길 수 있다는 점이다. 이런 아이들은 왜 자신이 커서 돈을 벌어야 하는지 그 이유를 깨닫지 못한다. 부자가 돈 때문에 망하는 것은 다 이런 이유 때문이 아닐까?

아버지의 친구분 중에 굉장한 부자가 있는데, 그에게는 아들이 한 명 있었다. 그는 외동아들로 태어나 가족의 온갖 사랑을 받으며 자랐다. 그는 아들이 원하는 것은 무엇이든지 주었다. 아들이 원한다면 당장 집 한 채라도 지어줄 수 있었다. 그는 아들을 사랑하는 만큼 그렇게 해주는 일이 당연하다고 여겼다. 자신이 현재 힘들게 일하는 것도 오로지 아들을 부자로 살게 하기 위함이었다. 그는 경제교육의 필요성도, 돈이 아들을 망쳐가고 있다는 사실도 깨닫지 못했다.

그의 아들은 돈으로 친구를 사고 그들 앞에서 자신의 허영심을 채울 뿐, 자신이 가진 돈으로 좋은 일은커녕 불우이웃을 돕는 일조차 해본 적이 없었다.

친구들은 그의 돈을 보고 그에게 몰려들었다. 하나같이 그의 비위를 맞추고 환심을 사기에만 바빴다. 친구들이 그를 받들면 받들수록 기분이 좋아졌다. 그래서 그들을 위해 더 많은 돈을 썼다. 어쩌다 사람들이 그에게 아쉬운 소리를 하면 그는 쉽게 돈을 빌려주었지만, 시간이 지나도 그에게 돈을 갚는 이는 아무도 없었다.

그는 사람들의 불순한 '사랑'과 '존경'을 받으며 지냈고, 사람들은 그의 말에 복종하다시피 했다. 그는 돈으로 사람들 위에 군림하며 이 모든 것이 자신의 능력 덕분이라고 생각했다.

친구 아들은 그렇게 돈이 지닌 힘과 매력을 알아갔다. 어쩌다 자신의 마음에 들지 않는 사람이 생기면 다른 사람들에게 돈을 주어 그와 어울리지 못하게 했다. 그는 점점 이기적이고 난폭하게 변해갔다.

한번은 한 농부가 실수로 그와 부딪혀 그의 옷을 더럽히고 말았다. 두 사람은 작은 말다툼을 했고, 그는 곧 사람을 풀어 농부를 에워쌌다. 그리고 농부의 머리에 피가 나도록 돌로 때린 후, 소문내지 말라고 협박까지 했다. 사람들은 모두 이 소식을 듣고 기겁했지만, 아무도 그에게 바른 소리를 하는 이가 없었다. 사람들은 그를 증오하는 동시에 두려워하게 되었다.

사실 그를 따르는 무리는 그가 아닌 그의 돈을 바라고 의도적으로 접근한 사람들이었다. 그들은 어떻게 하면 그에게서 돈을 뜯어낼까 궁리했는데, 정작 그 혼자만 그 사실을 몰랐다. 사람들은 작당을 해서 일부러 그를 도박판으로 유인했다. 그리고 속임수를 써서 그가 가진 돈을 모조리 잃게 만들고, 그것으로도 모자라 갖은 수단으로 그의 돈을 탐했다. 이 사실을 알 리 없는 그는 계속 돈을 잃으면서도 도박에 빠져들었고, 끊임없이 아버지에게 돈을 요구했다.

이렇듯 온종일 딴 생각만 하는 그가 어디 공부할 마음이 있을까? 그는 아버지에게 공부하는 척 거짓말을 해놓고는 먹고 마시고 도박하는 데 그 돈을 다 날렸다. 그는 한 번도 책을 가까이 한 적이 없어 지식이 주는 즐거움을 무엇인지 알지 못했다. 심지어 돈만 있으면 배우지 않아도 상관없다고 여겼다.

그는 결국 아버지에게 이 모든 사실을 들키고 말았다. 예전 그에게 협박을 당했던 농부가 아버지를 찾아가 모든 사실을 털어놓은 것이다. 그의 아버지는 불같이 화를 내며 그에게 더 이상 한 푼도 줄 수 없다고 말했다. 그는 결국 자신의 잘못된 판단으로 눈 깜짝할 새 빈털터리가 되고 말았다.

한번은 그가 여느 때처럼 도박판에 끼어들다 수중에 가진 돈을 전부 잃고 말았다. 그는 옆에 있던 친구에게 돈을 빌려달라고 했지만, 친구는 순간 안면을 바꾸며 그를 냉정하게 대했다.

"돈이 없으면 그만 빠져! 들으니까 이제 빈털터리가 되었다던데, 참 불쌍하게 됐군."

그는 화가 났지만, 더 이상 대꾸할 말이 없었다. 그는 자신이 '좋은 친구'라고 여겼던 사람들이 뜻밖에 태도를 달리하자 당황했다. 그는 그 자리에서 사람들과 작은 실랑이를 벌였고, 결국 그들에게 죽도록 얻어터졌다. 그중에는 자신이 때린 농부의 아들도 있었다. 농부의 아들은 그에게 복수하려고 그와 똑같이 돌로 그의 머리를 내려쳤다.

이 이야기는 우리에게 많은 교훈을 준다. 내가 어렸을 때, 아버지는 돈의 해악과 부정적인 영향을 누누이 강조하며 어린 자녀에게 용돈을 많이 주는 일에 반대했다. 그리고 내게 노동의 수고와 대가에 대해 가르쳐주었다. 나는 아버지로 인해 돈이 샘물 솟아나듯이 생기는 것이 아니며 대가 없이는 아무것도 얻을 수 없음을 깨달았다.

아버지는 경제교육을 위해 내게 특별한 방법을 실천했다. 아버지는 내게 쉽게 용돈을 준 적이 없었다. 대신 적절한 때에 용돈을 주어 나를 격려했다. 예를 들면, 내가 공부를 열심히 해서 성적을 잘 받았거나, 원하는 목적을 이루었을 때에 아버지는 상으로 용돈을 주었다. 하지만 내가 잘못을 저지르거나 공부를 열심히 안 할 때에는 상으로 준 용돈을 도로 가져갔다.

아버지에게 상을 받는 일은 결코 쉽지 않았다. 게다가 매번 상으로 받는 용돈은 부잣집 아이들의 용돈에 비하면 그야말로 새발의 피였다. 사람들은 이러한 아버지의 행동을 의아하게 여겨 이렇게 물었다.

"자녀에게 상을 주는 방법은 얼마든지 많은데, 왜 굳이 돈을 주시는 겁니까?"

그러자 아버지가 대답했다.

"돈을 버는 일이 얼마나 어려운지 알게 하고, 세상의 모든 일은 뿌린 대로 거둔다는 교훈을 깨닫게 하기 위해서예요."

나 역시 다른 아이들처럼 용돈을 달라고 엄마 아빠한테 손을 벌릴 때가 많았다. 하지만 단 한 번도 성공한 적은 없었다. 아버지는 단 한 번도 내가 쓸데없는 데에 돈을 쓰게 내버려두지 않았다.

나는 어렸을 때, 천문학에 관심이 많았다. 하루는 내가 우연히 가게 진열장에 놓인 망원경을 발견하고는 너무도 갖고 싶은 마음이 들었다. 그래서 그 망원경만 있으면 좀 더 세밀하게 천체관측을 할 수 있을 거라는 생각이 들었다. 하지만 수중에 있는 돈은 망원경을 사기에 턱없이 부족했다. 그래서 용기를 내어 아버지에게 도움을 청했다. 그러자 아버지가 한참을 망설인 끝에 이렇게 말했다.

"망원경이 그렇게 비싼 줄은 몰랐구나. 그런 사치품은 함부로 사는 게 아니야. 내가 전에도 말하지 않았니?"

"아빠, 제가 망원경을 사려고 하는 건 더 열심히 공부하기 위해서예요."

나는 거의 울먹이다시피 했다.

"칼, 넌 이미 열두 살이나 되었어. 너도 이제 다 컸으니 부모한테 손 벌리고 의지하는 나쁜 습관을 버려야 해. 이젠 어린 아이도 아닐뿐더러 사고 싶은 게 있으면 스스로 돈을 벌어야 하는 나이가 아니니?"

나는 아버지가 장난을 치는 줄로만 알

나 역시 다른 아이들처럼 용돈을 달라고 엄마 아빠한테 손을 벌릴 때가 많았다. 하지만 단 한 번도 성공한 적은 없었다. 아버지는 내가 쓸데없는 데에 돈을 쓰게 내버려두지 않았다.

고 다시 한번 더 망원경을 사달라고 졸랐다. 그런데 뜻밖에도 아버지는 정말로 내게 원고를 베껴 쓰는 일자리를 구해주었다. 일은 생각보다 힘들었다. 나는 매일 밤이 늦도록 원고를 베껴 쓰느라 일찍 잠을 잘 수가 없었다. 또한 매일 이웃집 할머니를 찾아가 귀가 어두운 할머니를 위해 책을 읽어주어야 했다. 나는 그렇게 힘들게 돈을 벌었다. 그리고 6개월 가까이 힘들게 일하고 나서야 망원경을 살 수가 있었다.

나중에 안 사실이지만, 그때 엄마는 가슴이 아파 내가 피곤해하는 모습을 지켜보기 힘들었다고 한다. 그래서 아버지에게 이렇게 말했다.

"칼이 요 며칠 너무 힘들어 보여요. 칼이 아직 나이가 어리니 망원경을 사주는 게 낫겠어요."

하지만 아버지는 여전히 단호했다.

"돈을 버는 게 얼마나 힘든지를 아는 사람만이 돈을 귀하게 쓸 수 있소. 그런데 칼은 그걸 모르고 있소."

아버지는 그렇게 내게 돈을 버는 일의 소중함을 일깨워주었다. 나는 망원경을 사고 나서야 힘든 노동의 대가가 가져다주는 값진 의미를 알 수 있었다.

♠ 돈을 제대로 관리하는 방법

경제교육을 제대로 받지 못한 사람은 결혼한 후에도 가계를 현명하게 꾸리기 어렵다. 이런 사람들은 주위에서 흔히 찾아볼 수 있다. 설사 고등교육을 받고 사회적 지위가 있다 하더라도 돈 앞에서 쉽게 무릎을 꿇는 사람은 돈의 노예가 될 수밖에 없다.

어린 시절 나와 함께 자란 여자친구가 있었다. 그녀는 18살에 결혼을 했는데, 그 전에는 돈이라고는 만져본 적조차 없었다. 그녀가 원하는 것은 부모가 뭐든지 하인을 시켜 사오게 했기 때문에, 한 번도 용돈을 타 쓴 적도 없었다. 하지만 문제는 그녀가 결혼한 후에 발생했다. 남편이 일이 많아 바쁘다보니 자연히 가계를 그녀가 전담하게 되었다. 남편은 자신이 번 돈을 모두 그녀에게 생활비로 주었다. 그녀는 그 돈을 어떻게 써야 할지 전혀 알지 못했다. 그녀는 결국 남편의 적지 않은 월급을 관리하지 못해 거액의 빚더미에 앉고 말았다.

그녀는 나를 보자마자 이렇게 불평했다. "살림하는 게 이렇게 복잡한지 몰랐어. 눈 깜짝할 새 돈이 다 사라져버렸다고. 분명 남편이 큰 돈을 갖다 주는데도 돌아서면 그 돈이 다 어디 갔는지 모르겠어. 아, 이제 정말 어떻게 살아가지?"

친구 아들도 마찬가지였다. 그가 어렸을 때, 그의 부모는 돈을 물 쓰듯이 펑펑 쓰며 아들이 원하는 것을 모두 사주었다. 그래서 그는 사고 싶은 것은 무엇이든 사야 하는 나쁜 습관을 들이고 말았다. 어느덧 사치가 몸에 밴 그는 후에 사회생활을 하면서 늘 경제적인 어려움에 시달려야 했다.

아버지는 결코 내가 이런 사람이 되기를 바라지 않았다. 돈을 올바르게 쓸 줄 아는 습관은 곧 인생의 발전과 행복을 의미한다. 이는 아버지가 내게 경제교육을 시킨 가장 중요한 이유이기도 하다.

부모에게 용돈을 타 쓰는 것 말고, 어린 아이에게 무슨 고정적인 수입이 있을까? 경제 의식은커녕 용돈을 엉뚱한 곳에 다 써버리는 경우가 많다. 제대로 된 경제교육을 받지 못한 상태에서 돈에 욕심을 내면 문제는 쉽게 발생한다. 그리고 그 문제는 아이의 성장과 발전에 지대한 악영향을 미친다.

아이들은 대체로 경제 방면에 잘못된 의식을 갖고 있다. '돈이 필요하면 부모님에게 손 벌리면 된다, 돈은 물건을 사는 수단에 불과하다, 저축

하는 습관은 별로 중요하지 않다, 돈이 없을 때는 아껴도 있을 때는 다 써버려도 된다.' 등등.

이러한 잘못된 의식은 부모가 하루빨리 교육으로 바로잡아야 한다. 그래야만 훗날에 있을 자녀의 실수와 잘못을 미연에 방지할 수 있다.

내가 결혼한 후에 깨닫게 된 사실이 하나 있다. 그것은 가정과 일에서 모두 성공하려면 무엇보다 올바른 재정 능력을 갖춰야 한다는 점이다. 재정 능력은 일찍 가르칠수록 그 효과는 배가 된다.

하루는 한 친구가 내게 이렇게 물었다.

"자네는 참 대단해. 남자가 재정 능력이 어떻게 그렇게 탁월한가? 무슨 비결이라도 있나? 나한테도 좀 알려주게."

사람들은 경제 방면에 문제가 생길 때마다 종종 내게 상담을 청했다. 그때마다 나는 그들의 사정에 맞춰 내 생각을 말해주었고 그들에게 기대 이상의 도움을 주었다. 그러다보니 자연히 사람들 사이에 내가 금전관리를 잘하기로 입소문이 난 것이다.

물론 이 역시도 아버지의 교육과 훈련 덕분이다. 아버지는 가계부 관리에 자녀를 동참시키는 일이 경제교육에 있어 매우 좋은 방법이라고 말했다. 백 마디 말보다는 직접 돈을 관리해보는 일이 현실적으로 더 큰 도움이 되기 때문이다.

내가 철이 들 무렵, 아버지는 가정의 금전관리에 나도 동참하게 했다. 그 덕에 나는 다른 아이들과 달리 가정의 경제적인 형편을 충분히 이해하고 있었고, 가족들의 수입과 지출을 어느 정도 관리할 줄도 알게 되었다.

내가 여덟 살 때, 아버지가 내게 2주 동안 가계부를 관리해보라고 했다. 그때 나는 한창 식탁 앞에 앉아 먹을 만한 반찬이 없다며 반찬투정을 할 때였다.

"칼, 살림을 하는 게 쉬워 보이니?" 엄마가 물었다.

"어려운 수학 문제를 푸는 것도 아닌데 어려울 게 뭐가 있어요?" 내가 입을 삐죽거렸다.

"그래, 좋아. 일주일 동안 네가 직접 살림을 해보렴. 그럼 네 말처럼 그렇게 쉬운 일이 아니라는 걸 알게 될 거야." 이번엔 아버지가 말했다.

"좋아요! 어려운 일도 아닌데 제가 한번 해볼게요." 나는 자신만만했다.

"어린애가 가계부를 쓸 수나 있겠어요? 이제 겨우 여덟 살인데." 엄마가 말했다

"엄마, 문제없어요. 그동안 엄마가 어떻게 해왔는지 다 지켜봤잖아요."

엄마는 딱 일주일치 생활비를 내게 건네며 말했다.

"이게 다음 주 우리가 써야 할 생활비란다. 꼭 기억해! 무턱대고 다 써버리면 절대 안 돼."

가족들의 일주일치 생활비가 결코 큰 액수는 아니었지만, 어린 내게는 너무나도 큰 돈이었다.

생활비를 받아든 나는 마치 한순간에 부자가 된 듯했다. 매일 조금씩 엄마에게 용돈을 타 쓰던 나의 눈에는 그 돈이 세상 그 어떤 것보다도 위대하게 여겨졌다. 또한 매일매일 써도 다 못 쓸 정도로 많게 느껴졌다.

다음날부터 우리 집에는 매우 큰 변화가 생겨났다. 우선 냉장고 안 음식의 가짓수가 예전보다 훨씬 많아졌다. 나는 엄마가 돈이 아까워 선뜻 사지 못했던 것들을 꽤 대담하게 사들였다. 그리고 거실을 아름답게 꾸

며야 한다며 벽 한쪽에 그림도 사서 걸어놓았다. 어디 그뿐이랴? 엄마가 십 년이 넘게 사용해오던 식탁보를 버리고 새것으로 바꾸어놓았다. 부모님은 내 행동에 어떠한 제재도 하지 않았기에 나는 평소 내가 하고 싶었던 대로 돈을 쓰기 시작했다.

하지만 며칠이 지나자 나는 슬슬 마음이 불안해지기 시작했다. 아직 한 주가 다 지나지도 않았는데 주머니 안의 돈이 얼마 없었기 때문이다.

"세상에! 내가 이 돈을 벌써 다 썼단 말이야? 대체 언제 다 썼지?"

아버지는 그동안 내가 쓴 지출내역을 정리하기 시작했고, 나는 그제야 내가 생각보다 돈을 많이 썼다는 사실을 깨달았다.

"아빠가 힘들게 벌어온 돈을 그렇게 다 써버리다니, 이러다간 우리 모두 쫄쫄 굶고 말겠어."

엄마가 웃으며 말했다.

한때 자신감이 넘쳤던 나는 어이없는 결과에 굴복할 수 없었다. 그래서 다시 한번 기회를 달라고 졸라댔다.

"아빠, 일주일만 더 주세요. 그러면 더 잘할 수 있을 것 같아요."

나는 지난 일을 교훈삼아 마음을 독하게 먹었다. 그래서 지난주보다 더 저렴한 식단을 짰고, 엄마가 도배를 새로 해야 한다고 말했지만 끝내 동의하지 않았다. 엄마가 조금이라도 비싼 물건을 사려고 하면 내가 먼저 나서서 그 물건을 내려놓게 했다. 또한 커디에게도 치즈를 사지 못하게 했다.

"이렇게 다 사버리면 어떡해요?"

심지어 내 반대로 가족들의 생활에 꼭 필요한 물건조차 엄마는 쉽게 살 수가 없었다. 이렇게 악착같이 아낀 덕분에 나는 지난주에 모자랐던 액수를 만회할 수 있었다. 나는 내 능력이 탁월했다며 우쭐거렸다.

하지만 아버지는 그다지 만족스럽지 못한 평가를 내렸다.

"칼, 지난 이주 동안의 생활을 떠올려보렴. 한 주는 무턱대고 이것저것 다 사들이더니 또 한 주는 악착같이 돈을 쓰지 않았어. 넌 가계를 관리하는 법도, 돈을 쓸 줄도 전혀 모르는구나. 아무리 돈을 아끼는 것도 중요하지만, 꼭 필요한 물건과 음식은 사야 해. 이번 주는 냉장고 안에 먹을 것이 하나도 없더구나. 한 주는 배부르게 먹는 대신에 또 한 주는 굶어야 하는데, 누가 이런 생활을 견뎌낼 수 있겠니?"

"네? 그럼 어떻게 해야 돈을 잘 쓰는 거예요?" 내가 물었다.

"적절한 선을 지켜야지. 사치도 나쁜 거지만, 지나치게 아껴서도 안 돼. 만일 네가 합리적인 소비계획을 세웠다면, 그 계획대로 지출을 하면 된단다. 무슨 말인지 알겠니?"

"네! 아빠, 잘 알겠어요."

"명심하렴. 돈을 적절히 이용하되 절대로 그것의 노예가 되어서는 안 된단다."

나는 부모들이 아버지의 교육 방식을 따라 어린 자녀에게 올바른 경제관념을 심어주길 바란다. 자녀에게 돈을 올바르게 쓰게 하고 건전한 사고를 할 수 있게 교육하는 일은 모든 가정의 기본적인 의무이자 책임이다.

♠ 왜 돈을 아껴 써야하는가?

　　　　　　　　　　근검절약은 아버지의 경제교육에서 매우 큰 비중을 차지했다. 아버지는 종종 자신의 젊은 시절 이야기를 들려주었다.

　"아버지가 목사 후보생이었을 때는 지금보다 훨씬 가난했단다. 한 달 방세를 내고 나면 수중에 남는 돈이 거의 없었어. 그래서 사고 싶다고 아무거나 사들일 수가 없었단다."

　아버지는 근검절약을 몸소 실천한 분이었다. 집안 곳곳에 아버지의 절약정신이 고스란히 묻어났다. 아버지에게는 셔츠가 두 벌 있었는데 모두 십여 년 전에 산 것들이었다. 하지만 소매와 깃이 색이 바래지고 닳아도 엄마에게 몇 번이나 수선을 맡겨가며 끝내 버리지 않았다. 이는 우리 마을 사람들이 모두 알고 있는 꽤 유명한 이야기다. 사람들이 낡은 물건을 보면 '마치 비테 목사님의 낡은 셔츠 같다.' 라고 말할 정도였으니 말이다.

　아버지의 이러한 절약정신은 내게도 좋은 본보기가 되었다. 나는 용돈이 생길 때마다 곧바로 저금통에 넣으며 쓸데없는 곳에 돈을 낭비하지 않으려고 했다. 특히 명절날처럼 아이들이 장난감을 사느라 바쁜 때에도 나는 흔들리지 않으려고 마음을 다잡았다. 그러자 사람들은 어린아이가 그렇게 큰 돈을 모아서 어디에 쓸 거냐며 궁금해 했다. 나는 이렇게 대답했다.

　"전 이 돈을 모아서 대학에 갈 거예요. 유비무환이란 말도 있듯이 미리 준비해두면 걱정을 덜 수 있잖아요."

아버지는 누구보다 내게 절약정신을 강조했지만, 무조건 돈만 아끼고 보는 구두쇠는 또 아니었다. 아버지는 늘 검소하게 생활하며 먹을 것과 입을 것을 아껴 가난한 사람들을 도왔다. 집에서는 먹을 것이 빵밖에 없어도 어려운 이웃을 돕는 일에 누구보다 앞장섰다. 아버지는 늘 내게 하나라도 더 아껴서 다른 이웃과 나누라고 가르쳤다. 아버지가 말했다.

"왜 돈을 아껴 써야 하는지를 진지하게 생각해 보아라. 필요한 곳에 적절히 돈을 쓸 줄 알면서도 자신보다 어려운 사람에게는 인색하지 않는 게 바로 진정한 절약이란다. 적은 월급으로도 어려운 이웃을 도울 길은 얼마든지 있어."

하루는 아버지와 함께 교외로 나가 산책을 했다. 그날은 날씨가 매우 화창했다. 햇볕은 따사로웠고 푸른 잔디가 더없이 싱그러워 보이는 오후였다. 곳곳에서 새들이 지저귀는 소리까지 들리자 나는 순간 마음이 편안해졌다. 아버지와 함께 잔디에 놓인 돌 위에 앉아 책을 읽으며 모처럼 휴식을 취했다.

그런데 한창 책 읽기에 빠져들 무렵, 갑자기 한 소년이 내 등 뒤로 다가왔다. 그러고는 내가 보고 있던 책을 힐끔거리며 몰래 훔쳐보기 시작했다.

그 소년의 이름은 게리 링커로, 훗날 내 절친한 친구가 되었다. 게리의 집은 매우 가난했다. 그래서 공부를 좋아하면서도 돈이 없어 학교에 다니지 못했다. 그는 누구보다 책을 좋아했는데 다행히 학교에서 일을 하며 겨우 글자만 익힐 수 있었다.

그날 그는 내가 아버지와 조용히 책을 읽고 있는 모습이 너무 부러웠다고 했다. 그래서 저도 모르게 내 책을 훔쳐보게 된 것이다. 나는 순간 그 아이가 다리가 저릴 만큼 오랜 시간 내 등 뒤에서 책을 읽고 있었다는 것을 알게 되었다. 문득 그 아이에게 호기심이 생겼다. 그래서 함께 간식을 나눠먹으며 이야기를 나누었다. 게리가 말했다.

"나도 책 읽는 걸 아주 좋아해. 그런데 우리 집은 가난해서 마음껏 책을 살 수가 없어. 네가 책에서 읽었던 재미있는 이야기를 나한테 들려줄 수 있겠니?"

"그럼, 물론이지."

평소에 친구가 많지 않았던 데다 좋은 지식을 나눌 기회가 거의 없었던 나는 흔쾌히 그 아이의 부탁을 들어주었다. 그래서 시간 가는 줄도 모르고 그에게 재미있는 이야기를 들려주었다. 이야기를 마쳤을 때는 이미 세 시간이나 지나 있었다.

그날 아버지는 사람들을 통해 게리의 집안 사정을 전해들을 수 있었다. 그의 가족은 땅이 없어서 다른 집의 농사일을 대신 해주고 있었다. 그의 아버지는 가족들을 위해 매일 힘들게 일했지만, 집안 형편은 조금도 나아지지 않았다. 그의 엄마는 매우 어질고 좋은 분이었다. 비록 자신은 교육을 못 받았지만, 아들인 게리는 누구보다 훌륭한 사람이 되기를 바랐다. 그녀는 가난해서 학교에 다닐 수 없는 아들을 보며 종종 몰래 뒤에서 눈물짓고는 했다.

"난 네가 정말 부러워. 책도 많이 읽고 학교에도 다닐 테니 말이야. 나한테도 책이 많았다면 너처럼 열심히 공부할 수 있을 텐데. 그럼 나중에 똑똑한 사람이 될 수 있잖아."

게리가 말했다. 나는 그날 내가 가져왔던 책을 모두 게리에게 선물로 주었다.

"낮에 만났던 그 아이는 책을 굉장히 좋아하는 것 같더구나. 집이 부자여도 공부를 열심히 하지 않는 아이도 있는데 말이야. 정말 부끄러운 일이지. 집이 가난한 그 아이를 우리가 도와주는 건 어떻겠니?"

아버지가 내게 물었다.

"네, 아빠. 저도 도와주고 싶어요. 그런데 뭘 도와줄 수 있어요? 아빠는 늘 저한테 절약하라고 하셨잖아요."

나는 순간 곤란한 표정을 지어보였다.

"내가 절약하라고 했던 건 돈을 쓰지 말라고 한 게 아니란다. 쓸데없는 데 낭비하지 말라고 한 거야. 돈을 써야 하는 곳이 있다면 당연히 의미 있게 써야 하지 않겠니? 어려운 사람을 도와줄 때 내가 돈을 아끼는 거 본 적 있니? 누군가를 돕는다는 건 그들에게 무엇이 필요한지를 이해하고 그것을 채워주는 일이란다."

"아, 제가 너무 바보 같았어요. 저도 게리를 위해 뭔가 해주고 싶어요."

나는 그날 저금통을 열어 얼마의 돈을 꺼냈다. 그리고 약간의 노트와 연필을 들고 친구를 찾아가 말했다.

"이건 내 작은 성의야. 많진 않지만 이걸로 열심히 공부했으면 좋겠어. 공부 열심히 하면 너도 분명 훌륭한 사람이 될 수 있을 거야. 그러니까 힘내!"

다음날 친구는 아버지와 함께 우리 집을 찾아와 고마움을 전했다.

"목사님, 너무 감사합니다. 이렇게 천사 같은 아들을 두셨다니, 하나님께서 넘치는 은혜를 내려주실 거예요."

그렇게 우리 가족과 다른 몇몇 사람들의 도움으로 게리는 무사히 졸업했고, 지금은 덕망 있는 대법관이 되었다.

하루는 내가 그의 집을 방문했다. 그런데 집은 생각보다 누추했고 어느 집에나 있을 법한 값비싼 물건들이 하나도 보이지 않았다. 나는 전에 그가 불우한 어린이를 열 명이나 도와주고 있다는 소식을 전해 들었던 터라 그의 집안 상황을 이해할 수가 없었다. 그러자 그가 내게 이렇게 말했다.

"난 지금껏 자네 아버지의 말씀을 잊을 수가 없다네. 그분은 내게 절약하는 법을 가르쳐주셨어. 절약이란 돈을 쓰지 않는 게 아니라, 더욱 가치있고 의미 있는 일을 위해 잠시 남겨두는 거라고 하시지 않았나."

♠ 돈의 유혹을 이겨내라

초등학교 교사인 친구가 한 명 있다. 한번은 그가 아이들이 돈에 대해 어떻게 생각하는지 알고 싶어 한 가지 간단한 조사를 했다. 그런데 뜻밖에도 많은 아이가 돈에 대해 강한 욕심을 드러냈고 집안 형편에 불만을 품고 있었다. 더욱 놀라운 사실은 부모님이 부자인 아이도 같은 생각을 하고 있었다는 점이다.

아이들은 이런 불평을 자주 한다.

"우리 아빠도 누구네 아빠처럼 돈이 많았으면 좋겠어요."

"그럼 넌 갖고 싶은 장난감이 생길 때 어떻게 하니?"

교사인 친구가 아이들에게 물었다. 그런데 아이들의 대답이 하나같이 놀라웠다. 이제 예닐곱 살밖에 안 된 아이들이 부모님의 지갑을 열기 위해 그렇게 많은 잔머리를 굴리는 줄은 상상도 못했기 때문이다.

한 아이가 말했다.

"장난감이 갖고 싶으면 머리를 써야 해요. 만약 10달러짜리 장난감을 사기 전에 5달러짜리를 먼저 고르면, 엄마는 그렇게 비싼 건 사줄 수 없다고 말해요. 하지만 20달러짜리 장난감을 먼저 고른 뒤에 10달러짜리를 사달라고 하면 엄마는 말없이 사줘요."

"저는 엄마한테 이렇게 소리쳐요. '엄마는 구두쇠야! 엄마 옷이랑 신발, 향수는 사면서 왜 나한테는 장난감을 안 사줘요? 엄마 향수가 훨씬 더 비싼 거잖아요!' 그럼 엄마는 얼른 장난감을 사줘요."

다른 아이가 말했다. 그러자 또 다른 아이가 말했다.

"저는 엄마한테 일부러 초등학생이 물건 훔친 이야기를 들려줘요. 그럼 엄마가 놀라거든요? 그때 나는 엄마가 분명 장난감을 안 사줘서 그 아이가 도둑질하는 걸 거라고 말해요. 그 후에 갖고 싶은 장난감을 말하면 엄마가 사주더라고요."

이 외에도 아이들의 대답은 가지각색이었다. 밥을 안 먹고 투쟁하는 아이, 학교를 안 가겠다고 반항하며 떼쓰는 아이, 그야말로 상상을 초월했다.

친구는 내게 이야기를 들려주는 내내 한숨을 쉬었다. 돈이 무엇이길래 이토록 순수한 아이들의 영혼을 더럽히고 있단 말인가? 내가 말했다.

"돈은 사람의 영혼마저 갉아먹는 힘이 있어. 돈 앞에서 평정심을 잃지 않는 사람이 얼마나 되겠나? 어린아이에게는 더더욱 힘든 일이지. 나 역시도 그 아이들과 별반 다르지 않았다네."

내가 아홉 살 때였다. 그 당시 나는 이미 신동으로서 명성이 자자한 유명 인사였다. 나는 대학등록금 국비지원을 신청하면서 우연히 한 백작을 알게 되었다. 그는 웨스트팔리아(Westphalia)의 문화 사절이었다.

백작은 내가 명실상부한 천재 신동이라는 사실을 알고는 나를 위해서 직접 제롬 국왕에게 경제적인 지원을 요청했다. 그리고 그해 여름, 특별히 나를 자신의 별장으로 초대했다.

매일 평범하고 지루한 일상을 반복하던 나는 덕분에 평생 잊을 수 없는 여름방학을 보낼 수 있었다. 태어나서 처음으로 부자들만 누릴 수 있는 생활을 누려봤기 때문이다. 백작의 별장은 매우 웅장하고 기품이 있으면서도 견고한 궁전 같았다. 별장은 안팎으로 화려하게 장식되어 있는 데다 일하는 시종도 셀 수 없이 많았다. 특히 곳곳에 놓인 장식품들은 어린 나의 호기심을 사로잡기에 충분했다. 백작은 내가 별장에 머무르는 동안, 날 위해 매일 성대한 연회와 파티를 열어주었다. 백작이 준비한 파티에는 처음 보는 산해진미가 넘쳐났고, 유명한 손님들로 인산인해를 이루었다. 예전 같았으면 정말 상상도 못할 일이 눈앞에 펼쳐진 것이다.

하루는 백작이 내게 나와 동갑내기인 자신의 아들을 소개해주었다. 아들과 함께 방으로 들어간 나는 순간 눈이 휘둥그레졌다. 백작의 아들 방은 갖가지 신기한 장난감들로 가득 차 발을 디딜 틈조차 없었다. 나는 백작의 아들과 함께 삼일 밤낮을 그곳에서 신나게 놀았다. 밤이 늦어 백작이 집에 데려다 주기 직전까지 나는 그곳에서 시간이 가는 줄도 모를 정도로 장난감에 푸욱 빠져 지냈다.

집에 돌아온 나는 가족들과 모인 자리에서 틈만 나면 별장에서 지냈던 이야기를 해주었다. 아름다운 장식품들과 여유로운 생활, 맛있는 파티 음식과 수많은 시종, 그곳 생활이 현실과 너무 달랐기 때문인지 나는 나도 모르게 했던 이야기를 또 하며 별장에서의 추억을 떠올렸다. 하지만 4일째 되던 날, 내 이야기를 가장 재미있어 하던 커디조차 싫증을 내기 시작했다. 내가 우리도 그런 별장을 한 채 샀으면 좋겠다고 말하자, 아버지도 도저히 못 참겠다는 말투로 소리쳤다.

"칼, 제발 그만하렴. 네 별장 이야기는 더 이상 듣고 있기 힘들구나. 분명하게 말해두는데 우리에게는 그런 별장을 살만한 돈이 없단다. 3일 동안 부자처럼 지내다 보니 예전에 아빠와 했던 약속은 다 잊어버린 거니? 요 며칠 너의 행동은 정말 실망스럽구나."

아버지가 이렇게까지 화를 낸 적이 한 번도 없었기에, 당황한 나는 얼른 방으로 들어와 버렸다. 그날 내가 잠자리에 들자 화가 많이 풀린 듯 보이는 아버지가 먼저 말을 걸었다.

"칼, 그런 호화로운 생활을 하는 백작이 부러웠니?"

"네, 아빠, 그렇다고 화내지 마세요. 돈이 많다는 게 그렇게 좋은 건지는 처음 알았어요. 정말 부자들이 부러워요."

"이젠 화내지 않을게. 그리고 널 탓하지도 않으마. 돈이 지닌 힘은 누구도 부인하기 어려워. 하지만 돈은 때때로 사람들의 판단력과 존엄을 앗아

간단다. 또한 양심에 위배되는 행동을 하게 만들어. 아빠가 늘 말하지 않았니? 돈 앞에서 사람은 언제나 자신의 존엄을 지켜야 한다고 말이야."

"하지만 아빠, 저도 모르게 자꾸 그런 생각이 드는걸요."

"이솝우화에 나오는 이야기를 떠올려보렴. 아끼는 도끼를 연못에 빠뜨린 한 농부가 하염없이 울고 있었어. 그러자 연못에서 한 노인이 나타나더니 그를 도와주겠다고 말했단다. 노인이 '이 금도끼가 네 것이냐?'라고 묻자 농부는 아니라고 대답했어. 잠시 후 노인이 다시 '이 은도끼가네 것이냐?'라고 물었을 때도 농부는 솔직하게 아니라고 대답했지. 그러자 노인이 한참 후에 나타나서는 '그럼 이 낡은 쇠도끼가 네 것이냐?'라고 물었고, 농부는 '네, 제 도끼가 맞습니다.'라고 대답했단다. 결국 농부의 진실한 마음에 감동한 노인은 도끼 세 개를 모두 농부에게 선물로 주었단다. 칼, 우리가 이 농부에게 본받아야 할 점이 뭐라고 생각하니?"

아버지가 물었다.

"거짓말을 하지 않는 정직함이요?"

"아니, 바로 평정심이란다. 유혹 앞에서도 흔들리지 않는 마음 말이야. 돈의 유혹 앞에서도 평정심을 잃지 않고 자신의 양심을 지키는 사람만이 다른 사람들의 존경을 받을 수 있단다. 또 그런 사람만이 성공할 수 있어."

"평정심이요? 아빠처럼 말예요?" 내가 물었다.

"그래! 아빠는 가난한 목사라서 비싼 물건을 쉽게 사줄 수는 없지만, 단 한 번도 돈의 유혹 앞에서 흔들린 적이 없었단다. 지금 우리 가족이 이렇게 배불리 먹고 따뜻하게 입는 것만으로도 충분히 만족해. 가난한 사람에게 사치는 죄와 같단다. 사람은 돈 앞에서도 자신의 자존심을 지킬 줄 알아야 해. 한번 생각해 보렴. 너희 같은 꿈나무들이 어릴 때부터 돈을 밝히고 사치를 즐긴다면 그 나라의 미래가 어떨지는 안 봐도 뻔하지 않겠니?"

아버지는 다시 힘주어 말했다.

"돈을 좋아하되, 탐내거나 욕심을 부려서는 안 돼. 돈이란 우리가 더 나은 삶을 영위할 수 있도록 도와주지만, 삶의 진정한 의미와 행복까지 보장해주지는 않는단다."

"네, 아빠. 그런데 의미 있는 삶이란 어떤 거예요?"

"어려운 사람에게 도움을 베푸는 삶이 바로 의미 있는 삶이야. 또한 친구끼리 이해득실을 따지지 않고 진리를 탐구하는 창조적인 삶도 의미 있는 삶이라고 할 수 있지."

그날 저녁, 나는 아버지와 많은 얘기를 나누었다. 아버지는 검소한 생활을 할수록 인생의 속박에서 벗어나 자유를 누릴 수 있다고 말했다. 또한 사람의 가치는 돈의 그것과는 비교할 수도 없을 만큼 귀하다는 말도 해주었다. 아버지의 말을 통해 나는 비로소 돈이란 무엇인지, 어떤 마음으로 돈을 대해야 하는지를 깨달았다.

사람은 돈 앞에서 자신의 자존심을 지킬 줄 알아야한다. 한 나라의 꿈나무들이 어릴 때부터 돈을 밝히고 사치를 즐긴다면 그 나라의 미래가 어떨지는 안 봐도 뻔한 일이다.

자녀를 위한
전인적인 교육

아버지는 지식과 재능이 성공을 향한 첫 걸음이자 완벽한 인생을 위한 밑거름이지만, 이를 갖춘 후에 사회생활에 필요한 더 중요한 능력을 배워야 한다고 말했다.

♠ 인간관계가 지닌 사회적 의미

예전만 해도 부모들이 자녀교육에서 가장 중요하게 여긴 것은 지식과 소양이었다. 지식을 제외하면 다른 것은 배우지 않아도 된다고 생각하는 사람들도 있었다. 하지만 아버지는 공부 외의 다른 교육의 필요성을 강조했다. 아버지는 사람들에게 지식보다는 자녀의 전인적인 발전을 모두 고려한 인간성 위주의 교육이 더 중요하다고 말했으며 자신만의 독특한 교육 관념으로 내게 전인교육을 실천했다.

앞에서 언급한 몇 가지 능력 외에도, 아버지가 중요시한 것은 바로 사회생활의 토대가 되는 교제능력이었다. 아버지는 친구와 어울리는 과정을 통해 다른 사람과 소통하고 교제하는 방법을 터득하게 했다. 하지만

이는 아버지가 행한 무수한 교육의 한 예에 불과하다. 내가 어렸을 때 아버지는 이 방면에 관한 교육을 매우 많이 시행했다.

사실 어린 시절 내가 사람들과의 교제와 소통이 얼마나 중요한지를 깨달은 시점은 막 신동으로 사람들에게 이름을 알리고 난 직후였다.

사람의 마음에 가장 무서운 적은 바로 허영심이다. 허영심은 뛰어난 능력을 가진 사람도 무능력하게 만들 수 있고, 남에게 존경받는 사람도 한순간에 명예를 잃게 만들 수 있다.

사람이라면 누구나 다 허영심을 조금씩은 품고 있듯, 나 역시도 그랬다. 한창 신동이란 소리를 듣게 되면서 여기저기서 칭찬이 들려오자 나도 모르게 조금씩 교만해지고 말았던 것이다.

물론 신동으로 이름나기 전에도 사람들은 나를 가리켜 똑똑한 아이라고 칭찬을 해주었지만, 그때는 스스로 나란 존재가 특별하다는 생각을 한 번도 해본 적이 없었다.

사람들의 눈에 비친 나는 어린 나이에 지식이 풍부하고 머리가 똑똑한 아이였다. 그런데 시간이 흐르면서 내가 사람들에게 '신동'으로 불리고 있다는 사실을 알게 되었다. 사람들의 관심이 커질수록 내 안에 숨어있던 허영심도 함께 조금씩 얼굴을 내밀었다. 지금 생각해보면, 어린 나이에 내가 참 많은 실수를 저지른 것 같다.

내가 이제 겨우 신동으로 이름을 알리던 때에 있었던 일이다. 하루는 아버지와 함께 교회에서 예배를 드리고 있었다. 그런데 나를 알아본 수많은 사람들이 내 앞으로 다가와 인사를 건넸을 뿐만 아니라 이야기를 나누고 싶어했다.

예전 같았으면 같이 반갑게 인사를 나누었을 텐데 나는 그날따라 사람들의 인사와 관심이 귀찮게 느껴졌다. 그래서 말없이 고개만 끄덕이고는 얼른 자리로 가서 앉았다.

그때 내가 왜 그랬을까? 내가 변해버린 이유가 무엇일까? 바로 사람들의 칭찬과 지나친 관심 때문에 스스로 '난 대단해', '내가 최고야'라는 생각을 갖게 된 것이다. 나는 내가 변했다는 사실을 인식하지 못했지만, 사람들 앞에서는 교만한 생각이 얼굴에 그대로 드러나 버렸다.

그때 사람들의 기분이 어땠는지 이제 와서 정확히 알 수는 없지만, 교만해진 내 모습에 분명 크게 실망했을 것이다. 그들은 누구보다도 내게 관심을 가져준 고마운 사람들인데, 은혜도 모른다며 뒤에서 손가락질했을지도 모른다.

이 모습을 본 아버지는 내가 조금씩 변해간다는 생각이 들었다. 하지만 사람들 앞에서 아버지는 아무런 내색도 하지 않은 채 그저 주위 사람들과 반갑게 인사를 나누었다. 예배를 마치고 집으로 돌아온 후, 아버지가 내게 물었다.

"칼, 넌 네 자신이 다른 사람과 다르다고 생각하니?"

"아빠, 전 아빠가 무슨 말씀을 하시는지 모르겠어요." 내가 말했다.

"내 말은, 지금 네 자신이 예전의 네 모습과 많이 달라졌다는 걸 느끼고 있냐는 뜻이야."

"네! 예전에 비해서 키도 많이 컸고, 더 튼튼해졌어요. 아는 것도 더 많아졌고요."

"그래, 네 말대로 키도 크고 몸도 건강해졌고 매일 공부를 열심히 해서 지식도 많아졌지."

나는 순간 아버지가 무슨 말을 하려는지 조금도 눈치 채지 못했지만 아버지가 내게 불만을 품고 있다는 것은 느낄 수 있었다. 아버지가 다시 입을 열기까지 난 아무 말도 하지 않았다.

"그럼 칼, 네 스스로 네가 천재거나 신동이라는 생각을 하고 있니?" 아버지가 물었다.

"전 확실히 잘 모르겠지만, 사람들이 모두 그렇게 말하던걸요."

"그래, 그럼 넌 네가 다른 사람들보다 더 특별하고 훌륭하다고 생각하니?"

나는 분명 그렇게 생각하고 있었지만 선뜻 그렇다고 대답할 수가 없었다.

"오늘 교회에서 본 네 모습은 정말 예의가 없었어. 사람들은 모두 널 반갑게 맞았는데 넌 왜 그렇게 차갑게 대했니?"

"전 차갑게 대한 적 없어요. 아빠도 보셨다시피 저도 같이 인사했어요!"

"인사? 앉아서 고개만 끄덕하는 게 인사니? 오늘 네 모습을 보니 예전에 내가 알던 인정 많은 칼이 아닌 것 같더구나. 다른 사람들도 그렇게 느꼈을 거야."

아버지가 말했다. 나는 아버지의 눈을 피한 채 고개를 숙였다. 그리고 아무런 대답도 하지 않았다. 아버지는 이미 내 마음속을 훤히 들여다보고 있는 듯했다. 아버지는 더 이상 나를 혼내지 않고 말없이 방에서 나갔다.

난 아버지가 왜 갑자기 내게 이런 말을 하는지 이해하지 못했다. 반성하기는커녕 나 자신도 모르는 사이에 교만한 시선으로 사람들을 대해왔다는 사실조차 깨닫지 못했다.

사람들을 대하는 내 태도는 달라지지 않았다. 이는 친한 친구들에게도 마찬가지였다. '난 천재야. 난 사람들이 부러워하는 신동이라고! 평범한 너희와는 달라도 한참 달라' 라는 생각이 쉽게 떨쳐지지 않았다.

그런데 내가 교만에 빠져있는 사이 시간이 조금씩 흘러, 나는 어느 순간부터 사람들이 예전처럼 나를 반갑게 맞아주지 않는다는 사실을 깨달았다. 아무도 먼저 머리를 쓰다듬어 주며 인사를 건네지 않았다. 심지어 대놓고 모른 척하는 사람도 있었다.

그뿐만이 아니었다. 예전에 친하게 지내던 친구들조차 나를 따돌리기 시작했다. 나는 그제야 외로운 생각이 들었다. 더 이상 내가 특별하다는 생각도 들지 않았고, 예전의 교만한 생각들도 한순간에 사라졌다.

하루는 내가 정원 가운데 있는 그네에 한참 동안 혼자 멍하니 앉아있었다. 그 모습을 본 아버지가 다가와 물었다.

"칼, 왜 혼자 여기 있니? 네 친구들은 저기 밖에서 노는 것 같던데, 넌 안 가니?"

아버지는 내가 친구들과 놀지 않는 이유를 이미 알고 있으면서도 일부러 모른 척했다. 사실 난 이미 그 전부터 친구들과 어울리지 못하고 있었다. 그런데 아버지가 먼저 말을 걸어오자 순간 슬픈 감정을 주체할 수 없었다. 내가 힘없이 말했다.

"친구들이 저랑 놀기 싫은가 봐요."

"왜 그렇게 생각하니?" 아버지가 물었다.

"왜 그런지는 모르겠지만 친구들이 저랑 안 놀아줘요. 일부러 저를 피하는 것 같아요."

"칼, 넌 똑똑해. 어린 나이에 이렇게 많은 것을 배우기란 쉽지 않은 일이란다. 하지만 한 가지 기억해 둬야 할 게 있어. 지금 네가 배운 지식들은 어른이 되어가는 과정 중의 아주 작은 일부분일 뿐이란다. 너 역시 언젠가는 친구들의 도움이 필요할 때가 있어. 그런데 넌 어째서 그동안 친구들의 소중함을 깨닫지 못했던 거니? 교만한 사람을 좋아하는 사람은 아무도 없을 거야."

아버지는 내가 외로울 수밖에 없는 이유를 설명해주었다.

"아빠, 이제 어떡하면 좋죠?"

나는 뒤늦게나마 내 잘못을 깨달았다. 아버지가 말했다.

"걱정할 거 없어. 비록 네가 친구들에게 상처를 주었지만, 그렇다고 해서 아직까지 널 미워하지는 않을 거야. 잘못을 깨닫는 일보다 바로잡는 일이 더 중요하단다. 진심으로 친구들을 대해 보렴. 그럼 네 마음을 알아줄 거야. 네가 열심히 노력만 한다면 예전처럼 같이 놀아줄지도 모르고."

그날 이후로, 나는 어떤 자리에서 누구를 만나든 호의적인 태도와 겸손한 마음을 잃지 않으려고 애썼다. 그리고 친구란 존재가 얼마나 소중한지도 알았다.

외로움을 통해 늦게나마 자신이 먼저 다른 사람을 존중해야만 자신도 누군가에게 존중받을 수 있다는 영원한 진리를 깨닫게 된 것이다.

♠ 적절한 거리를 유지해라

내가 조금 더 자란 후에, 아버지는 사람을 대하는 법에 대해 가르쳐주었다.

아버지는 지식과 재능이 성공을 향한 첫 걸음이자 완벽한 인생을 위한 밑거름이지만, 이를 갖춘 후에 사회생활에 필요한 더 중요한 능력을 배워야 한다고 말했다.

사회란 굉장히 복잡한 조직체계이다. 사람들마다 각기 다른 성격과 개성을 지니고 있는 데다 타인을 대하는 관점 또한 다르다. 그래서 세상을 살아가는 데 있어서 인간관계란 피할 수 없는 숙제이며, 사람 사이의 적절한 선을 지키는 일도 쉽지 않다.

사람을 대하는 일이 아무리 중요해도 지나치게 일찍부터 이를 가르치는 것을 반대하는 사람들도 있다. 그들은 아이의 순수함을 지켜주는 일이 무엇보다 중요하다고 믿기 때문에, 인간관계의 이면을 너무 일찍 알려주는 것은 오히려 인성교육에 해가 된다고 말한다. 물론 아이의 지적 수준이 낮아서 사람 사이의 도리와 관계를 모두 이해하기란 어렵다는 점에서는 어느 정도 일리 있는 말이다.

하지만 아버지는 일찍부터 그들의 의견에 반대했다. 아버지는 일기에 이렇게 자신의 생각을 남겼다.

나는 훗날 자녀의 사회생활에 필요한 인간관계의 중요성을 조금이라도 더 일찍 가르치려했을 뿐인데, 사람들은 이런 나를 이해하지 못한다. 오히려 목사로서 아이를 바르게 이끌지 못한다고 생각한다. 하지만 그들은 입으로는 이것이 나쁘다고 말하면서도 종종 그 나쁜 일을 버젓이 행하고 있지 않은가! 나는 어른인 그들의 위선과 가식을 더 이상 참을 수 없다. 사람과 사람 사이의 관계 자체가 나쁜 것이 아니라 이를 대하는 태도에 따라 문제가 생길 수도 있음을 아이들도 알아야 한다. 교육의 방법만 정확하다면, 이는 어른뿐만 아니라 아이에게도 분명 큰 도움이 될 것이다.

아버지는 언젠가 이런 말을 한 적이 있다.

"너도 한 사회를 이루고 있는 구성원으로서 결코 사회와 사람을 떠나 살 수는 없단다. 그래서 사람 사이의 관계를 배워 내가 아닌 다른 사람의 마음과 사고방식까지도 충분히 이해할 수 있어야 해."

하루는 아버지의 동료인 월터 목사가 마을에 새로운 교회를 짓는 일로 우리 집을 방문했다. 그리고 공사가 시작되면서 자주 우리 집을 찾아왔다.

나는 그 목사의 이름을 여러 번 들어본 적이 있었다. 그는 내가 살던 마을에 여러모로 공헌을 한 덕에 사람들 사이에 평판이 좋았고 인기도 있었다. 그래서 나는 그를 존경했고 집에 올 때마다 깍듯하게 인사했다.

뜻밖에도 그는 다른 손님들처럼 내게 따뜻한 관심을 보이지 않았다. 내가 먼저 반갑게 인사를 해도 그저 무표정한 얼굴로 고개만 끄덕이거나 몇 마디 안부를 건넬 뿐이었다. 그런 그가 이상했지만, 아버지는 내게 여전히 친절하게 인사하라고 말했다.

내가 아무리 친절하게 인사하고 말을 걸어도 상대가 나를 친하게 대하지 않으니 그때 내 기분이 어땠을까? 그와 나 사이에 보이지 않는 강이 흐르는 것만 같았다.

아버지도 그에게 매우 깍듯한 태도를 취하는 모습을 보게 되었다. 두 사람의 대화를 듣고 있으면 친구 사이라는 것이 믿어지지 않을 정도였다. 아버지는 매사에 유머를 즐기는 사람이었지만 어째서인지 그 목사 앞에서는 그와 똑같이 사무적이고 차갑게 변했다. 월터 목사가 돌아간 후, 내가 호기심어린 눈빛으로 아버지에게 물었다.

"아빠, 오늘따라 아빠가 좀 이상해 보인 거 아세요?"

"뭐가 이상하단 말이니?" 아버지가 물었다.

"아빠는 평소에 저보다 농담도 잘하시고 유머도 있잖아요. 그런데 오늘은 좀 무뚝뚝하고 너무 진지하게만 보였어요."

"허허, 우리 아들 관찰력은 정말 못 말리는구나. 그런 작은 표정변화까지 읽어내다니 말이야."

아버지는 매우 유쾌하게 웃었다.

"아버지만 그런 게 아니라, 월터 아저씨도 좀 차가워보였어요. 농담도 거의 안 하구요. 그래서 친구끼리 대화를 나누는 것처럼 보이지 않았어요."

"그 친구의 성격이 원래 좀 그런 편이란다. 무뚝뚝하고 말수도 적지."

"그 아저씨는 그렇다 쳐도 아빠는 원래 그렇게 무뚝뚝하고 차가운 성격이 아니잖아요." 내가 말했다.

"응, 그건 아마도 내가 월터 목사와 알고 지낸 지가 얼마 안 돼서 아직은 조금 낯선 감이 있어서 그렇게 보였을 거야."

"그분은 우리 집에 손님으로 오셨잖아요. 손님을 대할 때는 반갑고 친절하게 대해야 한다고 아빠가 그러셨잖아요?"

"그래, 물론 손님은 반갑게 맞이해야지. 하지만 그 반가움을 표현

아버지는 일찍이 이런 말을 했다. "너도 한 사회를 이루고 있는 구성원으로서 결코 사회와 사람을 떠나 살 수는 없단다. 그래서 사람 사이의 관계를 배워 내가 아닌 다른 사람의 마음과 사고방식까지도 충분히 이해할 수 있어야 해."

하는 정도는 사람마다 다르단다. 친한 친구 사이라도 적절한 거리를 유지해야 할 때가 훨씬 더 많은 법이야."

"적절한 거리요? 친구를 대하는 데도 거리가 필요해요? 그게 무슨 뜻이에요?"

나는 아버지의 말뜻을 바로 이해하지 못했다.

"사람의 마음이란 참 복잡해서 속마음을 다 열어 보일 수 있는 친구가 아닌 이상, 상대방의 성격이나 생각 등을 한 번에 다 알기란 어려워. 그리고 사람을 만나다 보면 때때로 그 만남의 목적이 불분명할 때도 있어서 적당히 예의와 격식을 차리는 게 오히려 일을 성사시키는 데 도움이 된단다."

나는 아버지의 말을 모두 이해할 수는 없었지만 사람 사이에 적절한 거리를 둘 필요가 있다는 아버지의 말은 오랫동안 기억에서 지워지지 않았다.

하지만 나이를 먹고 수많은 사람을 만나면서 조금씩 아버지의 말이 무슨 뜻이었는지를 깨달을 수 있었다. 아버지의 교육은 내가 어른이 된 후에도 여러모로 많은 도움이 되었다.

♠ 진정한 친구를 사귀어라

살다보면 민첩한 판단력을 발휘해야 할 때가 참 많다. 아버지는 판단력 없이는 사회생활에서 성공하기 어렵다고 말했다. 이러한 판단력은 자신과 가까이에 있는 사물, 특히 주위 사람들을 대할 때 없어서는 안 되는 능력 중 하나다.

대학에 입학하면서 나는 갑자기 아는 사람들이 많아졌고, 인간관계 또한 복잡해지기 시작했다. 사실 어린 나이에 많은 사람을 만나기란 쉽지 않은데 나는 '신동'으로 소문이 나면서 뜻하지 않은 곳에서도 많은 사람들과 마주칠 때가 많았다. 그때 나는 겨우 아홉 살의 어린 아이에 불과했다. 그래서 갑작스레 늘어난 인간관계는 내 능력으로 감당하기 버거울 정도였다.

당시 내게는 반드시 풀어야 할 숙제와도 같은 문젯거리가 있었다. 나와 가까이 지내는 사람들의 속마음, 그들의 진짜 본모습이 무엇인지를 아는 일이었다.

고향에 있을 때 단짝으로 지내던 친구들은 하나같이 순수하고 순박했다. 그들도 나처럼 학교와 집, 가족과 친구, 그리고 공부와 게임밖에 모르는 아이들이었다. 그때는 흥미가 같은 친구끼리 어울려 노는 것이 전부였지, 사람 사이의 거리가 무엇인지 인간관계가 무엇인지 전혀 알지 못했다.

대학에 들어가고 나니 누구를 가까이 하고 누구를 멀리해야 하는지를 내 힘으로 판단해야 했다. 또 누가 나에게 진정한 친구가 되어줄지도 정확하게 판단해야 했다.

내가 대학에 들어갔을 때, 다른 대학생들보다 나이가 어린 탓에 주위에서 많은 친구들이 동생을 대하듯 따뜻한 관심을 가져주었다. 그런데 대부분의 친구들이 나와 친밀한 관계를 유지했었지만, 유독 미치란 친구와는 친해질 기회가 거의 없었다. 미치는 말더듬이에 아주 내성적인 친구였다. 게다가 친구를 사귀는 일에 흥미가 없어 내게 별다른 관심을 보이지 않았다.

그러던 어느 날, 내가 우연한 기회에 테일러란 친구와 말다툼을 벌였고 그에게 충고를 한 이후로 그의 미움을 사고 말았다. 테일러는 체격도 좋고 공부도 잘하며 여러 방면에서 뛰어난 친구였다. 특히 사교성이 좋아서 주위에 친구가 많았고, 학교 내에서도 유명할 정도로 인기가 높았다. 게다가 대회만 나갔다 하면 상이란 상은 모두 휩쓸 정도로 똑똑했다. 그는 학생들 사이에서 '우상' 과도 같은 존재였다.

초기에 테일러와 나는 사이가 매우 좋았다. 내가 나이가 어린 탓에 그에게 많은 도움을 받은 것도 사실이다. 그런데 생각지도 못한 일로 둘 사이의 관계가 깨지고 말았다.

그는 일부러 나를 차갑게 대하며 멀리했고, 그 때문에 다른 친구들까지도 나를 피하기 시작했다. 그 후로도 그는 사소한 일로 트집을 잡으며 툭하면 나를 괴롭히려 들었다.

하루는 내가 쓴 논문이 뛰어나다며 교수가 학생들 앞에서 칭찬해주었는데, 그 일이 테일러의 질투심을 자극하고 말았다.

"어이, 천재. 대체 뭐가 대단하다는 거야? 네가 쓴 논문이 그렇게나 훌륭하다며?" 테리가 말했다.

"난 천재 아니야. 남보다 특별히 뛰어난 것도 없는걸." 내가 말했다.

"웃기지 마! 교수님이 칭찬해주니까 좋아 죽겠지?"

"교수님이 칭찬을 해주신 건 더 열심히 하라는 격려의 의미야. 이 일로 너한테 우쭐거릴 마음은 추호도 없어. 그리고 난 천재 아니니까 다시는 그런 소리 하지 마."

"잘난 척하지 마. 너도 마음속으로는 좋아 죽겠는데 억지로 감추고 있는 거잖아!"

그가 비웃듯 말했다. 나는 그와 다투고 싶지 않았다. 그래서 그 자리를 피하고 싶은 마음에 얼른 몸을 돌렸다. 그런데 테일러가 내 앞을 가로막고는 못 가도록 팔을 잡았다.

"네가 그렇게 잘났어? 너 지금 나 무시해?"

"이 손 치워. 널 무시하는 게 아니라, 볼일이 있어 가봐야 해."

그러자 테일러가 큰 소리로 웃으며 외쳤다.

"그래, 천재라서 귀하신 몸이 지금 바쁘다 이거지?"

"나이도 어린 게 바쁠 일이 뭐가 있겠어?"

옆에 있던 다른 친구들이 말했다.

"네가 상관할 필요 없잖아! 나 더 이상 너랑 시간 낭비하고 싶지 않아."

내가 말했다.

"손을 안 놔주면 네가 어쩔 건데? 어디 한 번 도망가보시지!"

테일러는 팔에 더욱 힘을 주며 나를 붙잡았다. 나는 어서 빨리 그 자리를 피하고 싶었지만, 내가 몸부림을 칠수록 그가 더욱 세게 힘을 주었다. 주위에는 구경거리라도 난 듯 어느새 학생들이 몰려와 우리 둘을 에워싸고 있었다.

"신동이라고 대단한 줄 알았더니 오늘 보니까 너도 별 거 아니구나!"

테일러가 말했다. 그런데 그 순간, 누군가가 이렇게 외쳤다.

"그…… 그 손…… 놔줘……!"

그는 평소에 말없이 조용하던 미치였다. 그러자 테일러와 몇몇 친구들이 큰 소리로 웃기 시작했고 당황한 미치는 계속 말을 더듬었다. 미치가 말을 더듬을수록 친구들의 웃음소리는 더욱 커져만 갔다.

나는 후에 이때의 일을 아버지에게 털어놓았다. 그러자 아버지가 말했다.

"칼, 이게 현실이란다. 겉으로 다정해 보이는 사람이라고 해서 모두 너의 진정한 친구가 되어주지는 않아. 미치를 비웃었던 테리와 그 친구들처럼 말이야. 그들이 너와 친구처럼 지내는 건 네가 유명하기 때문이란다. 네가 그들에게 아무런 도움이 되지 않는다는 걸 안 순간 곧 너를 떠나버릴 거야. 너도 처음에는 테일러와 사이가 좋았잖니. 하지만 곧 너를 경쟁자로 여기고는 일부러 널 무시하고 겁주려했어. 그들이 언제 너의 적이 될지는 알 수 없는 일이란다. 그런데 미치를 보렴. 평소에는 너한테 별다른 관심을 보이지 않았지만, 네가 난처한 순간에 나타나 너를 도와주려고 했잖니. 이렇듯 어려울 때 다가오는 사람이 바로 진정한 친구란다. 그래서 친구는 가려서 사귀어야 해."

아버지의 말에 난 참을 수 없이 부끄러웠다. 나도 예전에는 다른 친구들처럼 미치를 비웃고 은근히 무시했었기 때문이다.

그때 나는 대학에 갓 입학한 후였고, 나이도 어렸었다. 그 일을 겪으면서 자신을 진정으로 이해해줄 수 있는 친구들을 만나는 일이 얼마나 중요한지를 깨달았다. 그 후로 대학에 다니는 동안 미치와 둘도 없는 단짝으로 지냈다. 그리고 그는 현재 내 아들의 스승이기도 하다.

♠ 임기응변의 자세를 지녀라

나는 매우 조심성 있고 신중한 성격이다. 어릴 때도 마찬가지였는데 천성적으로 타고났는지 후천적인 교육 덕분인지는 알 수 없지만, 이성적으로 상황에 대처하는 능력이 뛰어났다.

교육은 무지한 인간을 이성적인 존재로 발전시키는 과정이라고 볼 수 있다. 이성이란 인간과 동물을 구분지을 수 있는 가장 큰 차이점이자 인간이 추구해야 할 능력이다.

하지만 인간이 이성을 지닌다고 다 완벽해질 수 있는 것일까? 물론 아니다. 사람들은 이성적인 태도만 지니면 모든 인간관계에서 쉽게 성공할 수 있다고 여긴다. 그러나 이성이 모든 문제를 해결해주지는 않는다.

때로는 이성으로도 풀 수 없는 문제가 있게 마련이다. 게다가 이성으로만 가득찬 인생은 즐거움과 재미가 덜하다.

나는 인간관계에서 완벽해지려고 노력하면서도

살다보면 인내심을 발휘해도 소용이 없을 때가 많다. 이성도 중요하지만, 때에 따라서는 순간의 감정에 따라 행동하는 일이 더 효과적일 때도 있다. 그럴 때는 우리의 마음이 어떤지 보여주고 자신이 하고 싶은 대로 행동해라. 일일이 작은 일에 연연해하며 상처받을 필요는 없다.

그 뜻을 이루지 못해 고민하는 사람을 많이 보았다. 그들은 사회생활에 적응하기는커녕 소외만 당하다가 결국 소심한 성격으로 변해갔다.

열여섯 살 때, 나는 법학박사 학위를 받아 영광스럽게도 베를린 대학의 교수로 임명되었다. 교수가 되면서 나는 학생의 탈을 벗어버렸지만, 그래도 겉모습은 여전히 어른이 덜 된 소년이었다.

사람들은 박사나 교수라고 하면 당연히 나이가 많고 그만큼 지식과 학식이 풍부한 사람을 떠올린다. 때문에 나처럼 이른 나이에 나보다 나이가 많은 학생들을 가르치는 입장이 되면 굉장한 어려움이 따른다.

난 내가 할 수 있는 최선의 노력을 다해서 좋은 교수가 되려고 애썼다. 비록 교수라는 타이틀은 달았지만, 주위 환경은 생각만큼 호락호락하지 않았다. 학생들은 내 어린 외모만 보며 자신들과 별반 다르지 않은 대학생이라고 여기는 듯했다.

이런저런 이유로 나는 내가 가진 능력을 모두 발휘하기 어려웠다. 수 많은 다른 교수와 함께 베를린 대학이라는 또 하나의 사회에 적응해갈 수 있을지 의문이 생길 정도였다. 한번은 수업을 하러 강의실에 들어갔 는데 학생들이 일부러 곤란한 질문만 해가며 나를 난처하게 만들었다.

나에 대해 적대심을 갖고 있는 학생들과 어수선한 교실 분위기, 난 정 말 어찌해야 할 바를 몰랐다. 내가 아무렇지도 않은 척 수업을 하면 학생 들은 내 수업을 거부할 것이고, 그렇다고 그 자리에서 화를 내면 상황은 더욱 악화될 것이 분명했기 때문이다. 그 순간에 내가 얼마나 당황했는 지 아직도 그때의 일이 생생하게 기억이 날 정도다.

그날 수업을 마치자마자 아버지에게 편지를 썼다. 내가 처한 상황을 알려주고 어떻게 대처하면 좋을지 아버지에게 자문을 구했다. 아버지는 내게 더없이 훌륭한 해결사였다. 아버지의 답장을 받은 후, 나는 비로소 꽉 막힌 듯한 마음이 시원하게 뚫리는 기분이 들었다. 아버지는 편지에 이렇게 썼다.

우리는 살아가면서 뜻하지 않은 각양각색의 문제들에 부딪힐 때가 참 많아. 그럴 때 우리가 할 수 있는 거라곤 자신이 할 수 있는 최선의 노력을 다해서 문제를 해결하는 일뿐이란다. 너도 이제 다 컸으니 다른 사람의 행 동을 참고 수용할 줄도 알겠지. 하지만 때로는 인내심을 발휘해도 소용이 없을 때가 많단다. 이성도 중요하지만, 때에 따라서는 순간의 감정에 따라 행동하는 일이 더 효과적일 때도 있어. 학생들에 대한 네 마음이 어떤지 보 여주고 네가 하고 싶은 대로 행동해라. 일일이 작은 일에 연연해하며 상처받을 필요 없어.

나는 아버지의 편지를 읽고 한동안 생각에 잠겼다. 그리고 내가 어떻게 대처해야 할지 적절한 방법을 찾아냈다.

다음날 나는 여느 때처럼 자신감에 찬 모습으로 강단에 섰다. 나는 순간 이런 생각이 들었다. '오늘만큼은 내가 너희들의 행동을 바로잡아주고 말겠어. 두 번 다시 예의 없이 굴지 않도록 해줘야겠어.'

나는 침착하게 책을 펴들고 강의를 시작했다. 그런데 아니나 다를까, 역시나 학생들의 '공격'이 시작되었다. 어떤 학생들은 자기들끼리 귓속말을 하며 시시덕거렸고 어떤 학생은 일부러 큰 소리를 지르며 분위기를 소란스럽게 만들었다. 그중에는 여전히 곤란한 질문을 하는 학생도 있었다. 강의실은 곧 시장통마냥 시끌벅적해졌다. 나는 침착해지려고 이를 악물었다. 그리고 내 수업에 집중하는 다른 학생들을 위해 수업을 계속 진행했다.

그런데 순간 한 학생이 나를 향해 뭐라고 소리를 질렀다. 그러자 강의실이 순식간에 조용해지는가 싶더니 학생들이 다시 웅성거리기 시작했다. 뜻밖에도 그 학생이 내게 쌍스러운 욕을 내뱉은 것이다. 이때 내가 어떻게 대처했을까?

나는 잠시 말없이 그 학생을 바라보았다. 그리고 그가 내게 한 것과 똑같이 소리를 지르며 더 쌍스러운 욕을 퍼부어주었다. 그러자 소란스럽기 그지없던 강의실이 일순간에 고요해지더니 순간 정적이 감돌았다.

학생들은 어안이 벙벙한 얼굴로 나를 바라보았다. 배울 만큼 배운 지식인이자 교수인 내가 학생을 향해 욕을 하리라고는 상상도 못 했을 것이다. 그렇기 때문에 그들이 받은 충격은 훨씬 더 크지 않았을까?

나는 다시 침착한 얼굴로 학생들을 향해 말했다.

"나는 여러분과 같은 학생들을 많이 봐왔어요. 자신이 대단하다고 생각하죠? 천만에요! 교수를 우습게 알고 욕을 하는 일은 참 쉽고 간단하죠. 하지만 진정한 지식인을 꿈꾸는 사람이라면 결코 자신의 가치를 떨어뜨리는 그런 저속한 행위를 하지 않아요."

그날 이후로 학생들은 더 이상 내 수업시간에 떠들거나 곤란한 질문을 하는 등의 반항적인 태도를 취하지 않았다.

자녀에게 필요한
성인화 교육

배움이란 바로 자신의 마음을 즐겁게 하는 데 그 의미가 있다. 만약 배움이 인생을 더 즐겁게 만들지 못한다면, 그 인생이 무슨 의미가 있겠는가?

♠ 난 똑똑하지만, 천재는 아니에요

　　1809년 12월 12일, 나는 입학시험에 합격하여 당당하게 라이프치히 대학의 입학허가서를 받았다. 1810년 1월 18일, 아버지와 함께 라이프치히 대학을 방문하여 대학총장을 만났다. 그는 나를 매우 반갑게 맞아주었다.

"칼, 어서 와라. 오늘에서야 드디어 널 만나는구나!"

"고맙습니다. 저도 만나뵙게 돼서 영광이에요."

나도 그에게 예의를 갖춰 인사했다. 총장이 아버지에게 말했다.

"비테 목사님, 칼이 똑똑한 줄만 알았더니 겸손하기까지 하네요. 칼에 대해서는 일찍이 들은 바가 많아요. 그런데 오늘 보니 칼은 안하무인인 다른 천재들과는 다른 면이 많은 것 같군요."

"천재라니요, 과찬이세요."

내가 말했다. 그는 매우 솔직담백한 사람이었다. 그는 내 말이 채 끝나기도 전에 이렇게 물었다.

"과찬이라니?"

"전 그저 열심히 공부해서 우수한 성적을 받은 것뿐, 다른 뛰어난 학생들에 비하면 아직 부족해요. 그런 저를 천재라고 해주시니 제가 부끄럽습니다."

"그렇게 겸손할 필요 없어, 네가 천재란 사실은 사람들도 다 아는 걸."

"아니에요, 전 남들보다 더 노력하는 학생일 뿐, 천재가 아니에요."

우리는 그날 총장과 함께 학술에 관한 다양한 상담을 나누었다. 상담이 끝난 후, 라이프치히 대학교의 총장은 아버지에게 말했다.

"칼을 보니 명실상부하다는 표현이 딱 어울리는군요. 얼마나 의젓한지 아홉 살이란 나이가 믿기지 않을 정도예요. 칼의 학식이 나이를 잊게 만들 정도라니! 그저 놀라울 따름이에요."

그날 박사는 아버지에게 나의 교육에 대한 정보를 이것저것 물어보았다. 그날의 만남을 계기로 총장은 학술계의 한 권위자에게 날 추천해주었다. 다음은 그가 편지에 쓴 글이다.

오늘 드디어 칼을 만났습니다. 이제 아홉 살밖에 안 된 아이가 열아홉 살 대학생들을 능가하는 뛰어난 실력과 지식을 겸비했더군요. 정말이지 아홉 살이란 나이가 믿기지 않았어요.

칼은 문학과 역사는 물론, 지리와 과학 등 다양한 방면에 걸쳐 지식을 쌓았고 어느 과목이든지 오랜 시간 깊은 연구를 거쳐 자신의 것으로 만들었어요. 또한 이탈리아어, 프랑스어, 라틴어, 영어는 물론이고 그리스어에 능통했고, 어려운 문장의 내용도 척척 이해했습니다.

오늘 칼을 만난 후에야 왜 사람들이 그를 천재라고 하는지 그 이유를 알겠더군요. 저 역시 칼이 천재라는 사실을 믿어 의심치 않습니다. 그런데 칼은 오히려 자신이 천재라고 생각지 않았어요. 녀석이 어찌나 겸손한지 자신은 그저 남들보다 더 많이 노력했을 뿐, 다른 천재들보다 뛰어나지 않다고 하는 게 아닙니까!

게다가 칼의 아버지인 비테 목사를 만난 후에 그의 신념과 의지에 감탄하지 않을 수 없었습니다. 그의 독특하면서도 세심한 교육은 정말 완벽했어요. 비록 보편화된 교육법은 아니지만, 교육의 중요성을 아는 사람이라면 누구나 다 그의 교육법이 옳다고 생각할 겁니다.

칼은 아버지가 교육으로 길러낸 천재라고 말할 수 있을 정도예요. 저는 칼이 사회적으로 관심을 받아 그의 교육법이 더욱 보편화되길 바랄 뿐입니다. 교육만큼 위대하고 창조적인 과업은 없으니까요.

존스 박사의 편지는 곧 사회적인 관심을 불러일으켰다. 그리고 그의 도움으로 나는 사회 각계 인사들의 지지와 후원을 받을 수 있었다. 사실 그때 우리는 집안 형편이 어려워서 대학등록금을 내기 어려운 상황이었는데, 때마침 적절하게 도움을 받을 수 있게 된 것이다.

그해 사람들에게 받은 후원금은 등록금의 두 배에 달하는 거액이었다. 게다가 아버지의 훌륭한 교육법이 사회적인 관심사가 되면서 사람들은 더 나은 자녀교육을 위한 후원도 아끼지 않았다.

난 천재가 아니라, 행운아다!

♠ 두 마리 토끼를 모두 잡아라

아버지는 곧 사직한 후, 나를 데리고 카셀(Kassel)로 왔다. 그리고 이곳 사람들의 추천으로 나는 계속 국내에 남아 유명한 괴팅겐 대학에서 공부할 수 있게 되었다.

나는 괴팅겐 대학에서 4년을 더 공부하며 더욱 새롭고 광범위한 지식을 쌓아갔다. 고대사와 물리학, 수학과 화학, 식물학, 해석학, 정치사, 문학사 등등 수많은 분야를 배웠고, 매번 우수한 성적을 받았다.

그런데 내가 나이가 어리다는 이유로 사람들은 등 뒤에서 이런 말들을 했다.

"어떻게 저렇게 어린애가 우리도 하기 어려운 공부를 척척 해낼 수 있겠어? 아들을 유명하게 만들려고 부모가 억지로 공부를 시키는 건 아닐까?", "진짜 불쌍해. 한창 뛰어놀아야 할 어린애가 완전히 공부하는 기계처럼 살고 있잖아."

심지어 아버지를 욕하는 사람도 있었다.

"자신의 목적을 이루기 위해 아들을 저렇게 내몰다니, 그러고도 부모라고 할 수 있어?"

나는 사람들이 왜 이런 말을 하는지 이해할 수 없었다. 나는 공부하는 일이 전혀 힘들거나 어렵지 않았다. 오히려 공부는 내 삶을 즐겁게 해주는 기쁨의 원천이었다. 아버지는 단 한 번도 공부를 강요하지 않았다. 오히려 지식을 배우는 일에만 빠져 인생의 즐거움을 놓쳐서는 안 된다고 충고했다.

나는 누구보다도 즐거운 대학생활을 보냈다. 공부할 때는 열심히 공부하고 놀 때는 또 친구들과 신나게 놀았다. 때때로 과외활동에도 참여했다.

당시 내게는 취미가 비슷한 친구들이 여럿 있었는데, 우리는 모두 음악을 좋아했다. 앞에서도 말했듯이, 아버지는 책을 보는 일 외에도 음악교육을 중요시했다. 나는 어릴 때부터 피아노와 기타를 배웠고, 음악은 내가 가장 좋아하는 첫 번째 취미가 되었다. 나는 음악을 통해 무한한 즐거움을 느꼈다.

대학에 다니는 동안 나는 줄곧 기타에 빠져 지냈다. 기타는 참 아름답고 오묘한 악기다. 단순한 선율부터 복잡한 선율까지 자유자재로 연주할수 있는 데다 다른 악기와도 완벽하게 조화를 이룰 수 있기 때문이다.

예전만 해도 사람들은 기타를 특별하게 생각하지 않았다. 고가인 다른 악기에 비해 보편화된 까닭에 그저 흔한 악기로만 여겼다. 하지만 많은 사람들이 기타의 매력에 빠져들면서 이를 배우려는 사람들도 많아졌다. 기타는 피아노, 바이올린과 함께 사람들이 좋아하는 3대 악기 중 하나다.

처음 대학에 갓 입학했을 때, 나는 낯선 환경에 쉽게 적응하지 못했다. 대학이란 곳 자체가 신기하게만 여겨졌고, 계속 우수한 성적을 유지할수 있을까에 대한 걱정도 컸었다. 그래서 초기에는 다른 취미를 제쳐두고 오로지 공부하는 일에만 시간을 투자하기로 마음먹었다.

그러던 중 아버지가 이 사실을 알게 되었다. 하루는 아버지가 내게 물었다.

"칼, 어째서 요즘에는 기타를 치지 않는 거니?"

"지금은 기타를 배우고 싶지 않아서요."

"왜?"

"대학생도 되고 했으니 이제 공부에만 전념해야죠."

"그 말은 더 이상 기타와 음악을 배우지 않겠다는 뜻이니?"

"꼭 그런 건 아니지만, 그래도 지금은 ……"

"넌 지금 음악보다 공부가 더 중요하다고 생각하는구나. 그렇지?"

난 아버지의 물음에 아무런 대답도 하지 못했다. 내 생각을 어떻게 말해야 할지 몰라서였다. 그러자 아버지가 말했다.

"배움이란 바로 자신의 마음을 즐겁게 하는 데 그 의미가 있어. 만약 배움이 인생을 더 즐겁게 만들지 못한다면, 그 인생이 무슨 의미가 있겠니?"

"그럼 제가 어떻게 해야 해요?"

"네가 정말 음악이 싫어졌다면 그만둬도 되겠지만, 그런 게 아니라면 매일 꾸준히 연습을 해야 하지 않겠니? 음악이 주는 즐거움이 어떤 건지는 네가 더 잘 알잖니."

나는 결국 공부와 음악, 둘 중의 어떤 것도 소홀히 할 수가 없었다. 그것이 주는 인생의 기쁨을 하나라도 포기할 수 없었기 때문이다. 나는 대학생활 내내 틈틈이 기타를 연습했고, 나처럼 기타와 음악을 좋아하는 친구들도 많이 만났다. 그들과 함께 기타를 연주하며 더욱 심도 있게 음악을 이해해 나갔고, 유명한 기타연주곡을 감상하며 더욱 기타의 매력에 빠져들었다.

지금도 나는 그때 들었던 유명한 기타리스트들의 연주곡을 잊을 수가 없다. 나는 기타를 배우면서 유명한 기타리스트들을 알게 되었고, 오랜 연습 끝에 유명한 곡들도 연주할 수 있게 되었다.

지금도 나는 종종 아들에게 내 기타연주를 들려주고는 한다. 기타 역시 하나님이 창조한 아름답고 신비한 물건이다. 나는 내 아들도 나처럼 음악이 주는 즐거움에 한껏 빠질 수 있기를 기대한다.

♠ 공부, 편식하면 안 된다

나는 수학을 매우 좋아했다. 그래서 매번 높은 성적을 받았다. 한번은 수학 담당인 미카스 교수가 특별히 아버지를 만나고자 우리 집을 방문했다. 그가 아버지에게 말했다.

"비테씨, 참으로 훌륭한 아들을 두셨더군요. 지금부터 교육만 잘 시키면 훌륭한 수학자로 키울 수 있을 겁니다."

"교수님 같이 훌륭하신 분이 그렇게 말씀해주시니 저희로서는 감사할 따름입니다. 하지만 벌써부터 전공을 정하는 건 너무 이르지 않나 싶은데요."

아버지가 말했다. 그러자 교수가 의아한 얼굴로 물었다.

"왜 그렇게 생각하세요? 일찍 가르칠수록 더 큰 발전을 기대할 수 있는 거 아닌가요?"

"물론 맞는 말씀입니다만, 칼은 이제 열네 살이에요. 아직도 배울 게 너무나도 많아요. 전공은 열여덟 살이 되면 정하려고요. 그 전에는 되도록 많은 분야를 접하게 하려고 해요."

"칼의 수학 실력은 천부적이에요. 목사님은 칼이 훌륭한 수학자가 되길 바라지 않으세요?"

"저는 칼 스스로 전공을 정하게 할 겁니다. 만약 열여덟 살이 된 후에도 수학을 좋아하면 당연히 수학자로 키워야죠. 하지만 지금은 조금 이른 감이 있네요."

처음에 아버지의 생각을 이해하지 못했던 교수도 시간이 지나면서 아버지의 신념에 동의했다. 그날 교수는 내게 이렇게 말했다.

"칼, 열심히 해 보거라. 난 언제든지 환영이야."

미카스는 매우 유쾌하고 호의적인 분이었다. 그는 아버지의 거절에도 화를 내지 않고 오히려 내 공부를 물심양면으로 도와주겠다고 약속했다. 나는 괴팅겐 대학을 졸업한 후, 하이델베르크 대학에서 법학을 공부하기로 결정했다. 내가 괴팅겐 대학을 떠나는 날, 미카스 교수가 내게 말했다.

"칼, 네 아버지 말씀이 옳았어. 넌 아직 어리니까 더 많은 세상을 접해 보렴. 네가 수학이 아닌 법학을 선택했지만, 난 여전히 기쁘구나. 하지만 무엇을 배우든지 수학을 잊어선 안 돼. 수학이야말로 가장 신비하고 과학적인 학문이란다."

아이들은 원래 어른에 비해 한 가지 일에 몰두하는 능력이 떨어지는 편이다. 나는 비록 박사 학위를 받았지만, 이제 겨우 열네 살인 어린아이에 불과했다. 하이델베르크 대학에 들어간 후, 아이들에게 흔히 나타나는 고질병을 나 역시 겪어야 했다.

처음 대학에서 법학을 배우기 시작했을 때는 공부가 매우 재미있었다. 지금껏 접해보지 않은 분야다 보니 온통 새로운 내용들로 가득했다. 그래서 하루 종일 법학에만 몰두하며 배움에 대한 갈증을 해소해 나갔다.

그렇게 시간이 흐르면서 나는 자연히 다른 분야의 공부를 소홀히 하게 되었다. 나는 전인적인 교육을 강조한 아버지의 말씀을 잊은 채 어느새 내가 좋아하는 것만 배우고 있었다.

한 학기가 끝나갈 무렵, 법학 교수가 내 성적이 일등이라며 나를 칭찬해주었다. 하지만 법학을 제외한 다른 과목의 성적은 정말 부끄러울 만큼 형편없었다. 성적표를 받아든 아버지는 한걸음에 달려왔다. 아버지는 한 눈에 봐도 표정이 어두웠지만, 끝까지 내 앞에서 침착함을 잃지 않으려 했다. 아버지가 말했다.

"칼, 네 성적표를 봤단다. 지금 내 기분이 어떤지 알겠지? 네 생각을 듣고 싶구나."

나는 매우 당황했다. 아버지가 성적 때문에 내게 화를 내신 일은 이번이 처음이었기 때문이다. 나는 그저 말없이 고개만 숙였다.

"넌 똑똑한 아이니까 네가 무슨 실수를 저질렀는지 잘 알겠지?"

아버지가 물었다. 나는 여전히 말없이 고개만 끄덕였다.

"그럼 네가 무슨 실수를 했는지 한번 말해 보렴."

"법학이 재미있어서 그것만 공부했어요. 그래서 다른 공부를 소홀히 했고 성적이 엉망으로 나왔어요." 내가 대답했다.

"그래, 하지만 문제가 그리 간단하게 해결될 것 같지 않구나."

나는 순간 아버지의 말뜻을 이해할 수 없었다. 그래서 내가 물었다.

"다른 과목의 성적이 엉망인 건 말 그대로 열심히 공부하지 않아서예요. 설마 다른 이유가 있다고 생각하시는 거예요?"

"그래, 모든 일에는 타당한 원인이 있게 마련이야. 그러니 네가 다른 과목을 소홀히 한 것도 분명 이유가 있을 거야. 그렇지?"

"무슨 이유요?"

"내가 탓하고 싶은 건 네 자만심이야. 너는 줄곧 우수한 성적을 받아오면서 남다른 자신감이 생겼어. 물론 법학에 재미를 느껴서 열심히 공부한 건 잘한 일이다. 하지만 다른 과목은 공부를 안 해도 성적이 여전히 잘 나올 거라고 생각한 건 분명 자만이야. 결과는 언제나 노력한 만큼 나오게 마련이란다. 노력하지 않으면 제자리에 머무르는 게 아니라 뒤처지게 되는 거야. 이래도 아니라고 말할 수 있겠니?"

아버지의 말에 난 아무런 대답도 할 수 없었다. 나 역시 내가 무슨 잘못을 했는지 알고 있었기 때문이다. 성적이 떨어진 과목 중에는 한때 내가 좋아했던 수학도 포함되어 있었다. 나는 문득 미카스 교수가 했던 말이 떠올랐다.

"네가 수학이 아닌 법학을 선택했지만, 난 여전히 기쁘구나. 하지만 무엇을 배우든지 수학을 잊어선 안 돼. 수학이야말로 가장 신비하고 과학적인 학문이란다."

나는 순간 아버지에게는 물론이고 미카스 교수에게도 미안한 생각이 들었다. 내 만족을 위해서, 내 허영심을 채우고자 두 훌륭한 교육자의 가르침과 기대를 한순간에 저버리다니!

그날 나는 내가 좋아하는 한 가지 분야에만 치중하는 습관을 과감하게 버렸다.

♠ 진정한 사나이가 되어라

나는 열여섯 살 때, 대학을 다니는 동안 이미 철학박사 학위를 받았다. 사람들은 여전히 나를 공부만 아는 기계로 여기며 측은해했지만, 이는 어디까지나 오해였다.

앞에서도 이미 여러 번 말했지만, 나는 신동도 뛰어난 천재도 아니었다. 그저 여느 대학생들처럼 똑같이 공부를 좋아할 뿐이다. 나는 학습 방면에서 두각을 나타내는 점을 제외하고는 여느 또래아이들처럼 감수성이 매우 풍부한 아이였다. 나 역시 대학생이 되면서 예고 없이 찾아온 사랑의 감정을 피할 수 없었다. 그것이 진짜 사랑이었다고는 말할 수 없지만, 분명 첫사랑이었다. 사실 나는 첫사랑이 조금 이른 편이다. 그때 내 나이가 열다섯이 조금 넘었으니 말이다.

당시 나는 철학박사 학위를 받은 뒤, 또 다른 박사 학위를 준비 중에 있었다. 만약 그렇지 않았다면 사람들은 분명 나를 어린애로만 생각하고 내 감정을 말렸을 것이다.

그렇다고 내 감정을 존중하고 이해해준 사람도 없었다. 열다섯이면 이제 중학교를 다닐 나이인데, 한창 공부해야 할 아이가 사랑에 빠졌다고 하니 어느 누가 그 감정을 쉽게 이해할 수 있을까?

사람들이 뒤에서 수군거리는 일은 어쩌면 당연했다. 나 역시 그들을 이해할 수 있다. 그나마 다행인 것은 사람들이 내 감정을 무시하지 않았다는 점이다.

아버지는 내 감정에 변화가 생겼다는 사실을 알고 나를 너그러이 이해해주었다. 하루는 아버지와 깊은 대화를 나누는데, 아버지가 단도직입적으로 물었다.

"칼, 그 여자애를 좋아하니?"

"네, 아빠. 제가 살아가면서 사랑하게 된 유일한 여자예요."

"사랑이란 참 신비로운 일이지. 넌 그 여자애를 왜 좋아하니?"

"아주 예뻐요. 처음 보는 순간부터 첫눈에 반한걸요."

"그래, 사랑이란 원래 감동적이고 미묘한 감정이란다. 난 네가 부럽구나."

"그렇게 말씀하시는 건 교제를 허락하신다는 뜻이에요?"

"내가 굳이 반대할 이유가 뭐가 있겠니?"

"그런데 주위에선 말이 많아요. 어린 나이에 여자친구를 사귀는 건 옳지 않대요."

"사람마다 생각이 같을 수는 없잖니, 그건 그 사람들의 생각일 뿐이니 별로 마음에 담아둘 필요 없단다. 그냥 무시해버려. 난 네가 어리석게 행동하지만 않는다면 나쁠 것도 없다고 생각해."

"그럼 연애를 하는 게 나쁜 행동은 아니네요?" 내가 물었다.

"하하, 누가 나쁜 일이라고 그랬니? 사람들은 누구나 사랑을 하면서 살아간단다. 사랑이 없었다면 내가 어떻게 네 엄마를 만나서 널 낳을 수 있었겠니?"

"다행이에요. 아빠가 절 이해해주셔서요."

"다시 말하지만 네가 어리석은 행동만 하지 않는다면 난 네 감정을 존중해주고 싶구나. 그리고 내게 몇 가지 묻고 싶은 게 있어."

"뭔데요? 편하게 물어보세요."

아버지의 질문은 나를 고민에 빠지게 했다. 그리고 사랑이란 감정이 내가 생각했던 것처럼 그리 간단하지 않을 수도 있다는 결론을 내렸다.

한창 공부해야 할 아이가 사랑에 빠졌다고 하니 어느 누가 그 감정을 쉽게 이해할 수 있을까? 사람들이 이를 반대하는 것은 어쩌면 당연한 일이다

"넌 지금 몇 살이지?"

"열다섯이요."

"지금 네게 가장 중요한 임무가 뭐라고 생각하니?"

"당연히 공부죠."

"그럼 넌 사랑이 뭐라고 생각하니?" 아버지가 다시 물었다.

"그건 ……."

"넌 그 여자애를 평생 행복하게 해주겠다고 확신할 수 있니?"

"네? 음 ……."

"그럼 넌 평생 한 사람만 사랑하겠다고 맹세할 수 있니?"

"그게 ……."

"지금 너의 감정이 영원히 변하지 않을 거라 장담할 수 있니?"

"……."

나는 성급하게 "네, 자신 있어요.", "하늘에 맹세해요.", "약속할 수 있어요."라는 대답을 하지 못했다. 그건 아버지가 원하는 대답이 아니었기 때문이다. 나는 그 자리에 앉은 채로 조용히 아버지의 질문에 대해 진지하게 고민해보았다.

내가 대답을 하지 않자, 아버지가 다시 말했다.

"네가 선뜻 대답을 할 수 없었던 건 현재 네 감정에 조금의 거짓도 없기 때문이야. 진지하게 생각하는 네 모습이 난 더 기쁘구나. 누군가를 사랑한다는 건 그 사람을 책임지는 일이란다. 세상의 모든 아내는 자신의 남편을 뭐든지 다 해낼 수 있는 존재로 여긴단다. 그래서 자신과 자신의 가정에 행복한 미래를 안겨줄 거라고 믿어. 하지만 그 믿음을 저버리는 날에는 네 아내는 물론, 네 자신에게까지 상처를 주고 말 거야."

아버지의 조언을 들으면서 나는 내 감정과 학생으로서의 현재의 임무에 대해 곰곰이 생각해보았다. 그리고 힘들겠지만 현재의 감정을 잠시 접어둔 채 학업에만 전념하기로 결심했다.

그날 이후로 '진짜 남자다운 남자가 되자'라는 말은 곧 나의 좌우명이 되었다. 생활 속에서 크고 작은 어려움이 닥칠 때마다 나는 이 좌우명을 떠올리며 마음을 다잡았다.

그리고 마침내 자상하고 현명한 천사 같은 여자를 만나 한결같이 지켜 오던 나의 맹세를 이룰 수 있었다.

그녀가 바로 지금의 내 아내이다.

인생의 참뜻을
깨닫게 해라

지식의 축적은 교육의 중요한 기능 중 하나란다. 하지만 창의력과 사고의 전환은 자신의
노력으로 직접 얻어야 해. 너 역시 배움과 지식의 관계를 이해해야만 네가 원하는 일을 이
룰 수 있단다. 배움의 최종 목적은 바로 지혜를 얻는 일이야. 나의 가장 큰 바람 역시 네가
지혜로운 사람으로 성장하는 일이란다.

♠ 학교는 진리의 장

　　1818년 7월 9일, 다른 사람들에게는
어제와 다름없는 평범한 하루였지만, 내게는 인생에서 매우 특별한 날
이었다. 바로 만 열여덟 살의 나이로 성인이 된 날이기 때문이다. 내가
나이가 어려 이탈리아 유학을 반대했던 아버지도 결국 유학을 허락해
주었다.

　태어나서 지금까지 나는 단 한 번도 아버지의 곁을 떠난 적이 없었다.
이는 늘 아버지의 곁에서 특별한 교육을 받아왔다는 뜻이기도 하다. 내
가 대학에 들어가자 아버지는 날 위해 괴팅겐으로 이사를 왔다. 이탈리
아로 떠나면서 처음으로 아버지에게서 독립할 수 있었다.

　내가 이탈리아에서 공부하는 3년 동안 아버지는 내게 80여 통의 편지

를 보냈다. 아버지는 멀리서도 한결같이 나를 생각하고 염려하며 나에 대한 교육을 잊지 않았다. 아버지는 편지로 내게 행복한 인생을 누릴 수 있는 방법을 선물했고, 인생의 진리와 사람으로서의 도리, 문제를 해결하는 방법 등을 가르쳐주었다.

그중에서 몇 개의 편지를 골라 그 감동을 모든 사람들과 함께 나누고자 한다.

사랑하는 칼에게,

벌써 단테를 연구하다니 정말 대단하구나. 너만 좋다면 네가 이 일을 평생 한다고 해도 반대하지 않으마.

네가 괴팅겐 대학을 졸업하자마자 나는 수없이 많은 고민에 빠졌다. 일찍 유명해지려면 한 분야에서 뛰어난 업적을 내는 일만큼 빠르고 좋은 길은 없지. 하지만 난 마음을 고쳐먹었다. 지름길을 선택하는 순간 네가 편협한 지식을 쌓게 될지도 모르기 때문이야.

네 스스로 법학을 선택하게 한 것도 단순히 전공이 필요해서가 아니라, 네게 더 많은 지식을 배우게 하기 위해서였어. 그때 한 수학교수가 내게 왜 그런 선택을 하게 됐느냐고 물었다. 난 이렇게 대답했어.

"칼은 아직도 배울 게 너무나 많아요. 전공은 열여덟 살이 되면 정할 거예요. 그 전에는 되도록 많은 분야를 접하게 하려고 해요. 저는 칼 스스로 전공을 정하게 할 겁니다. 만약 열여덟 살이 된 후에도 수학을 좋아하면 당연히 수학자로 키워야죠."

난 누구보다 네가 좋아하는 일을 하면서 배움을 통해 인생의 행복을 찾길 바란다.

한 가지 일러둘 것이 있구나. 네가 박사 학위를 받아 연구 자격을 갖추긴 했지만, 절대 학교교육을 소홀히 해서는 안 된단다.

학교에서 시행하는 정규교육도 우리가 받아야 할 교육의 일부야. 학교는 단순한 지식뿐만 아니라 더 넓은 세계를 체험하게 해줄 수도 있어. 이역시 네가 원하는 교육이 아니었니?

너는 중·고등학교 과정을 거치지 않고 바로 대학생이 되었다. 게다가 늘 내 곁에서 보호를 받은 탓에 더 넓은 세상을 경험할 기회가 거의 없었어. 이탈리아에서의 유학생활이 너의 부족한 경험을 채워줄 수 있는 더없이 좋은 기회라고 생각한다.

사실 학교교육에 실망을 느끼는 사람들도 많단다. 그런 조직에서 이루어지는 교육은 개개인의 관심과 흥미에 기초하지 않기 때문이지.

하지만 아무리 실망을 느껴도 참고 견디어라. 학교교육을 포기하지 않는 한 넌 분명 새로운 세상을 겪게 될 거란다. 지식도 양보다는 질을 추구해야 할 필요가 있어.

학문에는 왕도가 없단다. 물론 지름길도 없어. 네가 할 수 있는 일은 꾸준히 성실하게 한 걸음씩 앞을 향해 가는 것뿐이야. 넌 이미 다른 사람이 부러워할만한 대단한 일을 해냈지만, 그래도 학교교육이 주는 소중한 기회를 잃어버려선 안 돼. 네 열정이 아무리 소중해도 어디 학교교육에 비할 수 있겠니?

지식의 축적은 교육의 중요한 기능 중 하나란다. 하지만 창의력과 사고의 전환은 자신의 노력으로 직접 얻어야 해. 너 역시 배움과 지식의 관계를 이해해야만 네가 원하는 일을 이룰 수 있어.

배움의 최종목적은 바로 지혜를 얻는 일이다. 나의 가장 큰 바람 역시 네가 지혜로운 사람으로 성장하는 일이란다.

지식이 넘쳐날수록 지혜가 귀해지는 세상이다. 지식이 소리와 모양이 있고 우리가 만질 수 있는 사물에 대한 것이라면, 지혜는 소리도 모양도 없는 무형의 사물에 대한 이해라고 할 수 있어. 지혜로운 사람은 지식 또한 풍부하지만, 지식만 갖춘 사람은 결코 지혜롭다고 할 수 없단다.

지식만큼 지혜를 소중히 여겨라. 지혜를 얻을 수 있는 방법은 얼마든지 있어. 여행을 해도 좋고 다양한 친구들을 사귀는 것도 좋다. 하루 종일 책만 봐도 좋고 깊은 사색에 잠겨보는 일도 좋아. 네가 할 수 있는 최선의 노력을 다해 보아라.

너는 지식의 바다에 발을 담근 사람으로서 어느 한 가지 교육에도 소홀해선 안 돼. 학교교육은 더더욱 멀리해선 안 된단다.

내가 가장 좋아하는 시에 이런 글이 있어 소개한다.

진리를 맛보는 일보다 더 큰 행복은 없으니,
그대는 영원히 그 행복을 잊지 말아라.

아들아, 너 역시 이러한 행복을 누리길 바란다.

♠ 인생의 스승에게 배우는 지혜

사랑하는 아들아,

네 편지를 읽고 네가 만난 여러 교수님에 대해 어느 정도 알 수 있었다. 난 그중에서도 말러 교수가 제일 믿음이 가더구나. 그를 네 인생의 스승으로 삼고 따르는 게 어떻겠니?

물론 이런 제안이 달갑지 않을 거야. 네 말대로 넌 이제 다 큰 성인이고 보호자도 필요 없는 나이니 말이다. 젊었을 때는 누구나 빨리 부모에게서 독립하고 싶고 무엇이든 혼자 힘으로 다 할 수 있다고 믿지. 부모가 사사건건 잔소리하는 것도 귀찮게 느껴지고 말이야.

하지만 난 내 신념을 믿는다. 성인이 되어가는 과정은 더욱 위험하고 충동적이기 때문에 매사에 조심해야 해. 나이를 먹었다고 해서 누군가의 가르침을 벗어나 곧장 사회로 뛰어들 수는 없는 노릇이란다.

엄격한 교육이 싫다고 부모의 눈을 피해 제멋대로 행동하는 아이들이 주위에 얼마나 많니?

귀족 출신인 내 친구는 아들을 어릴 때부터 최고의 교육을 받게 했단다. 어느 한 가지 나무랄 데가 없었지. 명망 있고 박학다식한 선생님을 모셔와 그에게서 인성교육은 물론 전인적인 교육을 받게 했단다.

그의 아들은 그의 바람대로 훌륭하게 커주었어. 한번은 그의 집에 갔다가 그 아들을 만났단다. 열여섯 살짜리가 어찌나 똑똑한지 보자마자 그 아이가 마음에 쏙 들더구나.

알고 있니? 난 그의 아들처럼 너를 훌륭하게 키우고자 종종 그를 교육의 표본으로 삼았단다.

아들이 열여덟 살이 되면서 그는 아들이 다 컸다며 한시름 놓았어. 그래서 파리로 유학을 보냈지. 그의 스승은 그에게 명망 있고 지혜로운 자신의 친구들을 소개해 주며 그들에게 많은 가르침을 받게 했단다. 하지만 내 친구와 그의 아들은 스승의 가르침을 거절했어. 굳이 그럴 필요까지는 없다고 생각했기 때문이야.

그는 파리에서 자신과 마음이 맞는 여러 친구를 만났고, 그 친구들은 뜻밖에도 그를 불행의 길로 이끌었어. 그의 친구들은 이렇게 말했어.

"부모님과 선생님들이 우리를 구속했던 건 우리 나이가 어려서야. 하지만 이제는 성인이니 자유를 누리며 살아야하지 않겠어? 우리에게 더 이상 금지된 세상이란 없어."

그는 서서히 친구들에게 물들어갔단다. 그들의 나쁜 습관을 따라하며 점점 타락의 길을 걸었어. 인생의 스승을 잘못 선택하는 바람에 자신의 감정을 주체하지 못하고 만 거란다.

그는 매일 여자들과 어울려 술을 마시고 도박에 빠져 살았다. 그렇게 점점 방탕한 생활에 적응해갔지. 그는 친구들 앞에서 남자다운 모습을 보이고 싶어 예전의 순수했던 모습들을 하나씩 버리기 시작했단다.

후에 이 사실을 안 그의 스승은 가슴이 아파 그를 예전으로 돌려놓으려 했지만, 그는 아예 들은 척도 하지 않았어. 스승은 결국 내 친구에게 모든 사실을 털어놓았고, 그는 아들을 귀국시켜 다시 교육하려고 했단다.

하지만 이미 때 늦은 뒤였어. 파리에서 생활비를 탕진하고 거액의 빚을

진 데다 마약에까지 손을 댄 모양이야. 그가 아들을 다시 불러들였을 때, 아들은 이미 망가질 대로 망가져 있었단다.

그가 몸이 망가져 아픈 신세가 되자 한때 그와 어울렸던 친구들은 더 이상 그를 상대해주지 않았어. 그는 그제야 스승의 충고와 가르침을 흘려들은 자신의 잘못을 깨달았지. 그는 자신이 어엿한 성인이라고 믿었지만, 사실은 아직 철이 덜든 아이에 불과했던 거야. 안 그럼 나쁜 짓인 걸 알면서도 서슴없이 저지르고 다닐 이유가 어디 있겠니?

전도유망한 아이가 그렇게 한순간에 무너져버렸다. 그는 결국 명예도 건강도 잃은 채 사람들의 웃음거리가 되고 말았어. 이보다 더 뼈아픈 인생의 교훈이 어디 있겠니? 후에 그는 스승을 만나 이렇게 말했단다.

"제가 그때 선생님 말씀만 들었어도 이렇게 비참하게 되지는 않았을 거예요."

그 후로 18년이란 세월이 흘렀다. 그는 다시 공부를 시작했지만, 예전만큼 많은 분야에서 두각을 나타내진 못했어. 그는 지금도 계속 공부를 하고 있다는구나. 말러 교수가 아닌 다른 사람이라도 난 상관없다. 네가 누구를 따르든 예의를 알고 세상물정에 해박한 분이라면 누구든 네 스승이 될 자격이 충분하다고 생각해.

세상에 맞설 수 있는 방법은 오직 하나, 네가 세상에 대해 많이 아는 것이다. 이는 철학적 사고와 책 안의 지식으로도 얻을 수 없어. 오직 인생의 스승에게서만 배울 수 있는 지혜란다.

마지막으로 네게 두 가지만 부탁하마. 현명하고 지혜로운 스승을 찾고 친구를 가려가며 사귀어라. 네가 이것만 지켜준다면 난 아무 걱정이 없을 것 같구나.

♠ 여행을 통해 우리가 얻는 것

사랑하는 아들에게,

네가 건강하게 잘 지낸다니 마음이 놓이는구나. 사실 네 엄마는 네가 그곳 음식이 입에 안 맞아 건강을 해치면 어떡하나 걱정을 많이 했단다. 물론 이탈리아는 맛있는 요리로 유명한 곳이고 음식의 종류도 다양하지만, 나 역시 네가 밥을 제대로 못 챙겨먹어 공부에 지장을 줄까 염려가 됐었어. 하지만 이젠 그럴 필요가 없어져서 다행이다.

칼, 건강보다 중요한 것은 없단다. 음식을 가려먹는 일은 물론이고 적절한 운동도 병행해야 해. 운동의 부정적인 효과만 보고 이를 비난하는 사람도 있지만, 운동은 긍정적인 면이 더 많단다. 특히 너처럼 오랜 시간 한 자리에 앉아 연구를 하는 사람은 더더욱 운동을 게을리해선 안 돼.

그래서 말인데 네가 좋아할 만한 운동을 한번 찾아보렴. 운동은 사람의 기분을 상쾌하게 만드는 힘이 있어. 물론 공부가 주는 즐거움과는 다르지만, 운동이 주는 즐거움도 무시할 수 없단다. 고대 그리스인들은 올림픽을 통해 운동을 권장했다. 또한 그리스 철학자는 모두 뛰어난 운동신경을 지녔어. 그야말로 신체 건강한 천재들이 넘쳐나는 시대였지.

몸이 건강한 만큼 누릴 수 있는 행복도 커진단다. 특히 여행이 그래. 견문을 넓히는 동시에 학교에서는 얻을 수 없는 지식을 쌓을 수 있으니 일석이조라고 할 수 있지. 여행은 우리에게 큰 즐거움을 주는 동시에 우리를 단련시켜 준단다.

네가 어렸을 때 여행을 참 많이 다녔는데, 기억나니? 여섯 살이 되던 해, 넌 우리 마을에서 가장 똑똑한 아이로 소문이 자자했어. 그게 다 여행을 많이 다닌 덕분이었다.

어떤 사람은 차라리 책을 읽히지 뭐하러 아까운 돈을 낭비하냐고 말했단다. 그중에는 내가 네 대학등록금은 마련하지 못한 이유가 여행으로 많은 돈을 썼기 때문이라고 생각하는 사람도 있었어. 정말 말도 안 되는 소리지!

비록 난 돈 없는 가난한 목사지만, 생활비를 아껴서라도 여행을 떠나려고 노력했다. 단순히 여행만이 목적이 아니라, 네게 더 넓은 세상을 보여주고 싶었어. 저렴한 음식을 먹고 값싼 여관에 묵어도 여행을 후회한 적이 한 번도 없었어. 여행을 통해 보고 겪은 모든 일이 내게는 소중한 경험이자 추억이었으니까.

여행의 경비를 아깝게 여기는 사람은 결코 여행이 주는 즐거움과 추억을 경험할 수 없어. 그들에게 삶은 매일이 반복되는 지루한 일상일 뿐이지. 그들이 이런 날 이해할 수 없듯이 나 역시 그들을 이해할 수 없단다.

난 여행을 떠날 때마다 널 데리고 다녔어. 하지만 이제는 너도 다 컸으니 혼자 여행을 떠날 수 있겠구나. 단 며칠만이라도 좋으니 혼자 여행을 떠나 잊지 못할 소중한 추억을 만들어보렴.

내게는 지금도 잊을 수 없는 여행의 추억이 있다. 듣고 나면 너도 여행이 주는 매력에 푸욱 빠지게 될 거야.

그때 나는 한창 신학공부에 빠져 있을 때였다. 한번은 몇몇 친구가 함께 여행을 떠나자는 제안을 해왔어. 그때가 마침 추운 겨울이라 우리는 눈 덮인 산으로 여행을 떠났단다. 그런데 눈이 어찌나 많이 쌓였는지 온 세상이 다 하얗게 보일 정도였어.

그때 동행하던 수도원의 한 수도생이 말했어.

"눈이 이틀 동안은 더 많이 내릴 거예요. 저 앞쪽으로 골짜기가 하나 있는데, 매우 위험해서 떨어져 죽은 사람도 많으니까 조심해야 돼요. 이 산 골짜기만 지나면 사람이 아무도 살지 않는 미지의 세계가 펼쳐져 있어요. 하지만 눈이 너무 많이 와서 더 이상은 어렵겠는데요."

하지만 우린 다들 젊어서 겁이 별로 없었단다. 그래서 계속 앞으로 걸어 갔어. 산길이 모두 눈으로 뒤덮여서 몇 번이나 미끄러졌는지 몰라. 마침 산 아래는 전부 절벽이라서 조심하지 않으면 그대로 떨어져 죽을 수도 있는 그야말로 위험한 곳이었어. 마음속으로 얼마나 기도를 많이 했는지 모를 정도였지. 그렇게 위험천만한 고비를 몇 번이나 넘겼는지 몰라. 우리는 모두 겁에 질려 얼굴이 창백해졌어. 언제 죽을지 모르는 상황에서 앞으로 한 걸음 내딛는 일이 정말로 힘들었단다.

그런데 눈으로 뒤덮인 골짜기를 벗어나자마자 거짓말처럼 놀라운 광경이 펼쳐졌단다. 동화 속에서나 나올법한 푸른 초원과 맑은 하늘, 찬란한 태양과 솜털 같은 구름, 그리고 첩첩이 쌓인 산을 바라보며 우리는 환희에 젖은 채로 그 자리에 얼어붙고 말았어.

정말이지 눈으로 보고도 믿을 수 없을 만큼 아름다웠어. 신선이 존재했다면 분명 그곳에서 살았을 거야. 비록 위험하긴 했지만, 도전정신과 노력이 아니었다면 그런 값진 풍경은 죽을 때까지 보지 못했을 거란다. 그때 난 결심했다. 모든 일에 죽을힘을 다해 노력하겠다고 말이야.

이게 바로 여행이 지닌 마법과도 같은 힘이란다. 여행을 하면서 넌 아름다운 자연풍경과 너와는 다른 세계에 살고 있는 사람들을 접할 수 있어. 또 너의 모든 감각을 자극할만한 기이한 체험도 할 수 있고 말이야.

물론 이를 겁내는 사람은 다른 관광객과 함께 우르르 몰려다니기도 하지만, 그렇게 해서는 다양한 체험을 할 수 없단다. 난 네가 위험을 무릅쓰는 도전정신을 지니길 바란다. 도전정신이 없이는 옛 사람들의 자취와 그들만의 독특한 문화, 그리고 갖가지 다양한 생활방식을 느껴보기 어려워. 이런 경험도 없이 어떻게 인생의 참뜻을 깨달을 수 있겠니?

온종일 책에만 파묻혀 지내기가 답답하지 않니? 머릿속이 답답하고 오히려 시야가 좁아진다고 생각될 때는 훌쩍 여행을 한번 떠나보렴. 대학생들에게 주어지는 과제가 얼마나 많니? 그렇게 매일 답답한 일상을 반복하다보면 어느 순간엔가 너도 지치면서 꿈이 멀게만 느껴질 때가 올 거야.

아들아, 그런 일상에서 벗어나 용감하게 문 밖을 나서보아라. 네가 겪은 시련과 고통이 결국 아무것도 아니었다는 사실을 깨닫게 될 거다. 몸이 건강해야만 많은 지식을 얻을 수 있듯이, 여행을 통해 더 많은 세계를 경험해야만 시야를 넓힐 수 있단다. 그 대신 안전하게 다녀와야 한다.

♠ 사랑의 신; 큐피트의 화살

사랑하는 칼,

사랑이란 감정 앞에 네가 고민이 많았겠구나. 날 믿고 네 고민을 털어놔 줘서 고맙다.

네 편지를 읽고 나서 처음 든 생각이 뭐였는지 아니? '우리 아들이 이제 정말 다 컸구나.' 하는 거였어. 이제야 남자대 남자로서 허심탄회한 대화를 나눌 수 있겠구나 싶었지. 그런데 네 엄마는 아직도 널 어린애로만 여기고 있는지 편지를 읽고는 슬쩍 눈물을 보이더구나. 나는 문득 어제까지만 해도 내 품에 안겨 응석을 부리던 아들 녀석이 어느새 훌쩍 커버려서 자신의 행복을 찾아가겠다고 결심한 듯 보였다. 이는 다른 부모들도 마찬가지일 거야.

사랑을 뭐라고 정의할 수 있을까? 사랑은 신비하고 달콤하지만 때론 차갑고 쓰기도 해. 사람을 한순간에 천국으로, 또 지옥으로 보낼 수도 있는 것이 바로 사랑이야. 네가 그것을 어떻게 대하느냐에 따라서 사랑이 널 망쳐버릴 수도 있단다.

그럼 사랑은 어디서 오는 걸까? 언제 찾아오는 감정이 사랑일까? 왜 우리는 사랑을 하며 살아가는 걸까? 이는 누구도 정답을 알 수 없는 어려운 수수께끼와 같아. 옛 그리스신화 속에 큐피트라는 사랑의 신이 살았단다. 그의 화살을 맞은 두 남녀는 반드시 사랑에 빠지게 되어 있지. 하지만 큐피트가 장난기가 심해 아무에게나 화살을 막 쏘아대는 바람에 누가 사랑에 빠질지는 아무도 예측할 수 없었단다. 물론 신화에서나 나오는 이야기지만, 어느 정도 공감되는 부분도 있어.

살다보면 네가 좋아하는 여자가 너를 좋아하지 않을 수도 있어. 그럴 때는 스스로 감정을 잘 다스려야 한다. 그건 네가 부족하거나 매력이 없어서가 아니라, 단지 그녀가 큐피트의 화살에 맞지 않았기 때문이야.

하지만 반대로 네가 마음에 두고 있지 않은 상대가 널 좋아한다고 고백할 때는 정중하게 거절하는 법도 알아야 해. 상대의 감정을 이용해서 상처를 주는 어리석은 짓을 해서는 안 돼. 사람의 인연이 어긋나는 것은 다 큐피트의 실수 때문이란다.

두 사람이 함께 사랑을 지켜나가려면 무엇보다 마음의 준비가 필요해. 사랑은 영원히 변하지 않는 마법이 아니란다. 그래서 상대가 일방적으로 이별을 통보해도 침착하게 받아들여야 해. 때로는 인간의 힘으로도 어찌할 수 없는 것이 사랑이란다. 그냥 떠날 테면 떠나라, 이렇게 생각해버리는 편이 홀가분할 거야.

칼, 사랑이 널 선택하는 것이지 네가 사랑을 선택할 수 있는 게 아니다. 이를 깨닫지 못하면 자신도 모르게 실수를 저지르고 말아. 젊었을 때 내 친구들처럼 말이야.

한스는 어릴 적 친구로 집이 매우 부자였단다. 그는 대학을 졸업하자마자 아버지의 기업을 물려받을 준비를 했어. 그러던 중에 한 귀족의 딸을 사랑하게 되었다. 그는 매일 그녀의 뒤를 쫓아다녔지만, 그녀에게는 그 말고도 구혼을 해오는 남자들이 많았지. 그런데 놀랍게도 그녀가 한스의 고백을 받아들였어.

한스는 그녀에게 최선을 다했다. 온 마음을 다해 그녀를 사랑했어. 하지만 그들의 행복은 오래가지 못했어. 다른 남자를 사랑하게 된 그녀가 한스에게 자신을 그만 잊으라며 이별을 통보해 왔거든.

한스는 곧 깊은 시름에 빠졌어. 그는 현실을 받아들일 수 없었어. 어떻게 사랑이 그렇게 쉽게 변해버렸을까? 결국 한스는 다시 그녀를 찾아가 매달리며 돌아오라고 말했단다. 하지만 그녀는 그를 모질게 내치며 더 이상 그를 사랑하지 않는다고 말했어. 그러고는 곧 다른 남자와 결혼해 버렸단다.

한스는 정말 세상이 무너지는 것만 같았어. 부잣집에서 온갖 사랑을 받으며 자란 그에게 현실은 너무 잔인하고 냉정하기만 했어. 그런데 그가 결국 사고를 치고야 말았다. 그녀가 사는 집을 찾아가 칼로 그녀와 그녀의 남편을 죽이고는 자신도 자살을 해버린 거야.

또 다른 친구 윈스턴은 자주 만난 사이는 아니었지만, 한번은 그가 내게 자신의 얘기를 모두 털어놓았어.

어릴 적 그는 사랑에 환상을 품으며 자랐어. 그래서 갖은 노력 끝에 자신에게 어울리는 완벽한 여자를 찾았단다. 그런데 윈스턴은 여자에 대한 환상이 지나쳐 그녀를 완전무결한 존재로 여겼어.

그는 마침내 그녀와 결혼에 골인했지만, 시간이 지날수록 처음 가졌던 사랑의 감정들이 조금씩 희석되기 시작했어. 매일 얼굴을 맞대며 살다보니 상상과 현실이 다르단 사실을 느낀 거야.

그녀는 그가 생각했던 것만큼 완벽하지 않았어. 걸핏하면 화를 내는 안 좋은 습관도 있었단다. 연애할 때 봐오던 그녀의 모습과는 많은 차이가 있었어. 결국 둘은 잦은 말다툼을 벌였고 그 역시 그녀에게 자주 화를 내기 시작했어.

그러던 중에 윈스턴이 다른 여자를 사랑하게 되었다. 그의 눈에 그녀는 지금의 아내보다 훨씬 더 매력적이고 완벽한 여자로 보였단다. 그는 아내와 자주 티격태격하던 끝에 결국 진짜 이별을 하고 말았지.

얼마 후, 그는 새로운 여자와 결혼했단다. 전처보다 더 완벽하고 매력적으로 보이던 그녀도 시간이 흐를수록 달라 보이기 시작했어. 그는 또 이별을 선택하고 말았어.

그렇게 수많은 여자들이 윈스턴을 거쳐 갔지만, 그는 끝내 자신에게 어울리는 완벽한 여자를 찾을 수 없었단다. 하지만 그런 여자를 찾기 위한 그의 노력은 끝날 줄 몰랐어.

한스와 윈스턴, 이 두 친구는 모두 불행한 삶을 살았다. 둘 다 사랑의 함정에 빠져 많은 것을 잃고 말았지. 진정한 행복을 찾으려면 너 역시 사랑의 함정을 잘 피해가야 해.

사실 방법은 간단하단다. 사랑이 찾아왔을 때, 마음을 최대한 열어 그것을 받아들여라. 그리고 너의 사랑을 그녀에게 모두 부어주어라. 또한 네 주위의 상처가 있는 사람에게도 그 사랑을 함께 나눠주렴. 만약 사랑이 널 떠나간다고 해도 그냥 덤덤하게 현실을 받아들이면 그뿐이야. 네가 마음을 닫지 않는 한 사랑은 언젠가 또 다시 찾아오게 마련이란다.

가장 중요한 것은 신중하게 사랑을 선택하는 일이야. 필요하다면 네가 가진 용기를 모두 내어서라도 그녀의 사랑을 쟁취해야 한단다. 물론 사랑에 눈이 멀어 학업을 소홀히 해서도 안 되겠지.

내가 네게 해줄 수 있는 말은 여기까지야. 행운을 빈다, 칼!

♠ 인생이 소중하고 값진 이유

사랑하는 칼,

친한 친구가 세상을 떠났으니 그 고통이 얼마나 컸겠니? 하루빨리 마음을 추스르고 일어서길 바란다. 사실 난 네가 이렇게 일찍 죽음의 고통을 알게 될 줄 몰랐단다. 하지만 우리도 언젠가는 죽음 앞에서 헤어져야 할 사이야. 먼 훗날 내가 네 곁을 떠나게 되듯 너 역시 마찬가지란다. 시간이 되면 우리 모두 왔던 곳으로 돌아가야만 해.

이런 내가 냉정하게만 느껴지니? 하지만 이번 일을 계기로 넌 조금 더 성숙해질 필요가 있어. 죽음은 두려운 것이 아니란다. 세상에 두려운 것은 아무것도 없어.

나는 지난달에 미라보 할아버지의 장례식에 다녀왔다. 네가 충격을 받을까봐 일부러 말하지 않았지만, 이제는 얘기를 해줘야 할 것 같구나.

너도 미라보 할아버지 기억하지? 너와 할아버지 사이가 얼마나 좋았니? 네가 어렸을 때 나는 자주 너를 데리고 할아버지 댁에 놀러 갔어. 그리고 그의 재미난 이야기를 함께 들었단다. 할아버지는 언제나 이야깃거리가 많은 분이었지. 그래, 맞다. 할아버지는 우리 마을의 최고령자였지. 95세까지 살았으니 본 것도 많고 들은 것도 많아서 늘 재미있는 이야기가 끊이지 않았어.

나는 자주 아이들을 데리고 그의 집을 찾아가 그의 이야기를 들었단다. 그때마다 그는 단정한 복장으로 반갑게 웃으며 우릴 맞이해주었어.

사실 할아버지는 돌아가시기 6개월 전부터 병세가 위중했단다. 그래서 마을 사람들이 돌아가며 그를 간호했어. 할아버지는 병상에 누워서도 아이들에게 재미있는 이야기를 들려주고 싶어 했단다. 그리고 마지막까지 매우 평온한 얼굴로 세상을 떠나셨어.

난 이제껏 그렇게 평온한 얼굴로 죽음을 맞이한 사람을 본 적이 없었다. 죽음을 맞이하는 사람의 표정이 얼마나 경건하고 엄숙한지 네게도 보여주고 싶었단다.

믿기 어렵겠지만, 난 일찍이 죽음을 경험한 적이 있었다. 아주 오래 전, 아빠가 스무 살 때 일이야. 그때 마을 전체에 원인 모를 전염병이 퍼져서 순식간에 많은 사람이 죽어나갔단다. 그리고 더 이상의 전염을 막기 위해서 아주 큰 구덩이를 판 뒤에 죽은 사람들을 한데 파묻어야 했어.

그때의 광경이 얼마나 참혹했는지 넌 상상도 못 할 거다. 그런데 더 겁이 났던 건 나 역시 그 병에 전염되어 죽을 날만 기다리고 있었다는 거야. 난 내가 살 수 없을 거라고 생각했다.

난 매일 하나님께 기도했단다. '하나님, 전 이제 겨우 스물인데 이대로 죽어야만 하나요?' 라고 말이야. 하루는 열심히 기도를 하고 있는데 갑자기 하늘에 일식이 일어났어. 태양이 달에 조금씩 가려지기 시작하더니 서서히 빛이 사라지면서 온 세상이 암흑으로 변해버렸지.

그런데 갑자기 땅이 뒤흔들리는 듯한 느낌이 들면서 한순간에 세상이 고요해졌어. 마을의 소와 말은 물론, 새들도 짖어대지 않았단다. 분명 동물들도 나처럼 두려움에 떨고 있었을 거야.

그 순간에는 바람도 느껴지지 않을 만큼 온 세상이 조용했어. 단지 어슴

푸레한 한 줄기 빛이 세상을 비추고 있었지. 태양은 이미 그 자취를 감춘 뒤였어.

그리고 나는 그때 기적적으로 살아났단다. 그 후로 나는 더 이상 죽음을 두려워하지 않게 되었어.

뭐라 말로는 형용하기 어려운 현상이지만 아직도 그 느낌이 생생하단다. 정말 이성으로는 이해할 수 없는 현상이었어. 내가 어떻게 설명해야 네가 믿을 수 있을까? 분명한 건 그때 내가 죽음을 이겨냈다는 거야.

죽음은 때때로 사랑하는 친구와 가족들을 데려가지만, 그렇다고 두려워할 필요는 없어. 죽음은 인간에게 또 다른 존재의 의미를 남기거든. 비록 마음은 슬프지만 최선을 다해 주어진 생명을 살면 되는 거란다.

죽음은 분명 두려운 일이지만, 그렇다고 미리 겁먹을 필요는 없어. 세상의 모든 만물은 흙에서 와서 다시 흙으로 돌아가는 법이란다. 우리는 하나님에게로 와서 다시 하나님의 품으로 돌아가야 해. 그런데도 죽음을 두려워할 필요가 있겠니?

아들아, 죽음을 두려워하지 마라. 죽음이야말로 우리가 주어진 인생을 열심히 살아가야 하는 또 다른 이유란다.

후기

1810년, 나는 열 살 때 괴팅겐 대학에 입학해 최연소 대학생이 되었다. 그리고 이 일은 사회적으로 큰 반향을 불러일으켰다. 3월, 아버지는 친구인 목사에게서 편지 한 통을 받았다.

존경하는 친구,

자네가 드디어 해냈군. 자네는 칼이 태어나기 전에 우리에게 약속했던 대로, 아니 그보다 더 훌륭하게 칼을 키워냈다네.

10년 전, 동료 목사의 병상 앞에서 드디어 아빠가 된다며 흥분을 감추지 못하던 자네의 얼굴이 아직도 생생해. 자네는 누구보다 칼이 건강하기를 바랐어. 그때 자네는 이렇게 말했지.

"칼이 건강하게만 태어나준다면, 난 반드시 칼을 훌륭하게 키워낼 거야!"

사실 그때 나는 반신반의했었어. 자네가 세운 계획의 성공여부를 떠나 건강이 우수한 인재를 길러낼 수 있는 첫 번째 조건은 아니라고 여겼기 때문일세. 건강보다 중요한 건 능력이 아니겠나. 그 후에도 난 자네가 과연 성공할 수 있을지 스스로 확신이 서질 않았어.

그런데 그 동료가 그러더군. 둔하고 바보 같다고 손가락질 받던 아이를 자네가 세상을 놀라게 한 천재로 키워냈다고 말이야. 그래서 내가 칼을 내 눈으로 직접 보지 않고서는 그 말을 믿을 수 없을 것 같다고 대답했지.

그런데 여기서 칼을 만나고보니 나이를 초월한 지식을 가진 데다 어린 아이 특유의 순수함도 그대로 간직하고 있었어. 정말 훌륭하게 잘 키웠더군. 칼이 지닌 성숙한 사고와 비범한 매력은 정말 감탄할 지경이었다네. 오, 하나님! 우리가 사는 세상이 이러한 인재들로 가득할 수만 있다면, 전 죽어도 여한이 없습니다.

편지를 다 읽은 후, 아버지는 무엇보다 큰 위로와 감동을 받았다.

"그에게 들을 수 있는 최고의 칭찬을 들었어!"

이는 나에 대한 최고의 칭찬이자, 아버지의 값진 노력에 대한 최고의 격려이기도 했다. 아버지는 친구 분들의 권유로 마침내 자신의 경험을 담은 책을 내기에 이르렀다. 아버지가 책을 낸 건 친구들의 격려에 대한 감사의 표현인 동시에, 더 많은 사람들에게 자신의 교육 방법을 전수하기 위함이었다.

그런데 이 책이 곧 절판되어 아버지의 노력이 물거품이 될 처지에 놓였다. 나는 아버지의 노력을 완성시키고 더욱 많은 부모들에게 선진화된 교육 방법을 전해주고자 다시 이 책을 썼다.

이 책을 아버지에게 바친다.

Jr. 칼 비테
1836년 10월

♣ 교육에 도움이 되는 **명언 모음**

- 아이에게 지나치게 엄격하게 대하거나 내버려두는 것은 피해야 할 교육법이다.
  - (프랑스) 루소
- 진실로 아이를 대하는 방법은 도리를 설명하는 것이다. -(영국) 로크
- 아이는 살아있는 생명이므로 즐거움을 누릴 권리와 책임을 다할 의무를 이해하고 존중해야 한다. - (러시아) 마카렌코
- 사랑이 부족한 곳에서는 인격과 지혜가 충분히 발달할 수 없다. - (영국) 러셀
- 아이에게 물러줘야 할 것은 재물이 아니라 미덕과 선행이다. 이것은 곧 행복을 물려주는 것으로 내 경험에서 나온 말이다. - (독일) 베토벤
- 평범한 아이라도 제대로 된 교육을 받으면 비범한 인물이 될 수 있다.
  - (프랑스) 엘베시우스
- 부모는 교양을 갖춰 언제 어디서나 예의에 어긋나지 않게 행동해야 한다.
  - (영국) 로크
- 부모는 교육과정에서 가장 상징적인 의미를 가진 인물이자 아이가 본보기로 삼고 수시로 자신과 비교하는 인물이기도 하다. - (미국) 브루너
- 부모는 아이의 감독관인 동시에 본보기이다. - (미국) 브루너
- 부모들이여 잊지 말라. 아이와 충돌이 생겨도 건강한 분위기에서 풀면 충돌이 오히려 교육적으로 가치를 갖게 된다. - (오스트리아) 부버
- 공부 잘하는 아이를 두려면 부모가 먼저 공부해야 한다. 끊임없이 공부하는 아이는 쉬지 않고 공부하는 부모 밑에서 나온다. - (중국) 타오싱즈
- 아이를 사랑하는 부모는 기억하라. 아이 일을 도맡아 처리하려는 것은 아이에게 도움이 되기는커녕 오히려 해롭다. - (영국) 리스
- 교육은 생명이 시작되는 순간부터 시작해야 한다. 아이의 성격이 형성된 뒤에는 교육을 해도 성격을 바꾸기가 쉽지 않다. - (영국) 셰익스피어
- 교사는 책만 가르쳐서는 안 된다. 그의 책임은 사람 됨됨이를 가르치는 것이다. 학생도 책만 공부해서는 안 된다. 학생의 책임은 인생의 도리를 공부하는 것이다.
  - (중국) 타오싱즈

- 실용적이고 실질적인 목표 하에 지나치게 단순한 지능교육만 강조하는 태도는 이론교육에 직접적으로 해를 입힌다. – (독일) 아인슈타인
- 학교는 학생이 전문가가 아니라 온화하고 친절한 청년이 되어 학교를 졸업하게 해야 한다. – (독일) 아인슈타인
- 교육인을 양성하는 것은 꽃과 나무를 심는 것과 같아서 먼저 특징을 파악한 뒤에 상황에 따라 비료와 물을 줘야 한다. 이것이 바로 맞춤식 교육이다. – (중국) 타오싱즈
- 가정교육학의 핵심을 한마디로 표현하자면 아이를 강인하고 자신에게 엄격한 사람으로 키우는 것이다. – (러시아) 비고스키
- 좋은 습관이 도덕적 자본이라면 나쁜 습관은 영원히 상환할 수 없는 도덕적 채무다. – (러시아) 우신스키
- 아이는 규칙으로 다스려지지 않는다. 잘 잊어버리기 때문이다…… 일단 습관이 형성되면 생각하지 않아도 자연스레 행동한다. – (영국) 로크
- 습관은 사람의 일생을 좌우하는 거대하고 완강한 힘이므로 어릴 때부터 교육을 통해서 좋은 습관을 들여야 한다. – (영국) 베이컨
- 사랑이 없으면 교육이 아니다. – (러시아) 비고스키
- 아이를 존중해야지 성급하게 좋다 나쁘다 비판해선 안 된다. – (프랑스) 루소
- 교육의 뿌리는 사랑에 있다. – (중국) 루쉰
- 사랑은 책임감보다 나은 최고의 교사다. – (독일) 아인슈타인
- 훌륭한 아이도 나쁜 환경에서 자라면 금세 어린 야수가 되고 만다. – (러시아) 마카렌코
- 단체생활은 아이의 사회성을 발달시키는 중요한 원동력으로 정상적인 심리발달을 위해서도 필요하다. 사회성이 정상적으로 발달하지 않은 아이는 평생 비극 속에서 살게 된다. – (중국) 타오싱즈
- 아이의 열정은 아이가 학교수업을 선물로 받아들일 때 솟아난다. – (독일) 아인슈타인
- 교육의 기술은 능력을 전수하는 데 있지 않고 격려하고 깨우치는 데 있다. – (독일) 아인슈타인
- 가장 정교한 교육기술은 아이가 문제를 제기하게 하는 것이다. – (미국) 브루바커
- 교육의 목적은 아이가 스스로 공부하고 연구하며 자기 머리로 생각하고 자기 눈으로 직접 보며 자기 손으로 이런 정신을 만드는 것이다. – (중국) 궈모눠
- 지혜는 별다른 것이 아니라 잘 조직된 지식체계다. – (러시아) 우신스키
- 아이에게 흥미를 키워주는 것은 즐겁고 희망찬 교육환경을 조성하는 중요한 방법 중의 하나다. – (체코) 코메니우스

- 수업은 작은 도서관을 세우는 것이 아니라 학생이 독립적으로 사고하며 적극적으로 지식을 얻는 과정에 참여하는 것이다. - (미국) 브루너
- 아이의 인생에서 가장 값진 자본은 사고하는 것이다. - (러시아) 자이가르니크
- 기억하라. 성공의 즐거움은 정서적으로 거대한 힘으로, 아동이 열심히 공부하려는 염원을 촉진시킨다. - (러시아) 비고스키
- 교육의 위대한 목표는 쓸모 있는 능력을 키울 수 있게 마음을 단련시키고 위인의 경험을 무작정 받아들이지 않는 것이다. - (미국) 에드워즈
- 아이를 키우는 것은 앞날에 대한 아이의 희망을 키우는 것이다. - (러시아) 마카렌코
- 가장 중요한 교육방법은 항상 아이가 행동하게 격려하는 것이다. - (독일) 아인슈타인
- 사람의 교육은 태어나는 순간부터 시작된다. 그래서 아기는 말을 못하고 다른 사람의 말을 들을 수 없을 때도 교육을 받는다. - (프랑스) 루소
- 사람은 나무와 같아서 최대한 자라게 해야지 강제로 키를 맞춰선 안 된다. 즉 모두 같은 곳에 발을 딛게 하되 머리는 자유롭게 내밀게 해야 한다. - (중국) 타오싱즈
- 수천수만 명의 학생이 내 손을 거쳐 갔는데 이상하게 기억에 남는 학생은 흠 잡을 데 없는 모범생이 아니라 남들과 달리 개성이 강한 아이였다. - (러시아) 비고스키
- 세상에 재능이 없는 사람은 단 한 사람도 없다. 다만 문제는 교육자가 모든 학생의 재능과 흥미와 취미와 장기를 발견하느냐이다. 아이들의 표현과 발전을 위해서 교육자는 충분한 조건과 정확한 지도를 제공해야 한다. - (러시아) 비고스키
- 부모의 경험은 아이의 마음에 비치는 세상 무엇으로도 대체할 수 없는 가장 유용한 햇빛이다. - (러시아) 우신스키
- 믿음은 아동의 마음의 세계에 들어가는 유일한 통로이다. - (오스트리아) 부버
- 관용과 용서는 아이 자존심의 가장 민감한 구석에 닿아 아이의 마음에 잘못을 고치려는 의지를 샘솟게 한다. - (러시아) 비고스키
- 가장 무거운 벌을 받는 아이는 커서 훌륭한 사람이 될 확률이 적다. - (영국) 스펜서
- 남자아이는 천성적으로 자유롭고 잘 복종하지 않는다. 때문에 남자아이를 대하려면 간절하고 솔직한 태도로 그들이 용기를 갖는 것을 도와야 한다. - (프랑스) 몽테뉴
- 부모는 정중하고 친절하게 아이와 교류할 수 있는 능력이 있어야 한다. - (영국) 로크
- 겁이 많고 나약한 부모 밑에서는 결코 똑똑하고 용감한 아이가 나지 않는다.
  - (인도) 간디
- 부모의 관심과 사랑은 아이의 마음에 지워지지 않는 인상을 남긴다. - (러시아) 비고스키
- 최고의 유산은 자녀를 제대로 교육시키는 것이다. - (영국) 스콧

- 좋은 부모가 되려면 어느 정도 심리학, 교육학 지식을 알아야 한다.
  - (러시아) 비고스키
- 부모는 아이와 같은 순수한 마음으로 아이를 교육시켜야 한다.
  - (러시아) 자이가르니크
- 부모는 아이 앞에서 반드시 신중하고 자신의 행동에 책임을 져야 한다.
  - (러시아) 쿠르프스카야
- 아이에게 무엇을 하라고 요구하기 전에 부모가 먼저 해야 한다. - (중국) 예성타오
- 아이의 마음에 전혀 주의를 기울이지 않는 것은 부모로서 책임을 다하지 않는 것이다.
  - (러시아) 오스트로프스키
- 부모는 구타와 폭력이 난무하는 가정 분위기가 아니라 화목하고 즐거운 분위기에서 아
  이에게 지식의 음료수를 줘야 한다. - (체코) 코메니우스
- 부모가 아이에게 갖는 사랑은 책임감 있는 사랑이어야 한다. - (체코) 코메니우스
- 책임감 있는 부모는 아이가 자신의 나쁜 습관에 물들지 않게 한다. - (미국) 올콧
- 만약에 누가 내게 아이를 교육하는 데 무엇이 필요하냐고 물으면 난 대단한 인내심과
  적당한 애정이라고 말하겠다. - (영국) 이로스
- 아이에게 존경과 사랑을 못 받는 부모는 자신에게서 문제점을 찾아야 한다.
  - (러시아) 우신스키
- 교사는 단 한 번의 거짓말로도 그간 이룬 모든 교육적 성과를 무너뜨릴 수 있다.
  - (프랑스) 루소
- 아이를 어떤 사람으로 키우고 싶으면 부모가 먼저 그런 인간형이 돼야 한다.
  - (러시아) 체르니셰프스키
- 인간의 정신이 동물의 본능과 다른 점은 번식할 때 다음 세대에 자신의 아름다움과 이
  상과 자신이 숭상하는 아름다운 사물에 대한 신념을 남긴다는 것이다.
  - (러시아) 비고스키
- 학교는 교사에게 아이를 가르치는 예술가가 되라고 요구해야 한다.
  - (독일) 아인슈타인
- 부모는 위신을 세우기 전에 먼저 책임감부터 가져야 한다. - (러시아) 마카렌코
- 가장 가치 있는 교육은 방법에 관한 교육이다. - (영국) 다윈
- 살아 있는 영재교육은 지식을 주입시키는 것이 아니라 문화 보고의 열쇠를 개발해서 우
  리가 아는 것을 학생들에게 최대한 많이 알려주는 것이다. - (중국) 타오싱즈
- 좋은 교사는 책으로 학생을 가르치지 않고 학생이 공부하게 가르친다. - (중국) 타오싱즈

- 교사는 일방적으로 가르침을 주지 말고 기회를 보며 가르쳐야 한다. – (중국) 예성타오
- 아이는 온종일 공부에 매달리지 않고 자유롭게 시간을 활용하게 할 때 순순히 공부한다…… 이것이 교육과정의 논리다. – (러시아) 비고스키
- 비도덕적인 부모 밑에서는 결코 고상하고 이타적인 아이가 나오지 않는다.
  – (러시아) 비고스키
- 어린아이의 정신세계를 단순히 지식을 학습하는 장으로 바꾸지 말라. 아이에게 모든 에너지를 학업에 쏟아 부으라고 강요하면 아이의 생활은 참혹해지고 만다.
  – (러시아) 비고스키
- 문제는 아이에게 학문을 가르치는 데 있지 않고 아이가 학습에 흥미를 갖게 만드는 데 있다. 일단 아이가 흥미를 가지면 학문을 연구하는 방법으로 가르쳐야 한다.
  – (프랑스) 루소
- 감정이 없는 도덕은 무미건조한 빈 말에 불과해 거짓 군자를 키워낸다.
  – (러시아) 비고스키
- 아이의 자존심을 강화시키지 않으면 도덕적으로 성숙하지 못한다. – (러시아) 비고스키
- 교육은 모든 아동이 마음속에 있는 아름다움을 발견해서 소중히 보호하고 스스로 높은 경지로 발전시키는 것이다. – (러시아) 비고스키
- 어릴 때 착한 마음이 형성되지 않으면 누구도 그 아이에게 착한 마음을 심어줄 수 없다.
  – (러시아) 비고스키
- 아이를 조롱하고 무시하면 장차 부모와 학교에 반항하고 더 나아가 전체 사회에도 반항하게 된다. – (이탈리아) 브루노
- 아이의 장점만 봐야 아이가 발전하려는 마음을 가진다. – (러시아) 비고스키
- 지식에 대한 흥미는 학습을 유발하는 동기로 이어지는 경우가 많다.
  – (러시아) 자이가르니크
- 당신의 교편에는 와트가 있고 차가운 눈에는 뉴턴이 있으며 조소에는 에디슨이 있다. 서둘러 그들을 쫓아보내지 말라. – (중국) 타오싱즈
- 학교가 아이들에게 보다 많은 성공의 기회를 주지 않으면 아이들은 학교 안팎에서 모두 학습을 거부하고 생을 마감할 것이다. – (미국) 린드그렌
- 사실 천재는 교육의 위대한 성과이다. – (러시아) 마카렌코
- 인류의 가장 간절한 바람은 남에게 인정받는 것이다. – (미국) 윌리엄 제임스
- 교육자의 개성, 사상, 신념 및 정신생활의 풍요는 피교육자가 스스로 자신을 돌아보고 반성하며 통제하게 한다. – (러시아) 비고스키

- 아이가 스스로 공부하게 하는 것은 최고급 기술이요, 예술이다. – (러시아) 비고스키
- 어릴 때 남에게 피해를 주고 남을 괴롭히면 안 된다는 것을 이해하고 깨달아야 평온하고 행복한 사람이 될 수 있다. – (러시아) 비고스키
- 아이에게는 실로 교육과 지도가 필요하다. 하지만 부모가 시도 때도 없이 사사건건 지적하면 아이는 자제력과 스스로 하는 능력을 배우지 못한다. – (미국) 린드그렌
- 아이를 최대한 자유롭게 하되 방임해선 안 된다. – (체코) 코메니우스
- 규칙을 지키는 태도는 교육자가 솔선수범해서 가르치는 것이 가장 효과적이다.
  – (러시아) 마카렌코
- 풍성한 열매를 수확하려면 반드시 밭을 잘 매야 한다. – (중국) 쉬터리
- 아이의 지능을 계발하려면 반드시 사고하는 법부터 가르쳐야 한다.
  – (러시아) 비고스키
- 사람의 내면에는 스스로 발견하고 연구하며 탐구하고 싶은 욕구가 있는데 아이일수록 이런 욕구가 특히 더 강하다. – (러시아) 비고스키
- 탐구심과 호기심은 인간의 변하지 않는 특성으로 어느 곳에도 탐구심과 호기심이 없는 학교는 없다. – (러시아) 비고스키
- 기대했던 교육적인 성과를 거두려면 단순히 두뇌활동만 지도해선 안 되고 반드시 아이가 학업에 뜻을 세우고 스스로 학습 요소를 창조해야 한다. – (러시아) 자이가르니크
- 교육은 개인의 발전을 격려하는 과정으로 아이가 스스로 탐구하고 결론을 추리하게 해야 한다. 또한 아이에게 최소한의 것들만 알려줘서 최대한 많은 것을 발견하게 해야 한다.
  – (영국) 스펜서
- 억지로 머릿속에 지식을 집어넣는 것은 책에 대한 혐오감만 불러일으킨다. 이처럼 불합리한 교육은 자습능력을 키우기는커녕 오히려 더 떨어뜨린다. – (영국) 스펜서
- 교육은 아무것도 창조하지 못하지만 아동의 창의력을 일깨워 창의적인 일에 종사할 수 있게 해준다. – (중국) 타오싱즈
- 아동의 창의력을 발견하고 창의력을 인식했으면 이것을 해방해야 한다.
  – (중국) 타오싱즈
- 상상력이 지식보다 더 중요하다. 지식은 유한하지만 상상력은 온 세상을 끌어안고 다같이 진보하게 하기 때문이다. 더욱이 상상력은 지식의 원천이다. – (독일) 아인슈타인
- 아이들에게 진실로 필요한 것은 활발한 사고와 시도하고 창조하는 정신이다.
  – (중국) 양전닝
- 광활한 정신, 활발한 상상력, 부지런한 마음, 이것이 천재다. – (프랑스) 디드로

- 행동의 씨를 뿌리면 습관의 열매가 달리고, 습관의 씨를 뿌리면 성격의 열매가 달리며, 성격의 씨를 뿌리면 운명의 열매가 달린다. - (영국) 새커리
- 교육할 때 주의해야 할 두 가지 사항은 지나치게 많은 과학을 가르치지 않는 것과 우리가 아는 모든 것을 가르치지 않는 것이다. - (영국) 루소
- 교육학과 심리학 지식은 교사나 알아야 한다고 생각한다면 큰 오산이다. 이에 관한 지식이 있어야 교사가 교재를 학생들의 진정한 지식으로 변화시킬 수 있다.
  - (러시아) 자이가르니크
- 교육의 기술은 아이가 가르침을 줄 수 있는 모든 것을 좋아하게 만드는 것이다.
  - (프랑스) 루소
- 교육은 무엇인가? 아이가 스스로 사고하고 독립적인 판단을 내리며 책임감 있게 일에 참여하게 돕는 것이다. - (미국) 허친스
- 부모의 위신은 약한 수준의 통제와 폭력에도 훼손된다. - (러시아) 비고스키
- 최고의 교육비결은 신체의 단련과 사상의 단련이 서로 조화를 이루게 하는 것이다.
  - (프랑스) 루소
- 학교는 심리학을 응용하는 실험실이다. - (미국) 존 듀이
- 교육상 일어난 잘못은 그 어떤 잘못보다도 무게가 무겁다. 이것은 약을 잘못 짓는 것과 같아서 처음에 잘못되면 두세 번 약을 먹어도 이미 몸에 퍼진 독을 씻을 수가 없다.
  - (영국) 로크
- 사실 명실상부한 교육은 인격교육이다. - (오스트리아) 부버
- 교육은 아이에게 완벽한 인격을 만들어주는 것이다. - (영국) 어빙
- 도덕교육에 있어 어린아이는 물론이거니와 모든 연령대의 사람들에게 가장 중요한 것은 남을 해치지 않는 것이다. - (프랑스) 루소
- 아동의 인성은 고독하고 단절된 상황에서는 결코 발달하지 않고 활기찬 집단생활을 할 때 비로소 발달한다. - (러시아) 자이가르니크
- 체벌은 권위적인 제도의 잔재로 시대적인 흐름상 이미 죽은 것이나 마찬가지다. 체벌은 아동을 개선시키기는커녕 오히려 어둠의 심연으로 밀어 넣기만 한다.
  - (중국) 타오싱즈
- 진정한 자제력은 진심에서 나온 수치심과 악을 싫어하는 두려움이다. - (영국) 로크
- 부모는 아이 앞에서 서로 욕할 권리가 없다. - (러시아) 마카렌코
- 명예는 덕행의 진정한 원칙과 기준은 아니지만 이것에 가장 근접하다. 명예는 일종의 아동을 지도하고 격려하는 정당한 방법이다. - (영국) 로크

- 합리적인 징벌제도는 합법적일 뿐더러 꼭 필요하기도 하다. 이것은 아이가 강인한 성격과 책임감을 키우는 데 도움이 된다. – (러시아) 마카렌코
- 단지 아이에게 벌을 주기 위해서 벌을 줘선 안 되고 벌이 잘못된 행위에 따른 자연스러운 결과라는 걸 아이가 깨닫게 해야 한다. – (프랑스) 루소
- 잘못을 저지른 사람은 마땅히 벌을 받아야 하는데, 이것은 단지 잘못했기 때문에 벌을 받는 것이 아니라 같은 잘못을 다시 저지르지 않기 위해서 발을 받는 것이다.
  – (체코) 코메니우스
- 아동의 도덕은 넘치는 생기와 순결한 정서에서 비롯돼야 한다. – (스위스) 페스탈로치
- 부모는 아이가 학교에 들어간 첫날부터 아이의 모든 장점을 발견하고 발전시킬 수 있어야 한다. – (러시아) 비고스키
- 야만은 야만을 낳고 사랑은 사랑을 낳는다. 이것은 틀림없는 진리다. 때문에 아이가 동정심이 없길 바라면 정말로 그렇게 변한다. – (영국) 스펜서
- 아동의 마음은 매우 예민한데 좋은 것을 받아들이기 위해 항상 열려 있다.
  – (러시아) 비고스키
- 적극적인 격려는 소극적인 자극보다 효과면에서 더 좋은 방법이지만 남용하면 효과가 줄어든다. 자극은 잘만 활용하면 좋은 효과를 낼 수 있는데 이것은 어쩌다 한 번이다.
  – (중국) 천허친
- 인격 및 인성교육의 범위 안에서 아이에게 가까이 다가갈 수 있는 유일한 길이 있는데, 바로 아이의 신임이다. – (오스트리아) 부버
- 학생의 내면세계에 영향을 줄 때 결코 가장 민감한 구석인 자존심에 상처를 줘선 안 된다. – (러시아) 비고스키
- 일단 존중과 부끄러움의 의미를 이해하면 이것은 아이의 마음속에서 가장 강력한 자극이 된다. – (영국) 로크
- 설교가 효과적이지 못한 이유는 구분이나 선택 없이 모든 사람들에게 보편적으로 하는 말이기 때문이다. – (프랑스) 루소
- 애매모호하고 산만한 교육은 믿음직스럽지 못한 사람을 만들어낸다. – (독일) 괴테
- 자녀교육을 할 때 딸에게는 정신적인 면을 소홀히 한 채 신체에 관해서만 가르치고, 아들에게는 신체적인 면을 소홀히 한 채 정신력만 키우는 실수가 자주 나타난다.
  – (영국) 흄
- 아이에게 부모는 일상생활의 지도교사요, 도덕의 안내인이다. – (러시아) 비고스키
- 노는 것은 하나님이 아이에게 준 권리다. – (영국) 로크

- 말과 행동이 다른 것은 어린 마음을 다치게 하고 무관심한 사상을 조장한다.
  - (러시아) 비고스키
- 온화한 가르침은 아이가 고통을 겪어도 움츠러들지 않는 습관을 가지게 하고 훗날의 생활에 용감하고 과감한 기초를 쌓게 한다. - (영국) 로크
- 야생마도 잘 훈련시키면 준마가 될 수 있다. - (체코) 마카렌코
- 다정한 분위기에서 자란 아이는 술주정뱅이 사이에서도 사랑을 발견한다.
  - (영국) 놀테
- 누군가를 키우는 임무를 맡기 전에 본인이 먼저 사람이 되고 존경받는 본보기가 돼라.
  - (프랑스) 루소
- 세심하고 친절한 교육을 받으며 자란 사람은 가난해도 슬퍼하지 않고 고통을 감내하며 가난을 극복한다. - (영국) 디킨스
- 아동교육을 할 때 가장 먼저 아이들의 흥미와 관심을 유발하지 않으면 주입식 교육이 돼서 교육의 의미가 사라진다. - (프랑스) 몽테뉴
- 에디슨의 유년 시절 이야기는 내게 두 가지 깊은 인상을 남겼다. 하나는 과학은 어릴 때부터 배워야 한다는 것이고, 다른 하나는 과학의 싹은 에디슨의 어머니처럼 보호해야 안전하게 자란다는 것이다. - (중국) 타오싱즈
- 가족 내의 비정상적인 관계는 각종 정신적 정서적 질병의 비옥한 토양이 된다.
  - (미국) 존 듀이
- 교육은 생명과 함께 시작해야 한다. - (프랑스) 루소
- 몇몇 익숙한 생리학의 기초 원리와 심리학의 기초 지식은 아이를 키우는 데 꼭 필요하다.
  - (영국) 스펜서
- 인생에서 가장 위험한 기간은 출생에서 13세까지로, 이 기간에 잘못과 악습을 고치려는 조치를 취하지 않으면 영원히 고칠 수 없다. - (프랑스) 루소
- 어린아이에게 신체노동은 단순한 기술이나 도덕수업이 아니라 광활하고 놀라운 사상의 세계이다. - (러시아) 비고스키